世界一流湾区
综合交通系统研究

东京湾区

肖胜　周军　邓琪　著

中国建筑工业出版社

审图号：GS 京（2025）1412 号

图书在版编目（CIP）数据

世界一流湾区综合交通系统研究. 东京湾区 / 肖胜，周军，邓琪著. -- 北京：中国建筑工业出版社，2025.8. -- ISBN 978-7-112-31282-5

Ⅰ. U1

中国国家版本馆 CIP 数据核字第 2025DZ0249 号

责任编辑：黄　翊　徐　冉
责任校对：王　烨

世界一流湾区综合交通系统研究　东京湾区

肖胜　周军　邓琪　著

*

中国建筑工业出版社出版、发行（北京海淀三里河路 9 号）
各地新华书店、建筑书店经销
北京锋尚制版有限公司制版
北京卡梅尔彩印厂印刷

*

开本：880 毫米×1230 毫米　1/16　印张：14¾　字数：378 千字
2025 年 8 月第一版　　2025 年 8 月第一次印刷
定价：**158.00** 元
ISBN 978-7-112-31282-5
　　（45305）

前　言

在当今世界经济版图中，湾区凭借得天独厚的地理位置、开放的经济结构、高效的资源配置能力和强大的集聚外溢功能，已成为驱动区域乃至全球增长的超级引擎与创新策源地。全球有90%以上的国际贸易由海运完成，全球75%的大城市和人口集中在距海岸100公里的海岸带地区，十大金融中心也多以港口城市为主。在众多湾区中，东京湾区、纽约湾区、旧金山湾区和粤港澳大湾区是公认的世界四大一流湾区。

粤港澳大湾区是我国开放程度最高、经济活力最强的区域之一，在国家发展大局中具有重要战略地位。党的二十大强调，我国经济已转向高质量发展阶段，需深入实施区域协调发展战略等重大部署，优化生产力布局，构建优势互补的区域经济新格局。在新的历史使命和定位下，粤港澳大湾区肩负着深化区域协同，打造高质量发展标杆典范的历史使命。

交通运输作为基础性、先导性和战略性产业，是构建现代化经济体系、促进区域协调、支撑新发展格局构建的关键。从交通基础设施建设规模来看，粤港澳大湾区已具备了对标东京、纽约、旧金山三大全球湾区的交通设施能级。但就综合交通体系整体发展而言，仍存在机场、港口等重大枢纽同质化竞争加剧，轨道交通资源配置不均、网络融合度不足等问题。因此，如何整合优势资源，推动交通系统协同联动，是实现大湾区区域协调、高质量发展的核心议题。

东京湾区（"一都七县"，即东京都、埼玉县、千叶县、神奈川县、茨城县、栃木县、群马县和山梨县）面积为3.69万平方公里，人口约4,439.8万，在国际三大湾区中与粤港澳大湾区最为接近（粤港澳大湾区总面积5.6万平方公里，2023年常住人口约8,630.11万）。东京湾区在机场群与港口群功能协同、多层次轨道交通网络与城市群契合发展等方面有诸多可借鉴的成功经验。探索东京湾区的综合交通发展历程与特征，将为粤港澳大湾区交通系统的协同规划与建设提供极具价值的他山之石。

本书分析和总结了世界一流湾区交通发展特征，重点研究东京湾区机场群、港口群、铁路网、道路网的发展历程，总结区域交通协调发展的好经验、好做法。本书共六章：第一章"世界一流湾区概况"，介绍湾区的概念、特征与类型，以及世界一流湾区的基本情况和交通发展的主要特征等；第二章"东京湾区的发展现状及愿景"，介绍东京湾区的范围界定、城市体系及职能分工、社会经济、未来发展趋势及愿景；第三章"东京湾区港口群"，介绍东京国际航运中心的形成和发展、港口群的布局及功能分工、港城融合策略、水上客运的复兴、港口交通衔接系统、港口群发展协调机制；第四章"东京湾区机场群"，介绍机场群的布局体系、双枢纽机场分工发展历程、第三机场、机场货运的发展、机场接驳交通；第五章"东京湾区轨道交通"，介绍轨道交通分类、轨道交通线网布局及客流特征、轨道交通与城市一体化开发、轨道交通车站综合改造、铁路货运的发展；第六章"东京湾区道路交通"，介绍东京湾区机动化发展、道路体系、高规格干线道路的发展、地下道路的发展、未来道路的发展趋势。此外，本书紧密联系粤港澳大湾区实际，各章节在关键内容、关键指标上将粤港澳大湾区与东京湾区进行了对比研究，可为中国的大城市群，特别是粤港澳大湾区的规划、建设提供许多有益启示。

1．世界一流湾区的繁荣与发展，离不开世界级综合交通系统的支撑

作为全球发展的重要增长极，湾区核心城市一般为全球具有重要影响力的政治、经济、金融或文化中心，湾区城市的紧密协同及对外影响力的提升，高度依赖高效、便捷的立体交通网络。这其中世界级港口群、机场群以及全球领先的轨道交通系统，共同构成湾区立体交通网络的核心设施。

东京湾区立体交通网络正是这一支撑作用的典范。其港口群（主要含东京港、横滨港等六大港口）分工明确、高效协同，有力支撑了京滨、京叶工业带发展。伴随产业转型，港口成功从货运中心向现代航运服务中心升级，航运金融、交易、研发等高附加值服务业蓬勃发展，吸引全球前10大船公司中的7家设立总部。其机场群（主要含羽田国际机场与成田国际机场两大机场）分工有效、运作高效，2019年旅客吞吐量合计超1.2亿人次，货邮吞吐量近330万吨，稳居全球航空枢纽前列。

东京湾区还拥有全球最发达的轨道交通系统，包括新干线、JR、地铁、轻轨及其他有轨交通工具等，网络规模超过5,000公里。轨道交通线路以东京都为中心辐射湾区全域，确立轨道交通在城市交通体系的主体地位，有力保障了4,000多万居民的通勤通学出行需求。

2．打破地理边界实现区域交通一体化，是世界一流湾区的重要特征

在世界一流湾区城市群中，每座城市的地位与作用不尽相同，中小城市都会围绕着核心城市谋求产业与职能的错位发展，以共同提升整个湾区的经济竞争力。依托高效交通网络，实现港口间、港城间、城市间以及沿海与腹地间人流、物流、资金流、信息流的快速流动与配置，从而显著提升企业经营与人员工作效率，充分释放城市网络效应。

日本政府将东京湾区"一都七县"作为整体统一规划，将机场、港口、轨道交通等重大交通设施融入区域发展蓝图，确保各地区高效互联、共建共享。同时结合重大交通设施分配城市功能，如横滨市承担东京湾区贸易中心功能，横滨港成为湾区最重要的对外贸易港；千叶县结合成田国际机场，重点发展空港经济、国际物流和临空产业。

轨道交通是支撑东京湾区一体化发展的重要基础设施。东京湾区在东京都周边30公里半径和50～80公里半径规划建设新城，并同步建设联系新城与东京都的轨道交通线路，促进了核心区人口向周边城市分散，提升交通运行效率和区域一体化水平。

3．港口群是世界一流湾区的基石，并伴随世界经济变迁而不断转型发展

作为连接国内外市场的核心节点，港口是湾区经济腾飞的重要基础和依托。世界一流湾区卓越竞争力的关键便在于其拥有功能互补的世界级港口群，通过"以港兴城、港为城用、港以城兴、港城相长"的发展规律，这是区别于其他都市圈的显著优势。

东京湾区港口群的发展历程深刻诠释了这一规律。它是一个以东京港、横滨港、川崎港、千叶港、木更津港和横须贺港为核心港口，以鹿岛港、大洗港、常陆那珂港、日立港、滨金谷港、鹤山港等一批中小港口为地区性港口的区域化港口体系。东京湾区依托港口发展起步，初期通过港区装卸和运输等一系列活动促进港口经济的发展；然后，以港口为核心建设京滨工业带和京叶工业带，使经济活动范围从港口内拓展到港口外，促进东京迅速成为较为发达的制造中心；在制造中心的推动下，航运、金融、服务业等快速发展，经济活动边界拓展到腹地城市，形成了以东京为核心的湾区城市群,核心城市通过产业转型升级带动周边中小城市发展。

东京湾区的实践表明,港口的发展定位随着产业转移和国际贸易发展而不断演变。20世纪50—60年代,欧美发达国家将钢铁、纺织等传统产业向日本等地区转移,促进了东京港、横滨港的快速崛起,东京迅速发展成为辐射日本、影响亚洲及世界贸易格局的国际航运中心。20世纪70—80年代后,日本等发达国家把劳动密集型和低技术型制造业向我国的沿海地区转移,上海、深圳、天津、大连和青岛等中国港口快速发展,东京湾区港口群货运量停滞不前,东京港、横滨港、川崎港在国际市场中的地位不断滑落。为此,日本政府大力发展现代航运服务业,持续提升国际航运枢纽地位。同时,东京湾区港城融合逐步深化,滨水工业区转型为城市景观核心;水上交通升级为生活方式(游轮、游艇游览),赋予港口区域新活力。

4. 机场群是新时期世界一流湾区增强全球竞争力的核心资源,分工与合作是机场群发展关键

21世纪,城市群是城市化的重要空间形态,空间紧凑、经济紧密的城市群是全球竞争的核心单元。21世纪也是以创新与创意、交流与交往为核心的发展时期,各类资源要素的流量化已经成为新一轮全球经济发展的核心内容,这将带来更为频繁的经贸往来、产业对接。机场群作为对外交流的重要门户,已成为世界级城市群的标配。全球主要城市群的中心城市,如纽约、伦敦、巴黎等,均设有多座机场,不同功能、不同规模的机场分布于城市群各区域并形成机场群,与城市群其他地区相互作用、联动发展。

东京湾区以成田、羽田两大国际枢纽为核心,茨城机场为辅助,辅以其他支线机场,形成层次分明的结构。在分工上,形成"羽田主国内、成田主国际"的分工模式。近年来,羽田国际机场逐步加强国际旅客服务,两大机场在国际航线方面逐步优化为"羽田商务直达、成田国际中转"的模式,在合作与竞争中实现了有效分工与协同发展。2019年,东京湾区机场群国际旅客吞吐量超过5,300万人次,满足了商务、旅游等差异化的航空出行需求,使东京湾区能够更全面、更深入地融入全球产业分工。

在机场交通接驳方面,羽田国际机场和成田国际机场均建设了轨道交通,并采用快、慢混合运营方式,有效延伸了机场群的辐射范围,提升机场的服务效能,保障了东京湾区各地区旅客航空出行服务,显著提升了区域航空服务的整体竞争力。

5. 建立便捷、高效的现代轨道交通系统,是城市群一体化发展的重要保障

大力发展现代轨道交通体系对世界级城市群建设与发展具有重要的战略意义,世界级城市群如美国东北部大西洋沿岸城市群、北美五大湖城市群、英伦城市群、欧洲西北部城市群以及东京湾区城市群等,均以轨道交通作为重要的出行工具,为城市群居民出行提供便捷、大容量、安全、绿色的交通服务。

东京湾区建设了以JR新干线、JR普通线路、私铁、地铁为主,以AGT(自动导向交通)、单轨交通、有轨电车等中低运量轨道交通系统为补充的多层次轨道交通体系。JR新干线系统将东京湾区与日本其他两大都市圈(京阪神都市圈、名古屋都市圈)紧密联系起来,形成2～3小时交通圈,支撑形成了以东京为核心、辐射全国、联通各地的国土空间开发格局。JR普通线路和私铁主要服务东京湾区内部,将东京湾区核心区与周边城市紧密联系起来,提供中短途的城际客运和通勤通学客运服务。地铁(包括东京区部地铁系统和横滨市营地下铁)主要提供城市中心区的通勤通学客运服务。

东京湾区TOD（公共交通导向型开发）模式经过上百年发展变革，在规划设计、保障政策、实施机制等方面形成自身特色，成为土地高效利用、功能配置合理、交通便捷舒适、市场驱动主导的一体化范例。对存在建筑老旧、配套设施不足、周边交通拥挤、环境品质差等问题的轨道交通车站进行改造时，同步升级车站功能、优化交通衔接、提升周边环境，实现区域整体焕新与竞争力提升。

6．坚持延续性的发展政策、形成与发展阶段适配的道路网络，是支撑湾区城市高效运行与可持续发展的重要环节

城市道路交通是一项系统性工程，覆盖面广，影响因素多，各因素间也会互相影响。要保证城市道路顺畅运行、避免交通拥堵，需要综合施策，提升城市交通服务水平，具体措施包括：建设级配合理的路网结构，践行"窄马路、密路网"的道路布局理念，提升路网通行能力；坚持公交优先发展战略，优化完善城市公交线网，保障公交优先通行，增强公交吸引力；加强交通管理，采用停车收费等调控手段，减少小汽车使用强度；加强智能管理和信息引导，提升道路交通管理信息化和精细化水平，提升城市交通运行效率等。

东京湾区构建了国道、都道府县道、市町村道的道路系统，形成了较为合理的金字塔形级配结构。综合采用有位购车、提高停车收费、严格停车执法等手段，同时构建高度发达的公共交通系统，通过多措并举的方式有效减少了城市中心区小汽车的使用。在高规格干线建设方面，东京湾区一直遵循1987年第四次全国综合发展计划确定的道路网规划方案，真正做到"一张蓝图绘到底"，并未因为交通拥堵而无限制地扩大高速公路网规模。正是由于树立了合理的道路网规划理念，采取了众多切实有效的措施，东京在车多路窄的情况下却很少发生交通堵塞，创造了全球治堵最成功的"东京奇迹"。

随着城市发展逐步进入存量阶段，地下道路成为城市核心区完善道路网络结构的重要形式。东京规划总长约53.5公里的地下道路，作为骨干路网的重要组成部分，应用于具有天然屏障和拆迁难度大的地区，并建立完善的地下空间利用制度，统筹地下道路规划建设。随着城市不断发展，东京湾区道路交通也从追求规模扩充转变为品质提升。2021年5月，日本国土交通省发布了《街道设计导则：舒适且步行适宜的街道设计参考书（2.0版）》，提出步行适宜、向街道敞开首层视野、用途多样化、开放公共空间的道路建设目标，推动道路向街道的转变。2022年5月，日本首都高速公路公司制定了《首都高速公路碳中和战略》，提出了提升高速公路运行效率、高速公路企业减少碳排放、与社会共创三大基本方针，以及12个主导项目及相关具体举措，支持日本政府的碳排放计划和生态环境的可持续性。

7．构建共商、共建、共享的区域发展机制，是世界一流湾区综合交通协调发展的重要保障

世界一流湾区由不同行政单元构成，要实现区域良性发展，就应淡化行政界线和地域界线，从城市群整体角度开展大都市区治理，而不是城市各自为政。当然，这并不意味着城市群各城市因区域整体目标和利益而丧失各自对个体目标和利益的追求，而是要通过一定的协调机制，为共同的目标而采取合作行动，协调各方利益，解决各种矛盾。东京湾区在港口、机场、轨道交通等区域交通设施方面均建立了良好的区域协调机制。

在港口方面，形成了"中央统筹、地方管理、企业经营"的港口管理体制，各单位各司其职，实现政企分开、自主经营，同时国土交通省掌握了港口规划、建设、管理的最终权力，以"中央统筹"模式确保国家意志得以落实；构建了全国性和地方性两个层级港口规划体系，规划编制过程中尽可能地吸纳了社会各界意见，避免各地方政府对发展港口的盲目冲动；相关港口管理机构建立联合委员会，在航道保护、相邻沿岸区域开发、规划调整和调查研究等方面加强彼此的沟通和协调。

在机场方面，中央政府掌握航空政策制定和航权管制的职能，针对羽田国际机场和成田国际机场的职责、定位和发展战略制定了一系列调控政策，机场建设运营主体建立了沟通协商机制，有效地推动两大机场的协同发展。

在轨道交通方面，形成了多空间尺度的TOD规划体系、完善的TOD保障政策、政府和民间一体化的TOD实施机制，建立轨道交通车站综合改善事业制度，轨道交通沿线市町村、都道府县、铁路运营商等主体共同合作推动轨道交通与城市一体化发展。

总的来说，东京湾区综合交通发展既有其特殊的历史背景及社会环境，也有许多可供其他地区学习和借鉴的做法与经验，值得我们深入探讨和分析。对东京湾区交通的研究并非易事，需要在日本相关官方和民间网站收集、整理大量文献并进行翻译，尤其是材料中涉及大量人名、地名、规划与政策条款等，在翻译过程中必须进行大量文献查阅，尽量保证理解和翻译的准确性。对于专有名词，本书尽量采用直译形式，按照日文汉字直接找到对应的中文，目的是让广大读者原汁原味地体会到原文所传递的信息和内涵。另外，2020—2023年新冠疫情对日本交通系统的冲击很大，直到目前，东京湾区机场、港口的客货运输仍处于恢复过程中。因此，本书中较多地采用了2018年或2019年的数据。

深圳市规划国土发展研究中心"政府规划师研究基金"鼓励员工积极开展城市和交通规划领域的基础性、前瞻性、创新性研究，为课题开展和本书出版提供了支持；实习生香港理工大学硕士研究生张博文、深圳大学硕士研究生曾吴涛分别为本书机场、港口部分的资料收集和整理付出了辛勤劳动，在此一并表示感谢。

最后，希望本书能够为孜孜不倦地思考、探索世界一流湾区及城市群交通规划建设的管理者、研究者和高等院校广大师生提供有益的参考，期待读者能够从本书中得到启发和借鉴。由于作者学识水平有限，书中难免存在不足之处，殷切希望广大读者批评指正。

目 录

第一章

世界一流湾区 概况

第一节 湾区的概念、特征和类型

一、湾区的概念

湾区是指由一个海湾或相连的若干个海湾、港湾、邻近岛屿共同组成的区域，是一个地理学的概念。湾区由海岸线凹进陆地形成，这是湾区与一般沿海地区的显著不同之处，湾区的水域由沿海多座城市共享。同时，湾区也不同于岛屿，湾区与大陆相连，拥有广阔的经济腹地。因此，从城市规划和交通规划角度，湾区是海岸带地区一种特定的地域单元，通常包括一个或若干个海岸线向内陆凹陷的海湾、与海湾接壤的陆域地区以及相邻岛屿共同组成的区域。

湾区的范围包括所有对滨海水域造成直接或重要影响的城市建设用地及部分海面，通常情况下是以海岸线为界线，向陆地和海域各自延伸一定的距离所形成的区域，是一个具有较大弹性的空间地带。由于滨海地区向内陆辐射的范围通常难以确定，一般理解是依托湾区内部港口、机场、铁路等交通基础设施所形成的空间组织紧凑、经济联系紧密和高度一体化的城市群体，可纳入湾区范围。在实际的划分中，通常以自然地形地貌、现状城市形态或行政区划等要素为主要依据。

国际上，湾区一般指的是围绕沿海口岸分布的众多海港和城镇所构成的港口群和城镇群，由此衍生的经济效应被称为"湾区经济"。据世界银行统计，全球60%的经济总量集中在入海口，75%的大城市、70%的工业资本和人口集中在距海岸100公里的海岸带地区。

根据湾区所包括海面的大小，可以将湾区空间划分为四种尺度。

①小尺度的湾区空间：指陆地所包围海面面积较小，一般小于5平方公里，最大不超过10平方公里。

②中等尺度的湾区空间：湾区海面宽度适中，海湾两岸有水路和陆路两种交通，通常是城市的一部分，或隶属于某个行政区，如胶州湾、大连湾、英吉利湾等。

③大尺度的湾区空间：湾区海面面积较大，通常周围有多座城市一起构成一个城市群或者经济圈，如渤海湾、东京湾、旧金山湾等。

④超大尺度的湾区空间：区域内可能包含很多小型和中型海湾，如孟加拉湾、墨西哥湾等都是面积超过100万平方公里的超大尺度海湾，这类湾区可能涉及多个国家。

最早将"湾区"概念引进国内并系统论述的学者是香港科技大学创校校长吴家玮，他发现每一个历史阶段全球发展最好的区域都是湾区。吴家玮认为，湾区应具备超级大港、所在区域的创新高地、金融功能发达和交通枢纽等几大要素，对应地看，粤港澳大湾区似乎恰恰具备这样的基础和条件。1994年，吴家玮撰文提出，建设以香港为核心、对标旧金山湾区的"香港湾区"（后又称"港深湾区"）。2009年10月28日，粤港澳三地政府有关部门在澳门联合发布《大珠江三角洲城镇群协调发展规划研究》，提出构建珠江口湾区，共建世界级城镇群。2014年，深圳市政府工作报告首次提出"湾区经济"概念，提出要以"湾区经济"新发展构建对外开放新格局，加快推进粤港澳大湾区合作。2019年2月18日，中共中央、国务院印发了《粤港澳大湾区发展规划纲要》，标志着粤港澳大湾区进入新的历史发展阶段。

二、湾区的特征

1．地理区位

按照海湾的形态进行划分，由于成因不同，海岸线会呈现出不同的类型，大致可以分为四类：开敞型海湾、半封闭型海湾、带形海湾、峡湾。湾区属于半封闭型海湾，一般具有拥海、抱湾、合群等几个主要地理特征。

第一，拥海，顾名思义即拥有海域，靠近海边，只有靠海才能建设港口，并且在较小的空间内能够形成一个港口群，是陆海联系的重要连接点。

第二，抱湾，湾区不仅具有相连的内陆，而且还有一片共享的海域，这种海陆共生的自然生态系统形成适合人类居住的环境，吸引了来自不同地区的大量高端人才，从而形成了包容性极强的滨海城市文化。

第三，合群，由于湾区内的各城市之间不仅在陆地紧密相连，而且还有共同的一片海域，从而让湾区内各城市有着比其他城市群更强的向心力，更容易成为世界一流的城市群，并且各城市群之间可以实现资源的优化配置、优势互补。

与开敞型或带形滨海地区相比，湾区三面环陆，从而成就了"拥海抱湾"的独特地理形态，并因此具备了比一般沿海地区更优越的生态和区位，如避风、水深和防冻等优点，从而适于建造大小不一的港口，形成港口群。另外，由于湾区靠近海洋、海湾，环绕大面积水域，温差较小，因而具有宜人的自然环境和优良的生态环境。基于高度开放的市场环境及宜人的居住生态，丰饶的创业土壤和充满竞争性的工作机会使得湾区成为大量外来人口的聚集地，从而荟萃形成来自世界各地的多元文化，又进一步促进了湾区开放，激发与反哺湾区城市的创新发展。

2．经济特征

在现代经济史上，随着国际贸易的兴起，人口集聚、经济活跃的城市在沿海区域崛起。工业革命之前交通运输多靠船运，同时海湾内有着优越的气候和水文等条件，可以让船只躲避风雨、停泊歇息，所以，条件良好的海湾多被用于建设港口。这种建设对城市的经济、文化发展起到了积极且有效的推动作用。之后随着经济的发展，同时基于便利的海运交通，在滨海城市的环湾区开始建设大量工厂，为湾区带来发展和繁荣。

城市滨海区域至少一面临水，多数滨海区域的水域空间开阔、自然资源丰富，多是著名的旅游胜地，如香港、三亚等已经发展成为闻名世界的旅游城市。同时，由于渔业资源丰富和对外物流发达，大多数的滨海城市同时又是重要的对外口岸城市。随着海湾城市的更新建设、港湾旅游的发展，海湾成为海岸线上产业发达、城市密集、经济繁荣的区域。

3．空间形态

湾区海岸线长、腹地广，使得湾区能在面积相对较小的空间孕育多座港口城市，世界级的湾区无不以世界级港口城市为基本单元。大能级的港口能够提升湾区城市群的产业发展能级、区域辐射力和国际竞争力。

湾区的特征表现为经济发展强劲、居住环境美丽宜人、文化氛围多元包容、交通系统便捷高效。据不完全统计，目前世界上有几千个著名的海湾、数以百计的海湾城市。1960年以来滨海湾区掀起的建设浪潮，使很多湾区城市焕发崭新的面貌，海湾地区开发建设取得了巨大成功，海湾地区经济发展在国外已经非常成熟。国外许多城市充分利用各种海湾资源条件，科学合理发展城市，实现了城市资源的整合，提升了城市整体发展水平。

三、湾区的类型

目前全球有58个成熟湾区经济体，其中较多位于美、日、澳等发达国家，尤以美国纽约湾、旧金山湾，日本东京湾，澳大利亚悉尼双水湾、布里斯班鲁沙湾，新西兰霍克湾，中国香港浅水湾和马来西亚吉隆坡布拉湾等最为著名。从发展形态看，尺度中等的湾区能够衍生出高阶形态的现代化湾区，主要有以下三类代表性湾区。

①自然生态型湾区：以双水湾、霍克湾等为代表，拥有优质生态与海湾资源，依托自然资源成为著名旅游目的地，经济辐射区域较小。

②产业经济型湾区：以纽约湾、东京湾为代表，形成金融、制造、国际贸易、港口物流等国际功能中心，产业能级高，经济辐射广。

③科技创新型湾区：以旧金山湾为代表，对港口、交通、传统产业依赖程度较低，对科技、人才、金融集聚程度要求较高。

第二节　世界一流湾区的基本情况

目前，国外许多城市凭借各种有利的海湾资源条件，实现了城市的科学、合理发展，达到了整合城市资源、提升城市发展水平的目的，打造出很多国际名城，如美国的纽约和旧金山、日本的东京、加拿大的温哥华、澳大利亚的悉尼等。这些地区都以林立的城镇、优美的环境、开放的文化氛围和便捷的交通系统而闻名。

日本的东京湾区、美国的纽约湾区和旧金山湾区以及我国的粤港澳大湾区是学术界公认的世界四大一流湾区，是全球开放程度最高、经济活力最强的区域，在世界经济发展版图中占据重要地位。世界一流湾区分布如图1-1所示。

一、基本情况

1．纽约湾区

纽约湾区位于美国东北部，涉及纽约州、新泽西州、康涅狄格州，面积达2.15万平方公里，人口达2,340万。纽约湾区以港口贸易起家，逐步积累财富，目前以金融、航运、计算机为代表产业，是美国的政治、经济、金融、科技中心之一。纽约湾区也被称为"金融湾区"。

图1-1　世界一流湾区分布示意图

2. 旧金山湾区

旧金山湾区位于美国西海岸的加利福尼亚州，组成部分有旧金山市、北湾、东湾、南湾、半岛五个区域，包含了101座城市和9个县，土地面积达1.79万平方公里，常住人口715万。旧金山湾区是世界重要的高新技术研发中心之一和美国西海岸最重要的金融中心，著名的高科技研发基地"硅谷"就位于湾区南部。因此，旧金山湾区也被称为"科技湾区"。

3. 东京湾区

东京湾区位于日本本州岛中部太平洋海岸，环东京湾地区有东京、横滨、千叶等几座特大城市以及川崎、船桥、君津等工业重镇，面积达3.69万平方公里，人口4,439.8万，城市化水平超过90%。东京湾区以"产业湾区"著称于世，拥有5,000多家工业企业，工业从业人数占全日本的1/4。

4. 粤港澳大湾区

粤港澳大湾区包括我国香港特别行政区、澳门特别行政区和广东省的广州市、深圳市、珠海市、佛山市、惠州市、东莞市、中山市、江门市、肇庆市，总面积5.6万平方公里，总人口8,630.11万，是我国开放程度最高、经济活力最强的区域之一，在国家发展大局中具有重要的战略地位。

二、发展历程

世界各国湾区都是滨海城市和临海产业布局的重要空间，其城市用地和滨海产业经历了资源经济时代、工业化时代和后工业化时代的发展演变过程。20世纪60年代，世界范围内掀起了现代城市滨水区的复兴与重建浪潮，北美及欧洲地区许多城市着手进行了滨水地带工业区和旧港区的改造建设。随着时间的推移，许多原来依托海湾发展海洋运输业和海洋渔业等的城市湾区，在新的经济背景之下又产生了娱乐、休闲与旅游等新兴海洋服务产业。

　　世界一流湾区向海而生、向海而兴，通过港口经济—工业经济—服务经济—创新经济演变，构建顶尖的科技创新能力、全球资源调度能力和高端产业实力，成为区域高质量一体化发展的典范。纵观以上世界一流湾区的发展历程可以发现，其均经历了单级城市、都市区、城市群三个发展阶段。

1. 单级城市阶段

　　在单级城市阶段，湾区核心城市充分发挥自身优势，实现城市快速发展。纽约湾区核心城市纽约借助深水港优势，形成了较为初级的贸易港口，加快了纽约现代化、城市化发展进程；旧金山湾区核心城市旧金山依托丰富的矿产资源与黄金资源吸引大量掘金者，依托冶炼采金产业、港口运输产业带动城市的快速发展；东京在明治维新时期开始崛起，成为日本的政治、工业和经济中心；粤港澳大湾区内的香港、广州和深圳等城市在各自领域内发展迅速，形成各自的单级城市特色。在这一时期，湾区内部城市规模不大，城市之间产业关联也不强。

2. 都市区阶段

　　在都市区阶段，湾区内部核心城市向周边快速扩张，向周边中小城市快速辐射，形成系统协调、分工协作的都市圈形态。在这个阶段纽约开始产业结构调整，逐渐转向金融贸易等现代服务业，形成了以金融为中心的都市区；旧金山则随着工业快速发展及制造业迅速崛起，逐渐摆脱了对矿产资源的依赖，核心城市也向周边城市扩散和辐射，发展为多样化、多元化的都市区模态；东京的纺织、钢铁和机械加工等制造业迅速发展，形成了以东京为核心的都市区；粤港澳大湾区核心城市经济实力进一步增强，逐渐形成了多个都市区，如香港都市区、广州都市区、深圳都市区等。

3. 城市群阶段

　　在都市区不断发展和扩大的过程中，湾区内部各城市之间逐渐形成了辐射状的发展体系，不同城市也都拥有特定的城市功能，通过分工和错位发展，形成经济产业联系紧密的城市群。随着纽约湾区产业升级，其内部的华盛顿、费城、纽约、波士顿、巴尔的摩五座城市形成的连绵带相互链接、横向蔓延，各城市分工协作，进而形成跨越多州的城市群；旧金山湾区随着主要城市网络和生物技术的发展，通过创新企业的带动，逐渐形成了分散发展、多中心建设发展格局，形成了具有全球影响力的城市群；东京湾区以东京都为核心城市，通过产业的差异化发展，成为日本最大的重化工业基地、能源基地、国际贸易中心、物流中心，也是世界知名的金融中心、研发中心、娱乐中心、消费中心，构建起以东京都市圈为核心的城市群；粤港澳大湾区则通过区域合作和协同发展，形成了以深港都市圈、广佛都市圈、珠江口西岸都市圈为核心的城市群，共同推动区域经济的增长。

三、发展特征

　　总结以上特征，世界一流湾区具有以下几个方面的共性。

1. 经济高度发达，辐射能力强

　　作为一种独特的空间组织和经济形态，世界一流湾区拥有优越的地理位置和丰富的资源，具有开放的经济结构、高效的资源配置能力、强大的集聚外溢功能、发达的国际交往网络，在世界经济格局中占据了重要地位，成为区域乃至全球经济发展的重要引擎。

第一，世界一流湾区经济体量庞大。纽约湾区作为老牌世界经济中心和国际化大都市区，2021年湾区GDP总量达到1.86万亿美元，约占美国经济总量的7.8%；旧金山湾区GDP总量达到1.2万亿美元，人均GDP达到16.78万美元，是同年美国人均GDP的2倍。东京湾区2021年GDP总量达2.1万亿美元，占日本经济总量的43%。如果将纽约湾区、旧金山湾区、东京湾区视为经济体，2021年它们的经济总量在全球分别排在第14位、第23位、第9位。

第二，世界一流湾区大力发展临港产业和外向型经济，形成了富有竞争力的产业集群。纽约湾区的代表产业有金融、航运和计算机，其中曼哈顿中央商务区（CBD）内银行、保险公司、交易所及跨国公司总部云集，是世界金融的核心枢纽和国际航运中心，纽约的对外贸易周转额占全美的1/5，制造业产值占全美的1/3，全美最大的500家公司中有1/3以上总部设在纽约湾区。旧金山湾区的奥克兰是世界上最早使用集装箱运输的港口，依托优良的港口条件，造船、化工、生物医药等临港产业得到快速发展，位于旧金山南部湾区的"硅谷"是全球重要的高科技研发中心，是电子、软件、信息科技和互联网产业的集中区。东京湾区形成了京滨、京叶两大工业地带，汽车、钢铁、装备制造、石油化工等产业十分发达，工业产值占日本全国的40%。

第三，世界一流湾区拥有众多研发能力和科技创新能力很强的企业，创新能力强大。根据美国《财富》杂志发布的2023年世界500强企业排行榜，纽约湾区有24家，旧金山湾区有10家，东京湾区有40家。根据科睿唯安发布的2022年全球百强创新机构榜单，东京湾区有27家，旧金山湾区有11家，纽约湾区有4家。世界一流湾区主要产业类型及领头企业如表1-1所示。

世界一流湾区主要产业类型及领头企业　　　　　　　　　　　　　　表1-1

湾区	行业	世界级企业
纽约湾区	金融	花旗集团、摩根大通、贝莱德等
	信息技术	国际商业机器公司、爱迪生联合电气等
旧金山湾区	信息技术	英特尔、苹果、谷歌、思科、脸书、特斯拉等
	生物医药	基因泰克等
东京湾区	汽车	丰田、三菱、马自达等
	精密机械	发那科、安川电机、川崎重工等
	精密电子	夏普、索尼、佳能、瑞萨、日亚化学工业等
粤港澳大湾区	信息技术	华为、腾讯、联想集团、中国电子等
	金融	中国平安、招商银行、友邦保险、深投控等
	制造业	广汽集团、美的集团、怡和集团、比亚迪、格力电器等

此外，世界一流湾区内分布着众多世界一流综合性大学和科研机构，如旧金山湾区集聚了百余所大学，有斯坦福大学、加州大学伯克利分校等世界级的研究型大学，还有各类面向产业一线的研发机构，如航空航天局艾姆斯研究中心、斯坦福直线加速器中心等国家实验室等，高新技术企业已经超过了8,000家，还有

大量孵化器、产业园以及市场化的金融和商业服务机构，共同组成了强大的创新网络，无线电、半导体、微处理器、软件、互联网等一直引领全球浪潮。纽约湾区拥有纽约大学、普林斯顿大学、哥伦比亚大学等58所世界著名大学。东京湾区有东京大学、京都大学、早稻田大学和庆应义塾大学4所世界100强大学。

2021年，粤港澳大湾区经济总量达1.67万亿美元，但从人均GDP来看，在四大湾区中仍处于末位，大约只有东京湾区的1/2、旧金山湾区的1/5、纽约湾区的1/3。粤港澳大湾区已形成通信电子信息产业、新能源汽车产业、无人机产业、机器人产业以及石油化工、服装鞋帽、玩具加工、食品饮料等产业集群，拥有世界500强企业25家，工业GDP占比达到29.0%，成为名副其实的"世界制造业基地"，但服务业与其他世界级湾区的差距十分明显，包括教育、医疗、科技信息产业、专业技术服务、文化娱乐等还有很大提升空间。

2．区域一体化程度高，分工协作良好

世界一流湾区都是人口密度较高、连绵发展的城市群，核心城市和外围城市之间形成了高度协同化的分工模式。其中，以一座或少数几座城市为核心，承担政治、经济与文化中心职能，其他城市围绕核心城市谋求产业与职能的错位发展，构成了产业链上游与下游环节就近布局、紧密衔接的发展模式，最大限度地提升产业协同生产的效率。

纽约湾区以纽约市为核心城市，波士顿、费城、华盛顿和巴尔的摩为次中心城市，再加上周边26个县，形成中心城市—次中心城市—中小城市的塔尖式格局。其中，纽约市要素资源丰富，金融、商业和生产服务业发达，能够为湾区内其他城市提供充分的资金、信息、服务支持，是无可争议的中心；其他城市根据自身条件发展优势产业，波士顿高科技产业突出，费城是纽约都市圈的交通枢纽，华盛顿担当政治中心，巴尔的摩重点发展国防工业，湾区城市群由中心向郊区呈现核心城市区、近郊区、远郊区的圈层式结构。

旧金山湾区属于多核心结构，拥有旧金山、圣何塞和奥克兰三座核心城市。其中，旧金山市以旅游业、生物制药以及金融业为主导产业；奥克兰市以港口经济为主导，装备制造也是主导产业；圣何塞以"硅谷"著称，信息通信、电子制造、航空航天、生物医药等高技术产业是其主导产业。

东京湾区城市功能是按照圈层进行分布，其中10～20公里圈主要为首都圈中心、物流枢纽组中心、教育科研中心，20～50公里圈主要为近郊住宅中心、产研联合工业城等，50公里圈以外则主要是重工业生产区、汽车工业型城市和地区等。

粤港澳大湾区11座城市已初步形成分工协作格局，香港、广州和深圳作为核心引擎，各自承载不同的功能定位与发展任务，引领着大湾区的发展潮流。香港作为国际金融、航运、贸易中心，持续巩固并提升其全球影响力；广州和深圳则分别在科技创新、先进制造业和现代服务业等领域发挥引领作用。除澳门致力于建设世界旅游休闲中心外，其他城市在功能结构上较为单一，主要以制造业为主导，产业同构问题严重，功能同质化竞争日趋激烈，影响了整体发展效率。未来随着各城市之间形成更高水平的产业合作关系，将会释放出更大的经济增长潜力。

3．对外开放水平高，全球枢纽功能强

世界一流湾区集聚大量国际组织、跨国公司总部和具有世界影响力的企业，拥有高度发达的综合交通和信息网络，对全球资本、知识、信息、技术、规则、标准乃至货物等具有强大的组织能力，是全球要素

集聚和信息传输的重要枢纽。

第一，世界一流湾区对国际旅客吸引力大。从入境游客规模看，2010—2018年纽约湾区、旧金山湾区和东京湾区的入境游客年平均规模分别为1,600万人次、810万人次和1,327万人次。

第二，形成了包容的城市文化。高度开放的市场环境及宜人的居住生态，丰饶的创业土壤和充满竞争性的工作机会，使得湾区成为大量外来人口的聚集地，从而荟萃来自世界各地的多元文化，进一步促进了湾区开放，激发与反哺湾区城市的创新发展。

世界一流湾区主要发展指标如表1-2所示。

世界一流湾区主要发展指标一览表（截至2021年）　　　　　表1-2

指标	粤港澳大湾区	东京湾区	纽约湾区	旧金山湾区
面积（万平方公里）	5.6	3.69	2.15	1.79
人口（万人）	8,630.11	4,439.8	2,340	715
GDP（万亿美元）	1.67	2.1	1.86	1.2
第三产业比重（%）	62.2	82.3	89.4	82.8
世界100强大学数量（所）	4	2	2	3
世界500强企业总部数量（家）	16	60	22	28
金融中心城市及最高全球排名*	香港（3）	东京（5）	纽约（1）	旧金山（6）

注：*括号内表示最高全球排名。

第三节　世界三大湾区交通发展的主要特征

一、拥有世界级港口群

港口既是对外开放的重要门户，又是连接本国市场和国际市场的重要节点，是湾区经济发展的重要基础和依托。湾区与其他都市圈相比之所以具有高度竞争力，重要的原因就是它拥有多个能量各异的世界级港口，依托港口大力发展临港产业和外向型经济。从世界一流湾区城市空间和港口互动发展历程来看，均遵循"以港兴城、港为城用、港以城兴、港城相长"的发展规律。

1. 世界一流湾区依靠港口发展起步

从世界四大湾区的发展演进路径可以看出，世界级湾区首先都是依靠港口起家的，通过港区装卸和运输等一系列活动，促进港口经济的发展；然后，以临港工业为主导，使经济活动范围从港口内拓展到港口外，进而促进湾区城市迅速成为较为发达的制造中心；在制造中心作用的推动下，伴随航运、金融、服务业等快速发展，经济活动边界拓展到腹地城市，形成了以港口城市为核心的湾区城市群，核心城市通过产业转型升级，带动周边中小城市发展，形成错位发展的格局。

纽约湾区的发展是依托深水港的天然优势，在纽约市及邻近城市建设纽约港和新泽西港。在这个基础上开发建设两百余条水运航线、14条陆运路线，还建立了四通八达的地下铁路网以及三条空运路线，让港口的服务范围一直扩大到美国中西部地区，通过港口群运输的货物占到了美国货运市场总量的一半以上，进而带动纽约经济发展，初步确立了世界城市的地位。东京湾区分别依托东京港、横滨港、横须贺港、川崎港、千叶港、木更津港，建成了一流品质的港口城市。旧金山湾区的发展是依托奥克兰港、里士满港、红木城港和旧金山港，通过丰富的黄金矿产资源吸引大批世界各地掘金者，进而带动了采金冶炼业、港口运输业和金融业的发展，促进了旧金山的快速发展和繁荣。

2. 港口群发展与湾区发展共生共荣

国际著名的湾区都充分利用了港口群，加强国内及与其他国家的经济交易，并且以湾区为信息获取处，加强国际经济交流。2018年，纽约湾区港口群货物吞吐量为720万标准箱，旧金山湾区为230万~250万标准箱，东京湾区为840万标准箱，港口群有力支撑世界一流湾区货物通达全球。

当前，纽约湾区、旧金山湾区和东京湾区已经发展到创新产业阶段，港口货运量下滑严重，但仍然保持并扩大港口群功能。以纽约港为例，1973年纽约港的国际集装箱吞吐量曾位居全球第一，随着世界经济重心向太平洋地区转移，世界上许多港口的国际集装箱吞吐量已经远远超过纽约港。到1993年纽约港已经完全退出了世界十大集装箱港口的行列，尽管如此，纽约港仍然维持和扩大码头功能，其国际港口地位没有受到丝毫影响，依然扮演着国际航运中心和国际枢纽港的重要角色。

3. 世界一流湾区港口之间形成合理功能分工

世界一流湾区港口群均展现出内部功能分工的显著特点，各港口协同合作，构成了一个分工合理、运营灵活的港口群，实现了资源优化配置，提高了港口运营效率，共同促进湾区经济的持续增长。

在纽约湾区中，纽约港主要负责处理部分集装箱业务，特别是与特定船舶公司的合作，是全球贸易的重要枢纽；新泽西港则拥有更多的码头和泊位，能够处理大量集装箱业务，服务多家船舶公司，并在冷藏箱处理和大型集装箱船作业方面具有显著优势。两大港口共同满足了美国东海岸的贸易和物流需求，实现了资源的优化配置和高效运作。在旧金山湾区中，奥克兰港主要负责处理集装箱货物，是国际集装箱货物运输的主要海洋门户，也是美国政府指定的16个国家战略港口之一；旧金山港是世界三大天然港之一，目前以从事散杂、干散货物业务，船舶修理和渡轮服务为主要任务；红木城港以运输建筑材料为主；贝尼西亚港主要从事汽车和石油焦运输；里士满港则主要运输汽油和石油。而东京湾区六大港口的分工则更加明确（详见本书第三章东京湾区港口群）。

4. 世界一流湾区已步入以港口空间开发与再利用推进港城协调发展阶段

湾区在工业化加速阶段，沿海岸线布局制造业是常见的发展形态，港口贸易和沿海制造业的扩张不仅造成环境污染，而且降低了港湾区域对城市居民的吸引力。随着世界一流湾区产业不断升级，传统工业向高端制造业和现代化服务业转变，港口城市越来越重视宜居生态滨海城市的塑造。

例如，1985年日本政府推出"面向21世纪的港湾政策"，提出综合性港口概念，在滨水区构建物流、工业与生活和谐发展模式。1990年日本政府推出"建立富饶魅力滨水区"政策目标，强调在通过填海建立人工岛后，以人工岛外沿区域作为港口泊位，在人工岛内部区域规划建设居住和商业空间；在对港口进行改造时，强调对旧有港口空间的再利用，目的是推进港城一体、和谐发展，增强城市居民对港口区域的亲近感，营造宜居港湾环境。

二、拥有世界级机场群

在全球城市体系中，成熟的城市群主导着国家社会、经济、文化、金融、通信、贸易等活动和对外联系的发展及政策制定，并发挥着国际性的交通枢纽功能。机场是城市群发挥枢纽功能不可或缺的对外交通方式、保障枢纽功能实现的主要途径，同时在城市群中直接发挥着集散功能和扩散功能，满足城市进行政治、经济和文化活动的各种需求。

1. 世界一流湾区拥有功能齐全的多机场体系

世界一流湾区普遍拥有功能齐全的多机场体系，以实现其作为国家门户与国际客运中转枢纽的职能。纽约湾区已经形成了以肯尼迪国际机场、费城国际机场、纽瓦克自由国际机场为主要机场，拉瓜迪亚机场、布拉德利国际机场为辅助机场，大西洋城国际机场、维斯特切斯特郡机场为其重要机场的机场体系。旧金山湾区拥有旧金山国际机场、奥克兰国际机场、圣何塞国际机场和萨克拉门托国际机场4座机场，其中旧金山国际机场为核心机场，奥克兰国际机场、圣何塞国际机场、萨克拉门托国际机场为辅助机场。东京湾区机场群主要由9座机场组成，形成以成田、羽田双机场为主，以茨城机场等支线机场为辅，共同服务东京湾区航空运输需求的多机场体系。

2. 主要机场与湾区核心城市建立了便捷的交通联系

世界一流湾区机场体系与城市系统是相匹配的，核心城市由主机场提供服务，一般城市由辅助机场提供服务。纽约湾区最大的城市是纽约，机场群形成以纽约为核心向外圈层分布的格局，纽约周边聚集了4座机场，分别为距离纽约11公里的拉瓜迪亚机场、15公里的纽瓦克自由国际机场和20公里的肯尼迪国际机场，服务次中心费城的机场距离该市中心11公里。旧金山湾区以旧金山国际机场为主要核心，其距离旧金山市区16公里左右，奥克兰国际机场距离旧金山市区18公里左右。

同时，湾区核心机场如肯尼迪国际机场、旧金山国际机场、羽田国际机场无一例外都配备了直达市中心的快速轨道交通线路，在强化机场与市域及中心城联系的同时极大地方便了旅客出行，从机场至市中心用时普遍在30分钟内。旧金山湾区2003年开通旧金山机场延长线，2014年开通了奥克兰机场连接线，通过轨道交通可直接通达湾区旧金山国际机场和奥克兰国际机场两大机场，大幅提升了交通效率和便捷性。

三、构建发达轨道交通

1. 世界一流湾区已经建成多层次、一体化的轨道交通网络

湾区的人流、物流、信息流以及资金流在城市与城市之间、沿海与腹地之间的高速流动需要高效、便捷、快速的交通设施，提高企业经营效率和人员工作效率。同时，湾区人口岗位总量大、密度高，职住分离现象严重，采用道路交通模式难以满足外围城镇与中心城市间的通勤通学以及湾区城市之间的中长距离

交通需求。世界一流湾区通过构建以轨道交通为骨干的区域公共交通体系，满足城市之间大规模、高时效、高品质的交通需求。

纽约湾区的轨道交通系统主要分为三类：纽约地铁、通勤铁路和哈德逊捷运。纽约地铁是世界上历史最悠久的城市轨道交通系统之一，共25条线路，线路总长394公里，站点424个。通勤铁路包括新泽西铁路、长岛铁路、地铁北铁路，其中，新泽西铁路总线路11条，轨道长度1,062公里，站点数164个；长岛铁路总线路12条，轨道长度1,100公里，站点数123个；地铁北铁路总线路5条，轨道长度1,267公里，站点数124个。以上28条通勤铁路线路中有22条直达曼哈顿，纽约都会区依靠通勤铁路将中央商务区（CBD）连接到新泽西州、长岛、康涅狄格州和下哈德逊河谷的大都市区的数百个住宅社区，是全美国最大、最长的通勤铁路网络。

旧金山湾区已建成"环湾+放射"状轨道交通网结构，线路总长1,164.6公里，主要包括湾区快速轨道交通（BART，主要连接旧金山、奥克兰、伯克利、达利城等中心城市，以及旧金山国际机场和奥克兰国际机场）、半岛通勤列车（Caltrain，连接湾区南部山景城、森尼韦尔、圣克拉拉、圣何塞等主要城市）、旧金山市区的有轨电车（MUNI）等；另有跨省会列车（Capitol Corridor，圣何塞通往加利福尼亚首府萨克拉门托的客运）、全美铁路客运（Amtrak，由奥克兰通往芝加哥、洛杉矶等地的旅客列车）、ACE（由圣何塞通往斯托克顿市的通勤列车）等。发达的轨道交通成为湾区重要的交通运输方式，极大地带动了区域一体化发展。

东京湾区是世界上轨道交通最发达的地区之一，其轨道交通系统主要包括新干线、JR、地铁、轻轨、铁路及其他有轨交通工具等，以东京为中心，向外发散的几十条城市轻轨和地铁组成一个立体化的公共交通网，覆盖整个东京湾区。东京市内拥有3条新干线、12条JR线、13条地铁线、27条私铁线、4条其他轨道交通线，共计59条。东京湾区构建了层级合理、分工明确、衔接高效的轨道交通体系，确立轨道交通在城市交通体系的主体地位，有力保障了湾区4,000多万人口的通勤通学服务，有效缓解了地面道路的交通压力。

2．注重轨道交通与城市融合发展

土地资源短缺、交通拥堵、环境污染、通勤距离过长等问题，是典型的"大城市病"，这在超大城市体现得尤为突出。破解超大城市发展困境，实现超（特）大城市高质量发展，关键在于轨道交通与土地利用的深度融合。

世界一流湾区依托轨道交通开展公交导向型综合开发，充分发挥轨道交通对城市空间结构的优化作用，塑造以轨道交通廊道为骨架、以轨道交通站点为核心的城市发展格局。具体措施包括：在轨道交通站点周边开展高强度开发，提高土地利用率，促进职住平衡，支撑城市的有序发展；围绕轨道交通构建便捷、高效的居民生活圈，改善城市宜居环境，并凸显城市特色；注重轨道交通与慢行系统的衔接，构建"公交导向+慢行便捷"的TOD社区，形成良好的慢行网络与街道空间品质；加强交通需求管理，保证和促进轨道交通出行，促进集约低碳绿色交通模式发展。

四、发展绿色道路交通

世界一流湾区转变道路交通的规模扩张模式，加强道路交通的智能化、精细化管理，优化道路的使用功能，提高道路交通的安全性、公平性及运行效率。

1. 建设高效公平的高速公路网络

高速公路对城市群结构演化有着日益深刻的影响。在世界一流湾区核心城市产业升级的过程中，传统产业资本的选择余地更大、范围更广，依托高速公路形成的城市群职能结构转化的快速通道，各城市的资金流、物质流、人流联系日益加强，城市群逐步融合为一个有机整体。同时，高速公路网络有利于发挥核心城市的区域经济、政治和文化中心功能，通过拉动城市的人口集聚，扩大城市的规模，增强城市集聚能力，促进城市的快速发展。

美国被称为"车轮上的国家"，在美国几乎每个家庭都有自己的小汽车。纽约湾区拥有世界上最长的高速公路网，其布局呈放射状，主要用于疏导穿越纽约市的区域交通流量。旧金山湾区在1950—1960年迅速扩大高速公路网规模，相继修建了中央高速公路、南部高速公路、胡尼佩罗·塞拉（Junipero Serra）高速公路等多条地区性高速公路，连接旧金山、半岛、圣何塞市及南湾等地，加强了湾区内部的城市间联系。1960年高速公路网已经基本定型，之后较少有大规模的公路建设。

东京湾区高速公路网络随着社会经济发展而快速扩张，但一直严格控制总体规模，始终按照1963年制定的"三环九射"规划布局推动建设，高速公路长度和密度较其他湾区小，道路建设标准（如宽度、车道数）比其他湾区低。

2. 建设绿色品质的城市道路交通

纵观东京、纽约、旧金山等世界一流湾区核心城市的发展历程，由最初关注提高城市交通系统的机动性，着重缓解道路拥堵，到同时关注交通系统效率和结构，通过多模式、一体化交通体系的建设，使其更低碳、更集约；随着城市进入高质量发展阶段，更加突出绿色低碳发展导向，全面关注人的发展，体现在注重安全和品质，以社会公平复兴步行与自行车交通，使得城市交通系统的包容性、多样性不断得以改善。

以纽约湾区为例，其核心城市纽约市面积1,214平方公里，道路网呈棋盘式分布，道路总里程6,003.1公里，路网密度约8公里每平方公里。认识到单独依靠不断地新建道路并不能从根本上解决交通拥堵问题，甚至还会引发更大的交通量，造成交通状况的进一步恶化，纽约湾区在纽约市曼哈顿等商务区大力发展轨道交通和公共交通，并综合采用交通需求管理手段，鼓励公交出行。2024年3月27日，纽约大都会交通管理局（MTA）批准了一项新政策，将对驶入纽约市中心地区的乘用车征收至少15美元通行费，使纽约市成为美国首座实施征收拥堵费的城市。在各种措施综合作用下，纽约市公交分担率处于较高水平，且越靠近曼哈顿的地区，居民选择公交出行的比例就越高。

第四节　粤港澳大湾区与世界三大湾区交通发展比较

粤港澳大湾区已是我国重要的金融、物流及制造业中心，为了支撑人流、物流、信息流的高效流通，大湾区交通建设取得一系列重大成就：机场、港口规模位居世界前列，轨道交通网络逐步成型，港珠澳大桥、深中通道等世纪工程和重大节点性工程逐步建成，成为我国重要的进出门户、亚太地区重要的交通整合点、国际运输的重要枢纽。但与其他三大世界一流湾区相比较，粤港澳大湾区还存在各港口功能分工不清晰、机场间竞争大于合作、轨道交通网络规模不够、道路建设贯彻新发展理念不足等问题。

1．港口规模位居世界前列，但面临功能分工不清晰、同质化竞争激烈等问题

当前，粤港澳大湾区已形成以香港港、广州港、深圳港为核心的世界级港口群，以及以东莞港、珠海港等为主体的大型港口群，港口数量众多。2023年，香港港、广州港、深圳港集装箱吞吐量合计达7,146万标准箱，远超其他世界一流湾区，有力地支撑了"世界制造业基地"地位。世界四大一流湾区港口群主要情况如表1-3所示。

世界一流湾区主要港口及其吞吐量与港口群特点　　　　　　　　　　　表1-3

湾区	主要港口	特征	2023年吞吐量	港口群特点
纽约湾区	纽约港	北美地区最大的国际集装箱港口，港口金融业发达	800万标准箱	统一管理
	新泽西港	美国天然良港之一		
旧金山湾区	奥克兰港	旧金山湾区最大的集装箱码头	246万标准箱	集群优势
	里士满港	水路、陆路的重要战略性要地	2,046万吨	
	红木城港	旧金山南湾唯一的深水港	163万吨	
	旧金山港	世界三大天然良港之一，以散货运输为主	150万吨	
东京湾区	东京港	国际战略港口，集装箱港	475万标准箱	独立经营、分工合作、优势互补
	横滨港	国际战略港口，集装箱货物集散港	1.05亿吨	
	千叶港	国际枢纽港口，日本的重化工业基地	1.34亿吨	
	川崎港	国际战略港口，多为企业专用码头	6,763万吨	
	木更津港	重要港口，以服务境内的君津钢铁厂为主	5,210万吨	
	横须贺港	重要港口，军港兼贸易	757万吨	
粤港澳大湾区	香港港	集装箱港口，以国际航线为主	1,657万标准箱	集群优势，有竞争关系
	广州港	集装箱港口，以国内航线为主	2,486万标准箱	
	深圳港	集装箱港口，以国际航线为主	3,003万标准箱	

与其他三大世界一流湾区港口群已形成的"分工合作、协调发展"格局相比较，当前粤港澳大湾区核心港口深圳港、香港港、广州港存在功能分工不明确、协调机制体制缺乏、同质化竞争激烈、港城矛盾激化等一系列问题，应进一步学习和借鉴世界一流湾区港口群建设的先进经验，重视统筹协调，科学明确各港口的功能定位，理顺大、中、小港口的层级关系，形成发展合力。

2. 大型机场密集，但机场之间的竞争关系强于合作关系

粤港澳大湾区是大型机场"密集地区"，目前已经建成香港国际机场、澳门国际机场、广州白云国际机场、深圳宝安国际机场、珠海金湾机场、佛山沙堤机场、惠州平潭机场七大机场，机场密度为国内最高。但是，大湾区机场间的竞争关系强于合作关系，核心枢纽机场之间的同质化水平较高，整体上机场群还未形成良好的竞合关系。随着航空需求不断增长，粤港澳大湾区还计划建设其他大型机场，如广州、深圳均提出建设第二机场，区域机场群布局将进一步加密。世界一流湾区机场群主要情况如表1-4所示。

世界一流湾区主要机场及其旅客吞吐量与机场群特点　　　　　　　　　　　表1-4

湾区	主要机场	特征	近年旅客吞吐量（万人次）	机场群特点
纽约湾区	肯尼迪国际机场	世界主要航空枢纽，纽约都会区的机场之一	6,244	三主多辅
	纽瓦克自由国际机场	纽约都会区的机场之一	4,910	
	拉瓜迪亚机场	纽约都会区的机场之一	3,250	
旧金山湾区	旧金山国际机场	主要机场，以国际航班为主	5,019	一主多辅
	奥克兰国际机场	辅助机场，以国内航班为主	1,338	
	圣何塞国际机场	辅助机场，以国内航班为主	1,570	
东京湾区	成田国际机场	主机场，主营国际航线	4,241	两主一辅
	羽田国际机场	主机场，主营国内航线	7,830	
	茨城机场	辅助机场	76	
粤港澳大湾区	香港国际机场	国际枢纽机场	3,950	三主多辅
	广州白云国际机场	国内主枢纽	6,317	
	深圳宝安国际机场	国内主枢纽	5,273	

注：奥克兰、圣何塞、成田、茨城机场旅客吞吐量为2019年数据，其他均为2023年数据。

与纽约湾区"三主多辅"、旧金山湾区"一主多辅"、东京湾区"两主一辅"的机场群格局相比，粤港澳大湾区大型机场已经较为密集。继续新建大型机场的决策是否合理，核心机场之间应该如何分工，如何明确各机场的功能定位，如何实现机场群一体化协调发展，是粤港澳大湾区亟待研究的课题。

3. 轨道交通初具规模，但"轨道上的大湾区"建设任重道远

当前，粤港澳大湾区正在建设"国铁干线、城际铁路、城市轨道交通"三级轨道交通网络，运营和在建的轨道交通里程超过5,400公里，多层次、一体化、高品质的现代轨道交通体系初具规模。随着大城市化和都市圈的加速推进，粤港澳大湾区核心城市及中小城市纷纷投身于城际铁路、地铁、轻轨等轨道交通的建设热潮，力求打造更加绿色、智能、便捷的出行环境。世界一流湾区轨道交通主要情况如表1-5所示。

世界一流湾区轨道交通的运营里程及线网密度 表1-5

湾区	面积（万平方公里）	常住人口（万人）	轨道交通运营里程（公里）	线网密度（公里每百平方公里）	人均里程（公里每万人）
纽约湾区	2.15	2,340	3,823	17.8	1.63
旧金山湾区	1.79	715	1,394	7.79	1.95
东京湾区	3.69	4,439.8	5,443	14.8	1.23
粤港澳大湾区	5.6	6,671	2,180	3.86	0.33

注：以上数据统计截至2019年底；轨道交通运营里程统计了除中小运量以外的其他所有轨道交通类型。

纽约与东京等世界一流湾区核心城市的轨道交通系统历经了百余年的发展与完善，积累了许多好的经验，也有失败的教训。我们仍需持续学习发达地区的宝贵经验，从轨道线网规划布局、轨道交通与土地利用协调等角度，全方位汲取轨道交通规划的智慧，不断推动"轨道上的大湾区"建设，为人民群众提供更加优质的出行服务。

4．高等级道路网络发达，但交通拥堵顽疾难以缓解

粤港澳大湾区作为全国最先发展地区，经过三十几年建设，截至2021年底，高速公路通车里程已达4,972公里，路网密度达到9.1公里每百平方公里，约为东京湾区的3倍，在国内外主要城市群中位居前列。城市之间能实现数小时内通达，如珠海到中山、广州到东莞只需1小时左右，深圳到中山只需0.5小时左右。

当前，广东省每5年编制一次高速公路发展规划，粤港澳大湾区仍有大规模建设高速公路的趋势，规模扩张型的道路还要走多久，这是一个值得思考的问题。在城市道路交通方面，除了"限号""限外"等交通管理政策外，超大城市似乎难以找到解决交通拥堵的对策。总结东京湾区道路交通的发展经验，吸取相关教训，探寻适应超大城市存量时代道路集约发展路径，可为粤港澳大湾区道路交通规划建设提供有益启示。

第二章

东京湾区的发展现状及愿景

东京湾区位于日本本州岛关东平原南端，由三浦和房总两半岛环抱，经浦贺海峡南出太平洋。沿海湾布局重要城市有东京、横滨、千叶等几座特大城市以及川崎、船桥、君津等工业重镇。

东京湾区的发展起步很早，可以追溯到日本江户时代。19世纪中叶之前，东京湾区基本上还只是一个物流中心。明治维新时期，东京成为日本首都，并从欧洲引进了纺织和炼钢等技术，逐步发展现代产业。第二次世界大战后，日本经济快速恢复，城市化加速，政府率先开发东京湾沿岸的滨海地区，并逐渐建成了京浜工业带和京叶工业带。经过长期发展，这两大工业带已聚集钢铁、有色冶金、炼油、石化、机械、电子、汽车等产业，形成全球最大的工业产业地带之一。

第一节　范围界定

一、湾区范围

湾区地理范围的划定涉及对于一系列相关概念的理解。传统意义上的湾区是指海湾水面及相连接的近海陆地区域，一般指港口及在港口基础上形成的城市或者市镇的集合。现代意义上的湾区概念不仅包含与海湾水面接触的陆地城市区域，还包括与港口及港口城市有密切经济联系的城市群。这种经济联系既表现为人口、资金、信息等要素在城市之间的大量流动，也表现为城市之间存在紧密的交通联系。学术界普遍认为，"湾区"一词多用于描述围绕沿海口岸分布的众多海港和城镇所构成的港口群和城镇群，而衍生的经济效应则称为"湾区经济"。

在现有文献中，学术界对东京湾区范围的认识并没有达成一致，有广义范围和狭义范围两种说法。广义范围为"一都七县"，也称为首都圈，包括东京都、埼玉县、千叶县、神奈川县、茨城县、栃木县、群马县和山梨县，总面积36,898平方公里，约占日本总面积的9.8%，是日本中央政府制定首都圈总体规划的范围，具有明显的宏观政策导向效应。狭义范围为"一都三县"，也称东京都市圈，包括东京都、埼玉县、千叶县、神奈川县，总面积13,566平方公里，主要关注以东京都为中心的生活、通勤问题，但并未针对这个空间范围单独出台规划。

从现代湾区的概念和湾区经济的角度，本书研究界定东京湾区的地理范围为"一都七县"，该范围与1956年日本《首都圈整备法》确定的东京首都圈范围一致，是日本国家整备政策实施和日本首都圈总体规划的研究对象，如图2-1所示。

二、行政区划

按照行政区划，日本全国分为47个一级行政区，包括1都（东京都）、1道（北海道）、2府（大阪府、京都府）、43县，相当于中国的省、直辖市和自治区。东京湾区包括"一都七县"共计8个一级行政区，其中神奈川县、埼玉县、千叶县被称为"近邻三县"，茨城县、栃木县、群马县和山梨县被称为"周边四县"。

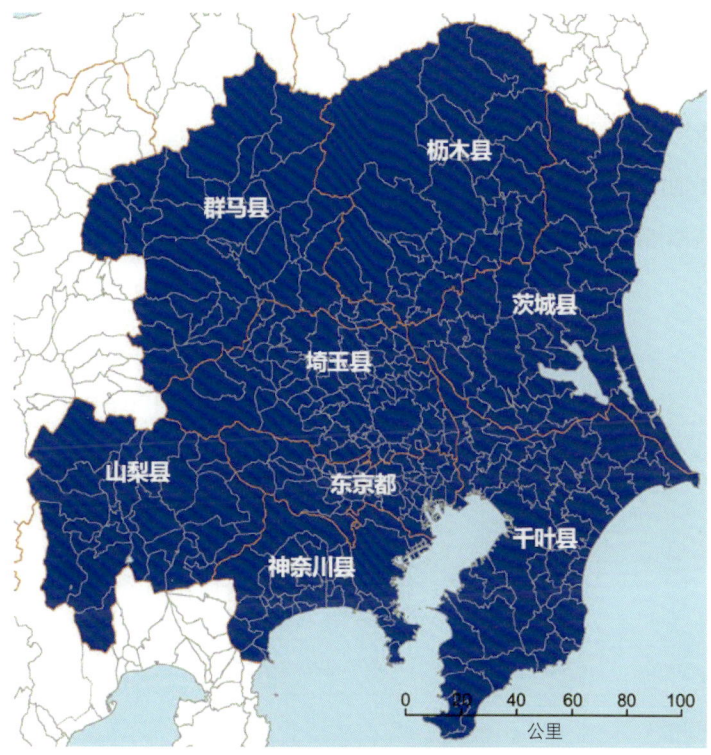

图2-1 东京湾区范围示意图

1. 东京都

东京都由东京区部、西部的多摩地区以及分布在南部海域的伊豆群岛和小笠原群岛等岛部地区组成，面积2,194平方公里，2021年人口1,394.3万，约占日本总人口的11%，如图2-2所示。其中，东京区部是东京的中心城区，由23个行政区组成，面积622平方公里，人口964.41万；东京都心是东京区部的核心区域，包括中央区、千代田区、港区，面积约42平方公里，人口43.2万（2021年）。

图2-2 东京都、东京区部和东京都心

2. 近邻三县

近邻三县总面积11,372平方公里，人口2,285.1万，与东京都的业务和交通联系紧密。在日本相关交通规划中，近邻三县和东京都、茨城南部地区统称东京都市圈，是东京湾区的核心区域。

3．周边四县

周边四县总面积23,332平方公里，人口760.4万。与近邻三县相比，周边四县与东京核心区距离较远，通勤通学交通联系不如近邻三县紧密。由于各县产业特色鲜明，周边四县与东京湾区其他地区存在密切的经济联系，旅游观光交通需求较大。

东京湾区各区域基本情况如表2-1所示。

东京湾区各区域基本情况表（截至2021年）　　　　　　　　　　表2-1

区域		范围	面积（平方公里）	人口（万人）
东京都	东京都	辖23区、26市、5町、8村	2,194	1,394.3
近邻三县	神奈川县	辖19市、28区、13町、1村	11,372	2,285.1
	埼玉县	辖41市、10区、22町、1村		
	千叶县	辖37市、6区、16町、1村		
周边四县	茨城县	辖32市、10町、2村	23,332	760.4
	山梨县	辖13市、8町、6村		
	栃木县	辖14市、12町		
	群马县	辖12市、14町、10村		
东京湾区		"一都七县"	36,898	4,439.8

资料来源：総務省統計局，《令和2年国勢調査人口等基本集計結果》，2021

第二节　城市体系及职能分工

东京湾区城市功能定位明确、优势互补，形成了明显的多中心、多圈层城市功能体系。东京都承担着全国政治、文化、金融、信息枢纽的职能；千叶县拥有成田国际机场和千叶港，是国际知名的空港、港湾，也是钢铁、石油、机械等工业聚集地；埼玉县位于东京都北侧，分担部分首都政府职能，也是东京重要的"卧城"；神奈川县是重要的工业聚集地，拥有横滨港和川崎港两大国际港湾；茨城县是重要工业基地和全国科研中心；栃木县农业和旅游资源发达；群马县农业及制造业发达；山梨县则是日本重要的水果生产地区。

1．东京都

东京都是日本的首都、一级行政区、首都圈中心城市，也是日本内阁和日本国会的所在地，是日本的政治、经济、文化、交通等众多领域的中心。

2．神奈川县

神奈川县别名湘南，是日本的一级行政区，南邻东京湾，北邻东京都和山梨县，拥有日本最大的贸易港、丰富的旅游资源、优良的工业环境。神奈川县总面积2,416平方公里，人口923.6万，人口数仅次于东京和大阪，平均人口密度超过3,000人每平方公里，工农业总产值仅次于爱知县，居日本第二。横滨市是神奈川县的行政和经济中心。

3．埼玉县

埼玉县东邻千叶县，西面是长野县，南接东京都，北连茨城县和栃木县，面积3,798平方公里，人口734万。历史上曾与东京都的大部分地区一起被称为武藏国，有着丰富的历史遗迹；交通网络稠密，两条新干线构成交通运输主动脉，是日本东部最重要的交通中心之一；拥有丰富的土地资源和森林资源，以工业、文化、艺术闻名，是东京北部最重要的工业区。

4．千叶县

千叶县东南方面朝太平洋，西侧濒临东京湾，西北面与东京都和埼玉县连接，北边与茨城县接壤，总面积5,158平方公里，总人口627.5万。建有成田国际机场、大型国际会议中心幕张展馆、东京迪士尼乐园、三井奥特莱斯购物城等大型设施，是日本开发成就最为显著的地区之一，也是为数不多的农业、水产业、工业县。

5．茨城县

茨城县东邻太平洋，北靠福岛县，西接栃木县，南与千叶县、埼玉县相接，距东京40公里。全县面积6,097平方公里，人口285.2万。农业和渔业都很发达，农作物栽培面积居日本第二，果树、蔬菜、花卉、养殖业颇具规模，渔业不仅有近海渔业和远洋渔业，还有淡水渔业。同时，茨城县已经建成以重化工业为中心的重要工业基地，也拥有全国科研中心——"筑波研究学园都市"。

6．山梨县

山梨县东接东京都和神奈川县，距东京市区约120公里，面积4,465.37平方公里，总人口80.57万。山梨县是一个内陆县，86%的土地面积是山地，森林资源丰富，是日本重要的水果生产地区，号称"果树王国"，桃、李子、葡萄、葡萄酒产量居全日本第一位；贵金属、宝石加工业发达，首饰加工业闻名全日本，富士山静冈机场也位于山梨县。

7．栃木县

栃木县东邻茨城县，西接群马县，南接茨城县、埼玉县，北连福岛县，土地面积6,408.28平方公里，人口197.4万。农业比较发达，呈远郊农业特征，主要物产有大麦、水稻、草莓等；奶牛饲养业较发达，主要销往东京。其工业发展是随着高速公路的建设兴起的，主要集中在中部。旅游资源比较丰富，西北部大部分地区属于日光国立公园，既有火山、沼泽等自然风光，又有古建筑之美，还有温泉和人造观光景点，是日本具有代表性的避暑旅游胜地。

8．群马县

群马县东邻栃木县，西接长野县，南接埼玉县，北连福岛县和新泻县，土地面积6,362平方公里，人口197.3万。群马县农业非常兴旺，魔芋、黄瓜、蚕茧和蘑菇的产量居全国前列，奶牛、肉牛、养猪等畜产业也居重要地位；以制造业为中心的各种工厂聚集，为全国著名的加工业和先端产业发达的工业县。

东京湾区各都县发展定位和优势产业如表2-2所示。

东京湾区各都县发展定位和优势产业　　　　　　　　　　　　　　　表2-2

区域	发展定位/优势	主要产业
东京都	全国政治、经济、文化中心	金融业、服务业、批发业以及文化业
神奈川县	工业聚集地和国际港湾，商业和国际交流	电气机械、运输机械、化工制造业，国际商务
埼玉县	承担东京部分政府职能，是东京重要"卧城"	商业零售业
千叶县	国际空港、港湾，工业集聚地	化工、电气机械、钢铁制造业
茨城县	高科技产业、大学和研发机构集聚地	农业、渔业、科研
山梨县	自然资源丰富	农业、轻加工业、旅游业
栃木县	农业和旅游基地	农业、旅游业
群马县	农业、制造业	农业、制造业

第三节　社会经济

一、经济发展

1．总体情况

20世纪50—80年代，东京湾区GDP（国内生产总值）爆发式增长，占日本经济总量的比重不断增加。2018年，东京湾区GDP达到1.97万亿美元，占全国比重进一步上升到39.4%。同年，纽约湾区和旧金山湾区GDP分别为1.4万亿美元、0.8万亿美元，分别占美国经济总量的9%、5%，东京湾区与这两大湾区相比，其经济实力和在全国的地位可见一斑。若作为单一经济体，东京湾区GDP位列全球第十，略低于巴西，超过韩国、加拿大、俄罗斯等国家。东京湾区GDP历年变化情况如图2-3所示。

从东京湾区各都县经济发展看，一极化现象明显。2018年，东京都经济总量为9,589.26亿美元，约占东京湾区的48.5%，约占全国的18.9%。近邻三县经济总量为7,022.81亿美元，约占东京湾区的35.6%，约占全国的14.2%；周边四县经济总量为3,141.21亿美元，约占东京湾区的15.9%，约占全国的6.4%，如图2-4～图2-6所示。

从人均水平看，2018年东京湾区人均GDP为4.4万美元，是日本全国平均水平的1.4倍。东京都人均GDP和人均收入明显高于外围地区，但近邻三县与周边四县相比较，周边四县人均GDP和人均收入都明显高于近邻三县，这可能与政府对农民的补贴政策、税收优惠、丰富的自然资源等因素有关。2018年东京湾区各都县GDP和国民收入如表2-3所示。

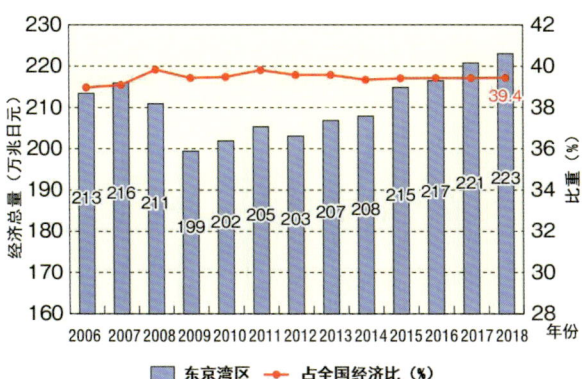

图2-3　东京湾区GDP历年变化情况（2006—2018年）
资料来源：国土交通省,《令和3年度首都圈整备に関する
年次報告》, 2022

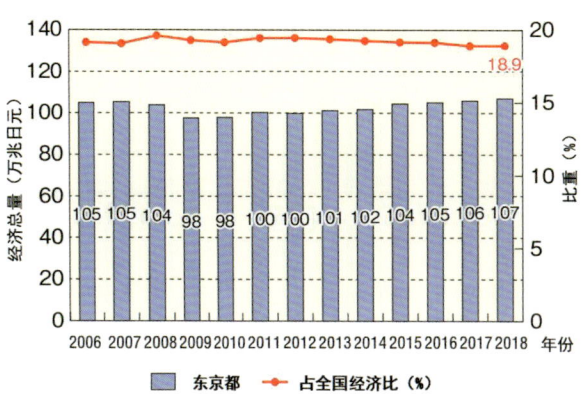

图2-4　东京都GDP变化情况
资料来源：国土交通省,《令和3年度首都圈整备に関する
年次報告》, 2022

图2-5　近邻三县GDP变化情况
资料来源：国土交通省,《令和3年度首都圈整备に関する
年次報告》, 2022

图2-6　周边四县GDP变化情况
资料来源：国土交通省,《令和3年度首都圈整备に関する
年次報告》, 2022

2018年东京湾区各都县GDP和国民收入一览表　　　　　　　表2-3

区域	GDP（亿美元）	国民收入（亿美元）	人均GDP（万美元）	人均收入（万美元）
东京都	9,589.26	6,780.61	6.84	4.84
神奈川县	3,142.01	2,716.75	3.4	2.94
埼玉县	2,060.09	2,023.25	2.81	2.76
千叶县	1,820.71	1,765.56	2.9	2.81
茨城县	1,217.33	867.3	4.27	3.04
山梨县	316.54	234.01	3.93	2.91
栃木县	822.79	613.37	4.28	3.19
群马县	784.55	580.59	4.07	3.01

注：国民收入包括雇佣者报酬、财产所得（非企业部门）及企业所得等部分；数据来自内阁府,《国民经济计算》, 2018。

2. 产业结构

东京湾区第一产业农林渔牧等占比极低，2018年仅占GDP总产值的0.47%；在第二产业中，高端制造业发达，优势产业包括汽车及其零部件制造、电子产品制造等，代表企业有日产汽车、丰田汽车、日本制铁、索尼、佳能等，GDP占比23.3%；批发零售、房地产和信息通信业等第三产业GDP占比最高，达到76.23%。

但东京湾区内各都县差异较大，这在第二产业的比重中体现较为显著。近邻三县（埼玉县、神奈川县、千叶县）与东京都相比，第二产业的比重高出1倍左右，和全国25%的平均水平相差不大；周边四县（群马县、栃木县、茨城县、山梨县）第二产业的比重更高，其中最高的是栃木县，比全国平均水平高出约26%。在周边四县中，第一产业的比重也相对较大。2018年东京湾区三大产业GDP及比重如表2-4所示。

2018年东京湾区三大产业GDP及比重　　　　　表2-4

区域	GDP（亿美元）			GDP比重（%）		
	一产	二产	三产	一产	二产	三产
东京都	3.85	1,404.98	8,280.13	0.004	14.49	85.38
神奈川县	4.29	833.66	2,372.84	0.13	25.76	73.33
埼玉县	9.06	598.14	1,482.59	0.43	28.39	70.37
千叶县	20.69	471.54	1,408.82	1.08	24.7	73.79
茨城县	25.78	511.512	727.19	2.03	40.23	57.19
山梨县	5.95	128.53	188.21	1.84	39.67	58.09
栃木县	15.11	391.38	436.29	1.78	46.08	51.37
群马县	11.28	349.74	449.09	1.39	42.94	55.14
东京湾区	96.01	4,689.48	15,345.16	0.47	23.3	76.23

资料来源：内阁府，《国民经济计算》，2018

虽然东京湾区第二产业GDP占比不高，但其制造业是湾区经济发展的重要支撑。以京滨工业带和京叶工业带为代表的制造业集群，集中了奥林巴斯、尼康、索尼、三菱、佳能、富士通、川崎重工等近40家世界500强企业，囊括了钢铁、冶金、炼油、石化、机械、电子、汽车、造船和现代物流等产业。再加上巨头身后的大量隐形冠军企业，共同构成了庞大的工业体系，"制造业立国"战略在东京湾区得到很好的贯彻实施。

2020年，东京湾区共有制造业企业4.75万家，占全国的26.1%；从业人员约196万人，占全国制造业从业人员的25.4%；制造业产值84兆日元（约合5,544亿美元，较2018年约增长18%），占全国的26.1%。从企业分布看，东京湾区制造业呈现"沿湾集聚"现象，东京都和近邻三县企业总数占全国的17.8%，周边四县则仅占8.3%，如表2-5所示。

2020年东京湾区制造业基本情况　　　　　　　　　　　　　　表2-5

区域	企业数量（2020年）		从业人数（2020年）		制造业产值（2019年）	
	数量（家）	全国占比（%）	人数（人）	全国占比（%）	金额（百万日元）	全国占比（%）
东京都	9,887	5.4	245,851	3.2	7,160,755	2.2
神奈川县	7,267	4.0	356,780	4.6	17,746,139	5.5
埼玉县	10,490	5.8	389,487	5.0	13,758,165	4.3
千叶县	4,753	2.6	208,486	2.7	12,518,316	3.9
茨城县	4,927	2.7	272,191	3.5	12,581,236	3.9
山梨县	1,674	0.9	73,946	1.0	2,481,979	0.8
栃木县	4,039	2.2	203,444	2.6	8,966,422	2.8
群马县	4,480	2.5	210,730	2.7	8,981,948	2.8
东京湾区	47,517	26.1	1,960,915	25.4	84,194,960	26.1
日本全国	181,877	100.0	7,717,646	100.0	322,533,418	100.0

资料来源：内阁府，《国民经济计算》，2020

　　同时，围绕制造业，东京湾区聚集创新企业及服务机构、高校院所，构建了强大的创新生态体系。仅东京都就聚集了全日本1/5以上的大学和30%的大学教员，汇集了全日本近1/4的民间研究机构和一半的顶级技术型企业，集中了日本几乎所有的大型跨国银行、保险、证券、期货等金融机构总部。各类高端平台资源聚集东京湾区，共同构成了开放的创新生态体系。2017年东京位居全球区域创新水平第一位。

　　东京湾区第三产业自2006年以来GDP占比一直保持在75.9%～78.5%，2018年为76.2%。其中，批发零售业、不动产业、专业科学技术及商业服务业占比最高，分别占GDP的14.3%、12.3%和9.3%。从2006—2018年的变化情况看，批发零售业的份额呈下降趋势，而健康卫生和社会服务、专业科学技术以及商业服务业的份额逐步增加。第三产业在东京湾区生产总值中的份额如图2-7所示。

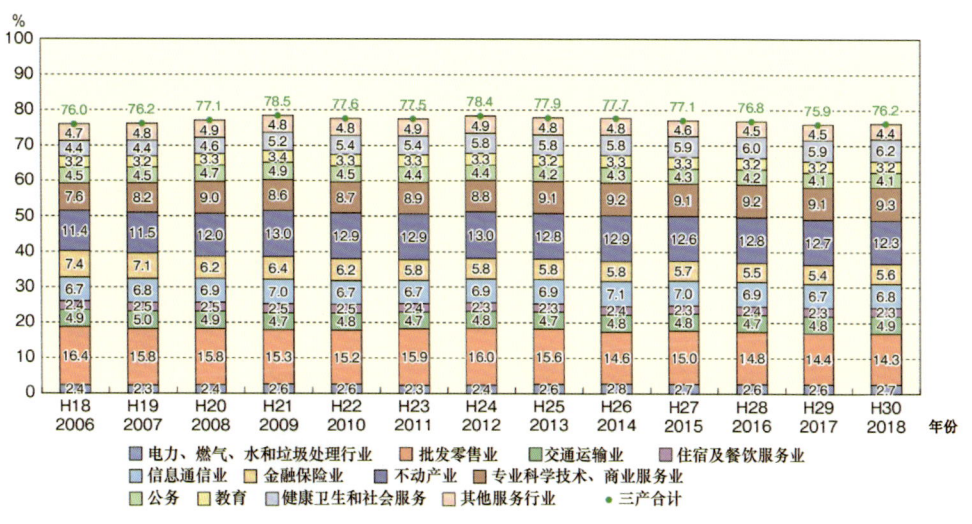

图2-7　第三产业在东京湾区生产总值中的份额变化情况

资料来源：国土交通省，《令和3年度首都圈整備に関する年次報告》，2022

二、人口

1．总体情况

2021年，东京湾区人口为4,439.8万，以9.8%的国土面积承载了全日本35.1%的人口，其中，东京都1,394.3万，近邻三县2,285.1万（神奈川县923.6万，埼玉县734万，千叶县627.5万），周边四县760.4万（茨城县285.2万，山梨县80.5万，群马县197.3万，栃木县197.4万）。东京湾区人口总量是纽约湾区的1.9倍，是旧金山湾区的6.2倍，是粤港澳大湾区的0.51倍。2021年东京湾区人口分布情况如表2-6所示。

2021年东京湾区人口分布一览表　　　　　　　　　　　　表2-6

区域	人口（万人）	面积（平方公里）	人口密度（人每平方公里）
东京都	1,394.3	2,194	6,355
神奈川县	923.6	2,416	3,822.8
埼玉县	734	3,798	1,934.5
千叶县	627.5	5,158	1,219
茨城县	285.2	6,097	470.5
山梨县	80.5	4,465	181.5
群马县	197.3	6,362	305
栃木县	197.4	6,408	301.8
东京湾区	4,439.8	36,898	1,202.4

注：本书中涉及经济、人口统计，东京都均不包含岛部；数据来自总务省统计局，《第71回日本统计年鑑》，2022。

2．人口流动

第二次世界大战后，日本共经历过三次从地方到东京湾区的大规模人口流动。第一次是1960—1979年的经济高速增长期，乡村的年轻人为了就业向大都市圈流动，为重化工业提供大量劳动力。第二次为1980—1993年，包括泡沫经济时期，东京湾区产业不断升级，金融保险业、餐饮娱乐业、交通运输业、零售业等服务业快速发展。服务业具有较强的吸纳劳动力的效果，吸引大量人口从日本其他地区转移到东京湾区。第三次为2004—2013年，日元升值对制造业产生负面冲击，以第三产业为主的东京湾区再次吸引以年轻人为主的大量人口转移。直到今天，东京由于一极集中的地位，仍在不断地吸引全国各地人口。2021年，共计约8.2万人从关西都市圈、名古屋都市圈等地区转移至东京湾区，如图2-8所示。

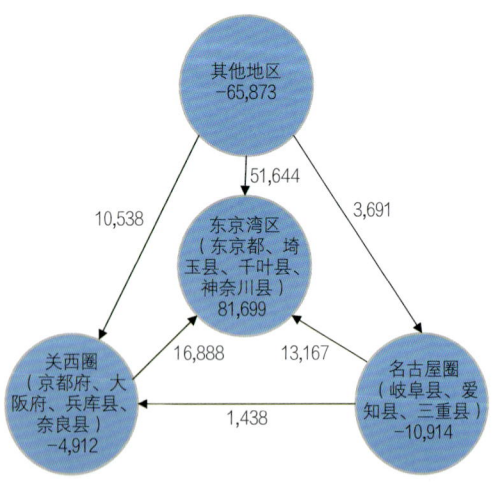

图2-8　2021年日本全国人口流动情况

资料来源：总务省统计局，《令和2年国势调查》，2021

从东京湾区内部看，由于东京核心区就业岗位数量巨大，东京都也不断吸引湾区其他地区人口流入，人口重心的变化可以印证。2015年至2020年，东京湾区各县人口重心均在向东京都方向移动，与东京都人口重心的距离都在缩小（山梨县除外），人口重心的距离变化情况如图2-9所示。

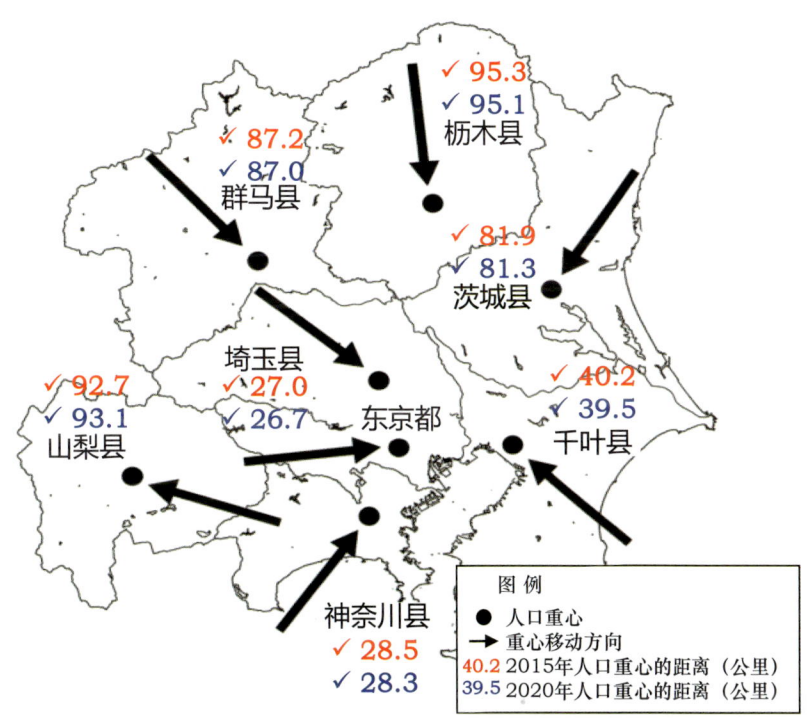

图2-9　2015—2020年东京湾区各县人口重心与东京都人口重心的距离变化情况

资料来源：总务省统计局，《令和2年国势调查》，2021

1975—1995年，东京都人口总体稳定在1,200万以下，1995年以后人口呈增加趋势，2021年达到1,394.29万；近邻三县人口则一直呈增加趋势，周边四县人口增长至2001年达到峰值后开始逐步减少。另外，从人口"自然增减"看，东京湾区人口出生数减去死亡数一直呈逐渐减少趋势，2011年"自然增减"首次为负数，自此以后出生人数少于死亡人数。1975—2021年东京湾区、东京都、近邻三县、周边四县人口总量变化情况分别如图2-10～图2-13所示。

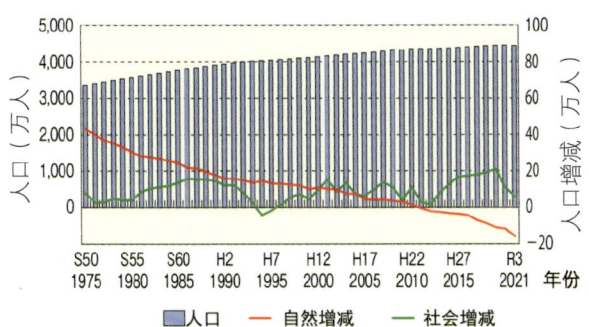

图2-10　1975—2021年东京湾区人口总量变化情况

资料来源：国土交通省，《令和3年度首都圈整备に关する
年次報告》，2022

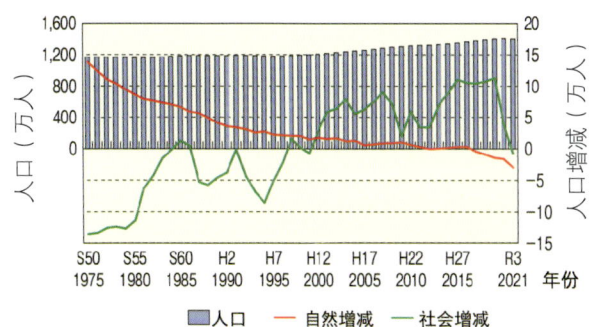

图2-11　1975—2021年东京都人口总量变化情况

资料来源：国土交通省，《令和3年度首都圈整备に关する
年次報告》，2022

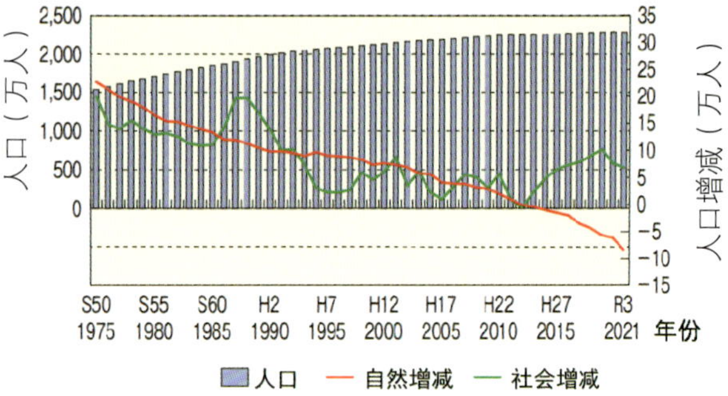

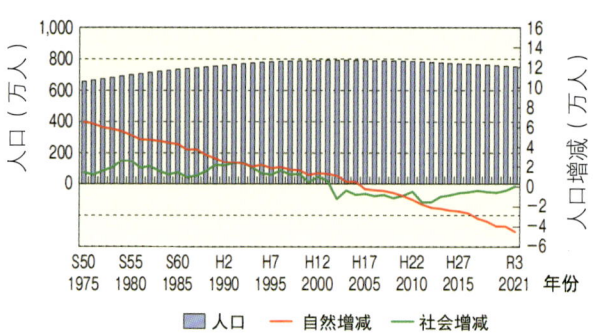

图2-12　1975—2021年近邻三县人口总量变化情况
资料来源：国土交通省，《令和3年度首都圈整備に関する
年次報告》，2022

图2-13　1975—2021年周边四县人口总量变化情况
注："自然增减"为出生人数减去死亡人数，"社会增减"为
迁入人数减去迁出人数。
资料来源：国土交通省，《令和3年度首都圈整備に関する
年次報告》，2022

　　1995—2000年、2000—2005年、2005—2010年、2010—2015年，东京湾区人口增加率分别是2.3%、2.6%、2.6%和0.8%，高于同时期日本全国人口增长水平。其中，都心三区人口增加率分别是10%、21.7%、15%、18.1%，近邻三县分别为2.6%、2.6%、2.5%、0.7%，周边四县分别为1.0%、−0.04%、−0.7%、−1.9%。东京湾区人口变化情况如表2-7所示。

东京湾区人口变化情况　　　　　　　　　　　　　　　　表2-7

区域	人口（万人）					人口增减率（%）			
	1995年	2000年	2005年	2010年	2015年	1995—2000年	2000—2005年	2005—2010年	2010—2015年
东京都	1,177	1,206	1,257	1,316	1,352	2.5	4.2	4.6	2.7
东京都区部	797	814	849	895	927	2.1	4.4	5.4	3.7
都心三区	24.4	26.8	32.6	37.5	44.3	10	21.7	15	18.1
近邻三县	2,080	2,135	2,190	2,246	2,262	2.6	2.6	2.5	0.7
周边四县	783	790	790	785	770	1.0	0	−0.7	−1.9
东京湾区合计	4,040	4,132	4,238	4,347	4,383	2.3	2.6	2.6	0.8
日本全国	12,557	12,693	12,777	12,806	12,710	1.1	0.7	0.2	−0.8

资料来源：根据历年统计年鉴整理而成

3. 人口分布

　　2021年，东京湾区平均人口密度为1,202.4人每平方公里，其中，东京都人口密度达到6,355人每平方公里，远高于邻近三县和周边四县。在东京都范围内，东京区部（除都心三区）的人口密度为15,780.3人每平方公里；都心三区人口密度为11,702.4人每平方公里；东京多摩部（东京都除去区部的区域）人口密度最低，仅为2,734.6人每平方公里。在神奈川县范围内，川崎市和横滨市的人口密度分别达到10,315.4人每平方公里和8,512.7人每平方公里，远高于县平均人口密度3,822.8人每平方公里。埼玉市和千叶市人口密度虽然都高于所在县平均水平，但与京滨工业带（东京区部、川崎市和横滨市）相比仍有一定差距。2021年，东京湾区劳动力人口（就业人口与待业人口之和）2,515.6万，其中东京都劳动力人口839.7万，东京都区部外（市町村）地区劳动力人口比例高于区部。2021年东京湾区主要地区人口分布如表2-8所示，2020年东京湾区人口密度分布如图2-14所示。

2021年东京湾区主要地区人口分布情况　　　　　　　　　　　　表2-8

区域	人口 （万人）	面积 （平方公里）	劳动人口 （万人）	劳动人口 比例（%）	人口密度 （人每平方公里）
东京都	1,394.3	2,194	839.7	60.22	6,355
东京都心三区	49.15	42	23.15	47.10	11,702.4
东京区部	964.41	622	456.22	47.31	15,504.9
东京区部 （除都心三区）	915.26	580	433.07	47.32	15,780.3
东京都（除区部）	429.88	1,572	383.48	89.21	2,734.6
神奈川县	923.6	2,416	513.8	55.63	3,822.8
埼玉县	734	3,798	411.6	56.08	1,934.5
千叶县	627.5	5,158	343.8	54.79	1,219
茨城县	285.2	6,097	153	53.65	470.5
山梨县	80.5	4,465	44.6	55.40	181.5
群马县	197.3	6,362	104.3	52.86	305
栃木县	197.4	6,408	104.8	53.09	301.8
埼玉县	126.39	217.43	61.19	48.41	5,812.9
千叶市	97.19	271.77	45.06	46.36	3,576.2
横滨市	372.48	437.56	173.86	46.68	8,512.7
川崎市	147.52	143.01	70.2	47.59	10,315.4
东京湾区	4,439.79	36,898	2,515.6	56.70	1,202.4

注：表中东京都不包含岛部。
资料来源：总务省统计局，《令和2年国势调查人口等基本集计结果》，2021

　　为了研究大都市居住和工作分离的现象，日本统计了东京湾区昼间人口和夜间人口。昼间人口是指工作日上班时间某一时点的人口，又称白天人口，是一个与夜间人口相对的概念。昼间人口是该地区夜间人口加上白天进入该地区的人口，再减去该地区白天出去的人口。从昼夜人口密度分布看，东京都特别是都心地区昼间人口密度超过20,000人每平方公里，夜间人口密度则为10,000～20,000人每平方公里，白天会有大量人口涌入，显示了较强的就业中心特点。东京湾区昼间和夜间人口密度分布分别如图2-15、图2-16所示。

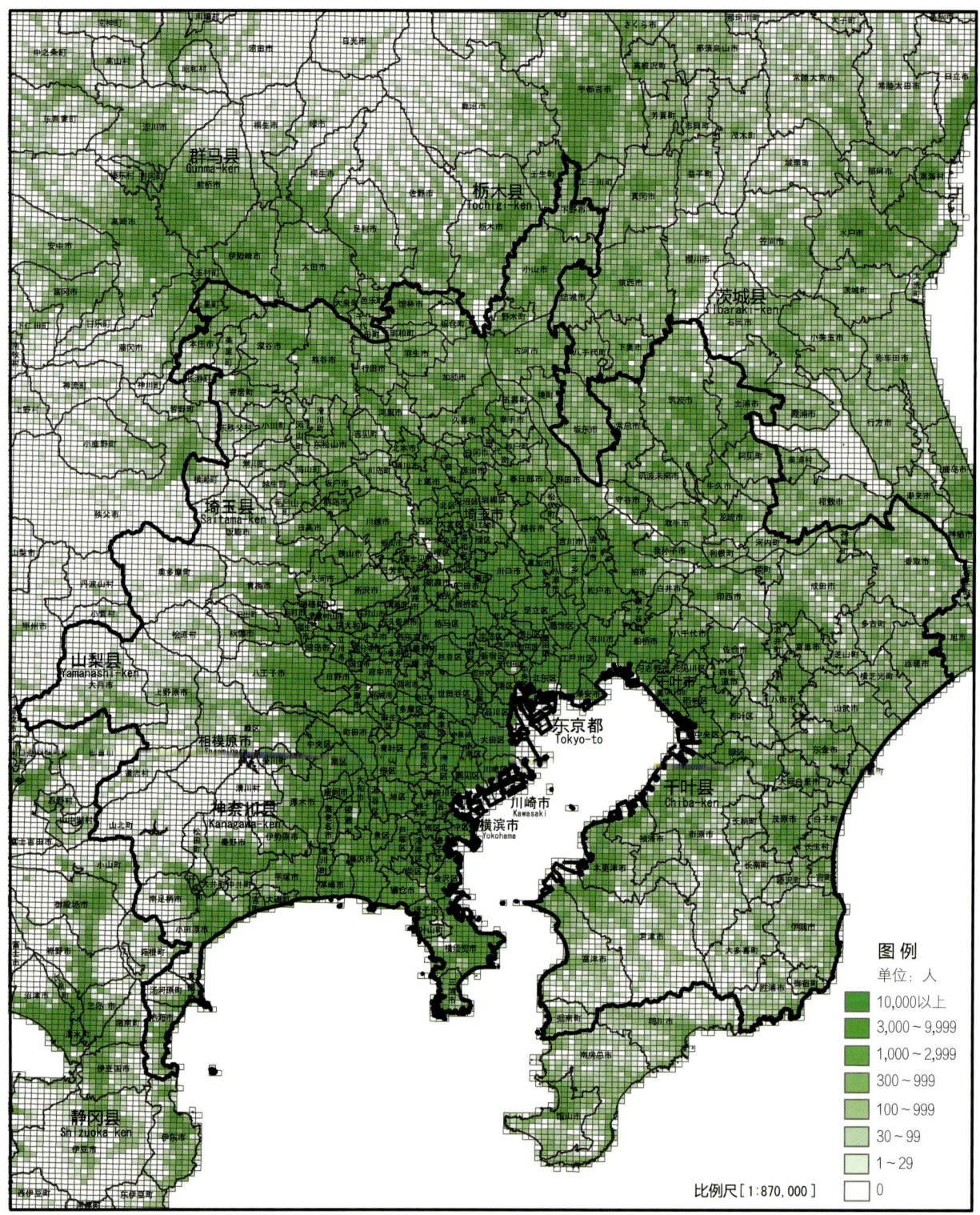

图2-14　2020年东京湾区人口密度统计图（网格为1公里×1公里）

资料来源：https://www.stat.go.jp/data/chiri/map/c_koku/t-mitsu/index.html

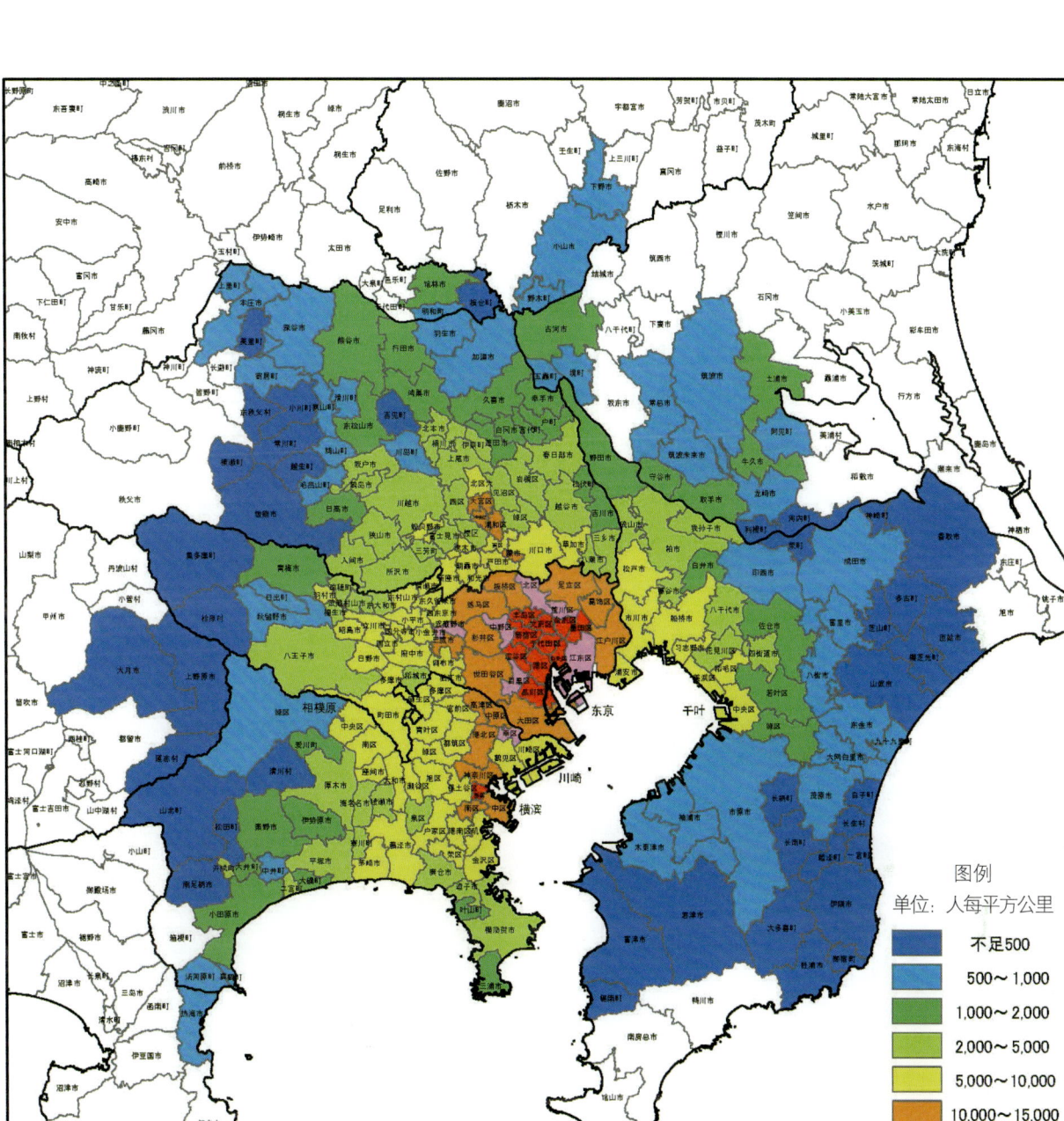

图2-15　东京湾区昼间人口密度分布示意图（2020年）
资料来源：https://www.stat.go.jp/data/chiri/map/c_koku/t-mitsu/index.html

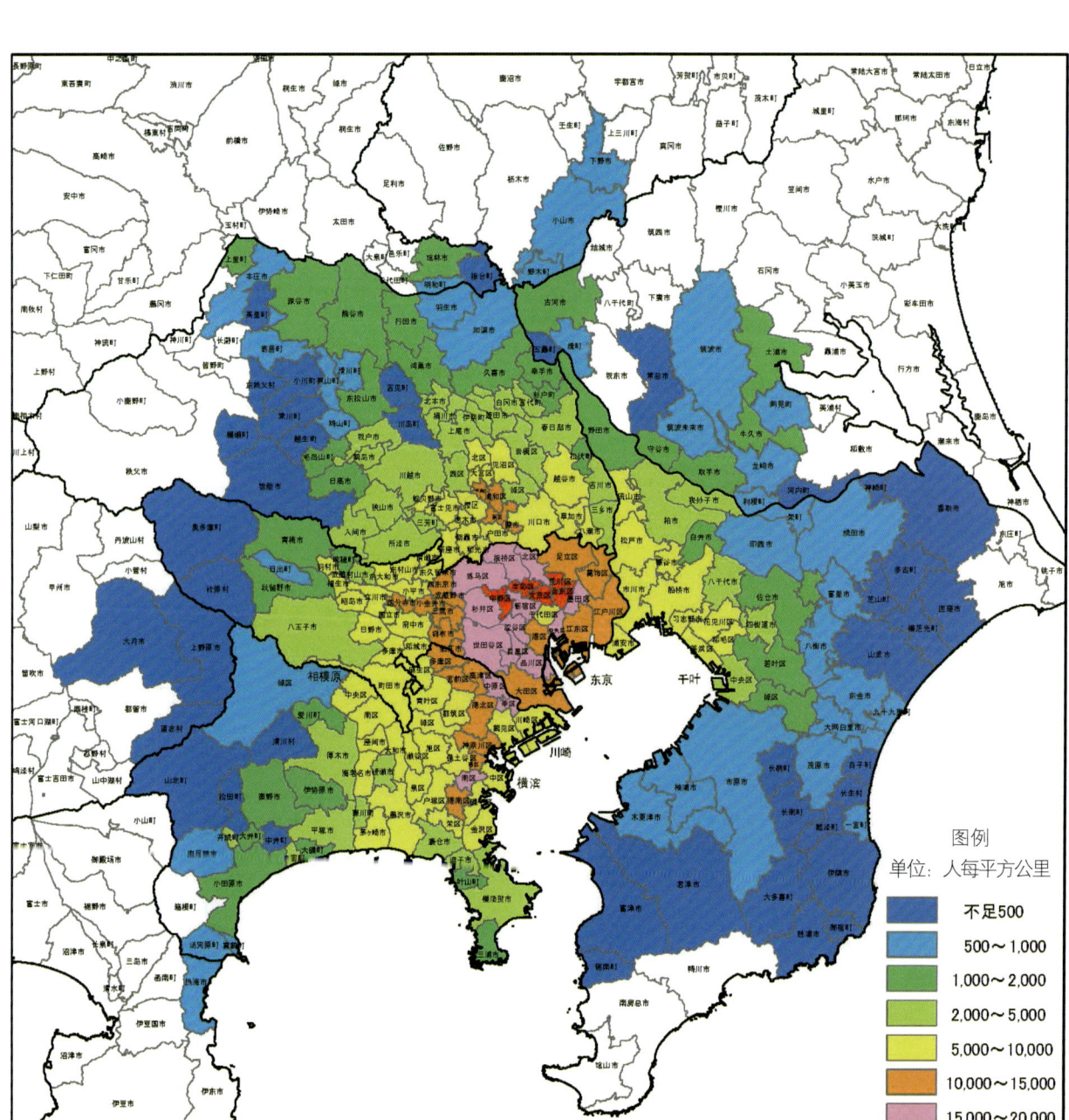

图2-16　东京湾区夜间人口密度分布示意图（2020年）

资料来源：https://www.stat.go.jp/data/chiri/map/c_koku/t-mitsu/index.html

4．人口老龄化

按照联合国标准，当一个国家或地区65岁及以上人口达到总人口的14%时，就认为其进入老龄化社会；达到总人口的20%时，就认为其进入了超级老龄化社会。1995年至今，东京湾区老龄人口比例一直不断增加；2000年已达到15%，进入老龄化社会；2010年达到21%，全面进入超级老龄化社会；2020年，东京湾区老龄人口比例增至26.1%。虽然老龄化日益严重，但东京湾区老龄人口比例略低于28.9%的日本平均水平。这表明，与其他地区相比，东京湾区人口年龄结构仍"相对年轻"。1995—2020年东京湾区人口年龄结构变化情况如表2-9所示。

1995—2020年东京湾区人口年龄结构变化情况（单位：%）　　　　　表2-9

年龄		1995年	2000年	2005年	2010年	2015年	2020年
0~14岁	东京都	12.8	11.8	11.5	11.4	11.5	11.1
	近邻三县	15.6	14.3	13.7	13.2	12.6	11.6
	周边四县	16.9	15.3	14.3	13.6	12.7	11.5
	东京湾区	15	13.8	13.2	12.7	12.3	11.4
	全国	16	14.6	13.8	13.2	12.6	11.8
15~64岁	东京都	74.2	72.3	70	68.2	65.9	66.1
	近邻三县	73.6	72.1	69.4	66.2	62.7	61.6
	周边四县	68.1	67.2	65.7	63.5	60.4	58.3
	东京湾区	72.7	71.2	68.9	66.3	63.3	62.4
	全国	69.5	68.1	66.1	63.8	60.7	59.4
65岁以上	东京都	13	15.9	18.5	20.4	22.6	22.8
	近邻三县	10.8	13.6	16.9	20.6	24.7	26.8
	周边四县	15	17.5	20	22.9	26.9	30.2
	东京湾区	12.3	15	17.9	21	24.4	26.2
	全国	14.5	17.3	20.1	23	26.7	28.8

资料来源：总务省统计局，《令和2年国势調查人口等基本集计结果》，2021

　　从老龄人口分布看，核心区要低于外围地区，强大的就业中心地位使得人口保持相对年轻。2020年，东京都、近邻三县、远郊四县的老龄人口占比分别为22.8%、26.8%及30.2%。从各都县内部人口分布看，也呈现类似规律，如东京都最核心的区域——东京都心的老龄人口占比为17.19%，低于东京都的22.8%；神奈川县核心城市横滨市和川崎市分别为23.38%、19.46%，均低于全县的25.6%；埼玉县首府埼玉市老龄人口占比为22.76%，低于全县的27.14%；千叶县首府千叶市为24.87%，低于全县的27.6%。2020年东京湾区主要地区人口年龄结构如表2-10所示。

2020年东京湾区主要地区人口年龄结构　　　　　表2-10

	15岁以下人口（万人）	15~64岁人口（万人）	65岁以上人口（万人）	15岁以下人口占比（%）	15~64岁人口占比（%）	65岁以上人口占比（%）
东京都心	5.35	31.11	7.57	12.15	70.66	17.19
东京区部	106.99	640.07	205.22	11.24	67.21	21.55
东京都	158.11	907.02	314.37	11.46	65.75	22.79
神奈川县	108.58	562.89	230.86	12	62.40	25.60
埼玉县	85.84	433.52	193.5	12.04	60.81	27.15

续表

	15岁以下人口（万人）	15～64岁人口（万人）	65岁以上人口（万人）	15岁以下人口占比（%）	15～64岁人口占比（%）	65岁以上人口占比（%）
千叶县	73.66	381.4	173.39	11.70	60.70	27.60
茨城南部	36.44	174.73	77.17	12.64	60.60	26.76
横滨市	46.85	236.83	86.55	12.65	63.97	23.38
川崎市	18.41	97.3	27.95	12.81	67.73	19.46
埼玉市	16.47	79.93	28.41	13.2	64.04	22.76
千叶市	12.21	59.76	23.82	12.75	62.39	24.86

资料来源：总务省统计局，《令和2年国勢調查人口等基本集計結果》，2021

第四节　未来发展趋势及愿景

一、人口发展趋势

人口是影响东京湾区发展的关键因素，为了更好地预测东京湾区的发展趋势，日本国立社会保障和人口问题研究所对东京湾区未来人口等关键因素进行了系统性研究。根据测算，日本全国人口在2010年达到1.2806亿人的峰值后已经开始减少。由于低生育率和老龄化的加剧，劳动年龄人口的峰值比总人口的峰值更早，1995年日本全国劳动年龄人口就已经达到峰值，为8,716万，如图2-17所示。

东京湾区的人口峰值出现时间较全国晚，在2020年达到4,450万的峰值后减少，预计2045年为3,990万，较现状减少约10%。从人口结构看，随着日本人口生育率的持续低迷，预计未来20年东京湾区内的人口结构将继续恶化，老龄人口不断增加，2045年将接近1,380万，约占总人口的35%；幼年人口不断减少，2045

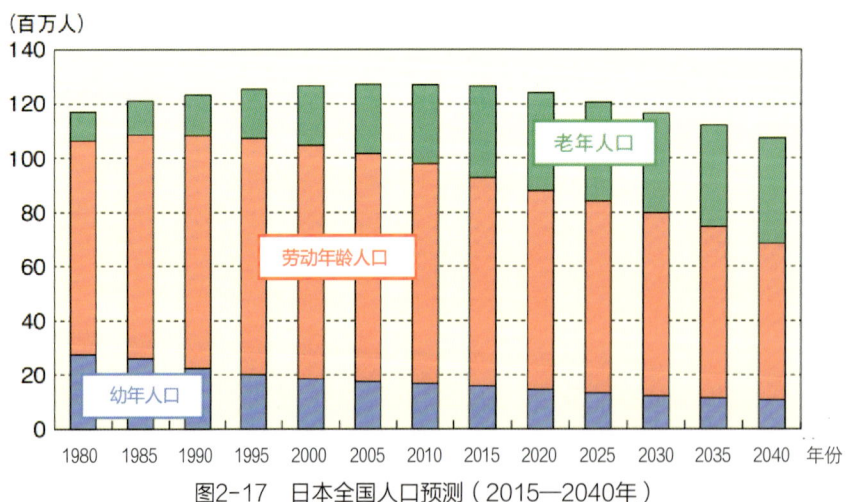

图2-17　日本全国人口预测（2015—2040年）

资料来源：日本国立社会保障和人口问题研究所，《人口統計資料集（2022）——
都道府県別人口および増加率の将来推計：2015～45年》，2022

年将不足500万，面临劳动人口紧缺、养老压力加大等问题。东京湾区人口预测如图2-18所示。

其中，东京都人口先增后减，人口峰值出现在2030年，达到1,388.3万，之后开始持续降低；神奈川县和埼玉县的人口峰值出现在2020年，分别为914.1万和727.3万；其余各县的人口均于2015年后保持下降趋势。东京湾区一都七县的人口发展趋势如图2-19所示。

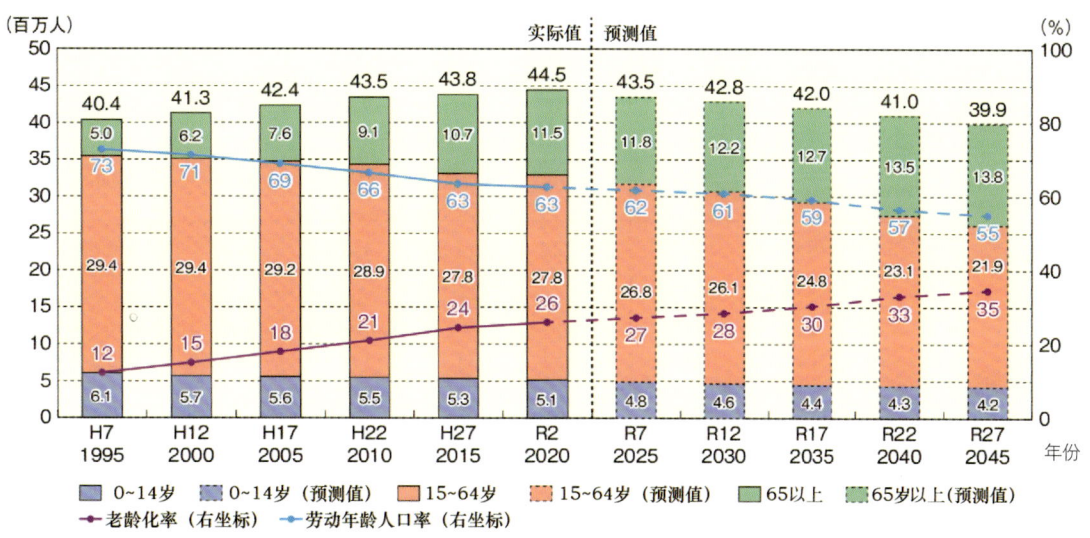

图2-18　东京湾区人口预测（2020—2045年）

资料来源：日本国立社会保障和人口问题研究所，《人口統計資料集（2022）——都道府県別人口および増加率の将来推計：2015～45年》，2022

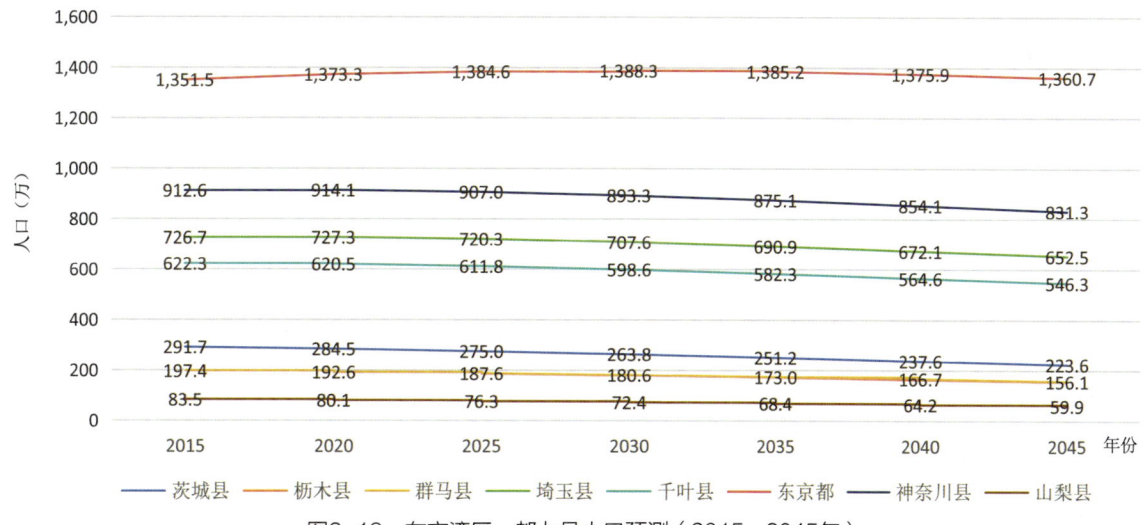

图2-19　东京湾区一都七县人口预测（2015—2045年）

资料来源：日本国立社会保障人口问题研究所，《按地区划分的日本未来估计人口》，2018

从业务核都市人口分布变化看，一级业务核都市横滨—川崎发展较为成熟，竞争力较强，人口规模在500万左右，小于东京区部，却远高于其他业务核都市，未来人口先增后降，最高值出现在2025年；二级业务核都市包括埼玉市、町田—相模原、千叶市和八王子—立川—多摩等，距离东京都心约30公里，是东京湾区外围各子区域的中心城市，具有一定的规模和竞争力，人口规模在80万～130万，人口最高值出现在

2020年前后，其后一直处于下降状态；三级业务核都市包括成田市、厚木市、青梅市、木更津市和土浦—牛久—筑波等，距离东京都心40～50公里，是东京湾区较外围的小型城市，人口吸引力不足，人口规模在10万～50万，自2015年以来一直呈现下降趋势。各级别业务核都市人口预测如表2-11所示。

各级别业务核都市人口预测（单位：万人）　　　　　　　　　　　表2-11

级别	核都市	2015年	2020年	2025年	2030年	2035年	2040年	2045年
一级业务核都市	横滨—川崎	520.01	525.46	526.09	523.02	517.14	509.22	499.61
二级业务核都市	八王子—立川—多摩	90.04	89.36	87.82	85.70	83.16	80.47	77.67
	町田—相模原	115.31	115.24	113.88	111.63	108.78	105.69	102.45
	千叶市	97.19	98.22	97.88	96.58	94.76	92.72	90.52
	埼玉市	126.4	129.54	131.25	131.81	131.38	130.24	128.59
三级业务核都市	成田市	13.12	13.29	13.37	13.33	13.2	12.97	12.67
	厚木市	22.57	22.49	22.15	21.61	20.91	20.15	19.38
	青梅市	13.74	13.41	12.99	12.49	11.93	11.35	10.73
	木更津市	13.41	13.72	13.88	13.87	13.84	13.7	13.52
	土浦—牛久—筑波	45.21	45.97	46.19	45.94	45.31	44.38	43.24
	川越市	35.07	35.59	35.71	35.51	35.06	34.51	33.92
	熊谷—深谷	34.26	33.46	32.44	31.23	29.86	28.38	26.86
	春日部—越谷	57.02	57.09	56.49	55.37	53.93	52.39	50.88

资料来源：日本国立社会保障和人口问题研究所，《人口統計資料集（2022）——都道府県別人口および増加率の将来推計：2015～45年》，2022

从东京湾区人口分布变化看，从2005年到2010年，除了市中心附近的轨道交通车站周边等地区，几乎所有地区人口都停止了增长；从2010年到2050年的人口预测看，除了市中心区和外围业务核心都市的部分地区外，绝大部分区域的人口减少，没有轨道交通覆盖的外围地区下降最为严重。2005—2010年、2010—2050年东京湾区人口分布变化及预测如图2-20、图2-21所示。

东京都是东京湾区就业最为集中的地区，东京都总务局对2040年就业岗位进行了预测。2020年，东京都就业岗位数为905.6万个，预计将于2025年达到最大值909.8万个，2040年降到862.4万个，相比于2020年减少了43.2万个。其中，东京都区部2020年就业岗位数为739.8万个，集中了东京都81.7%的就业岗位，2025年增长至745.6万个后开始减少，2040年为712万个，相比于2020年减少33.6万个。多摩地区和岛部的就业岗位数也将在缓慢上升，在2025年达到峰值，随后持续下降。东京都就业岗位数预测如图2-22所示。

从职业分布看，2040年，东京都工人、销售人员、生产过程工人相比于2015年将分别减少38.78万人、38.18万人、32.23万人，减少幅度较大，服务人员及专业技术人员则分别增加了24.56万人、71.74万人，这与未来东京都内的劳动人口、年龄结构以及产业调整密切相关。东京都各种类型就业岗位数预测如表2-12所示。

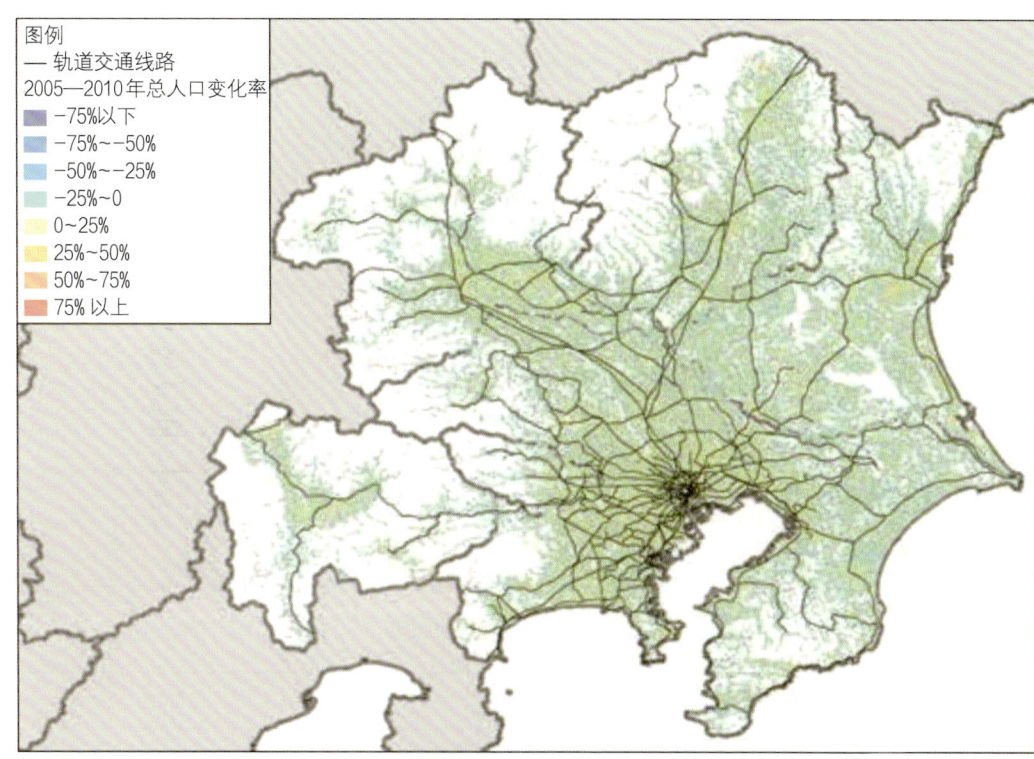

图2-20　2005—2010年东京湾区人口分布变化示意图

资料来源：日本国立社会保障和人口问题研究所，《人口统計資料集（2022）——都道府県別人口および增加率の
将来推計：2015～45年》，2022

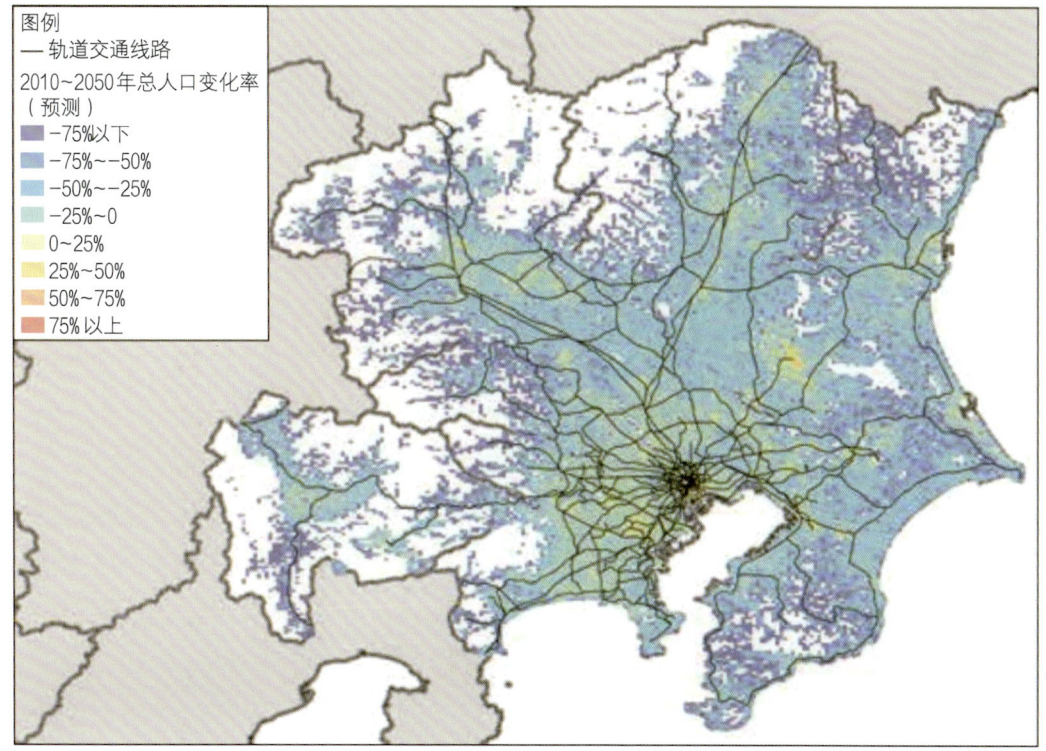

图2-21　2010—2050年东京湾区人口分布变化预测图

资料来源：日本国立社会保障和人口问题研究所，《人口統計資料集（2022）——都道府県別人口および增加率の
将来推計：2015～45年》，2022

图2-22　东京都就业岗位数预测

资料来源：东京都总务局，《東京都就業者数の予測》，2015

东京都各类型就业岗位数预测（单位：万个）　　　　　　　　　　表2-12

类型	2015年	2020年	2025年	2030年	2035年	2040年	2040年较2015年变化
行政专业	27.98	29.56	30.43	30.81	30	28.92	0.94
专业技术人员	189.81	210.33	227.04	241.15	252.42	261.55	71.74
工人	247.81	249.06	243.83	234.89	223	209.03	−38.78
销售员	148.38	145.31	138.61	130.1	120.35	110.2	−38.18
服务人员	96.51	104.96	111.19	115.9	119.06	121.07	24.56
安全专业工作者	16.99	17.96	18.48	18.72	18.68	18.45	1.46
农林渔业工人	2.52	2.34	2.11	1.9	1.65	1.43	−1.09
生产过程工人	57.41	50.59	43.44	36.7	30.55	25.18	−32.23
运输/机器操作员	23.47	22.38	20.78	18.99	17.11	15.25	−8.22
建筑和采矿工人	26.56	25.34	23.52	21.49	19.36	17.26	−9.3
运输、清洁、包装等工人	44.11	47.75	50.34	52.23	53.39	54.04	9.93
总数	881.55	905.58	909.77	902.88	885.57	862.38	−19.17

资料来源：东京都总务局，《東京都就業者数の予測》，2015

二、发展愿景

目前，与东京湾区相关的规划主要有中央政府针对首都圈建设制定的首都圈基本规划和一都七县一级政府制定的本辖区城市发展规划。

1. 国家层面：首都圈基本规划

第二次世界大战以后，日本经济快速发展，人口和产业开始向东京都不断集中。1950年，为了取得首都地位并获得中央政府对东京规划建设的更大支持，在东京政府的努力下，日本中央政府颁布《首都建设法》，并成立了首都建设委员会。1956年，第二部法律《首都圈整备法》得以制定，并成立了首都圈整备委员会，该委员会负责东京都及周边七个县的区域规划。1958年，该委员会制定第一次首都圈基本规划并获批准，其后，大概每10年重新编制一次，截至目前，该委员会共编制完成了7次首都圈规划。

（1）第一次，首都圈基本规划（1958年）：绿化隔离带构想

1958年7月，第一次首都圈基本规划公布。该规划受到了霍华德"田园城市"理论的影响，是仿照大伦敦规划编制的，目的是分散向东京集中的产业与人口。规划的主要内容为将以东京车站为中心的半径100公里的范围确定为首都圈，将距离都心10～15公里的范围作为中心城区，限制新建和扩建工厂、学校，避免人口持续增长；将距离都心20～30公里的地域规划为近郊地带，该地区设定为绿化地带，不得大规模兴建住宅，以控制建成区的无限度扩张；将最外围地区规划为城镇开发区，培育和建设工业卫星城市，吸收希望入驻中心城区的产业与人口，以减少中心城区的压力。

第一次首都圈基本规划的特征是把首都圈建设成为由被绿化带包围的紧凑型的建成区与周围的工业卫星城构成的城市群，在建成区域与开发区域之间设定绿化地带，即构建"中心城—绿化隔离带—卫星城"的空间结构。为支持第一次首都圈基本规划目标的实现，防止东京规模过大与已建成区域过密状况的出现，1959年3月日本制定了原则上禁止新建一定规模的工厂、学校等的《工业等限制法》。

第一次首都圈基本规划的目标主要是解决大城市人口膨胀问题，但实施不久就暴露出先天缺陷。首先，第二次世界大战后日本处在经济和人口高速发展时期，由于东京是日本的首都，政治、经济、文化一极集中，在集聚经济作用下，经济活动和人口流动必然向首都集聚，第一次首都圈基本规划在一个较为狭小的范围控制人口增长，存在规划预期不足问题。其次，1960年，日本政府在《全国综合开发规划》中提出"太平洋带状地带"构想，作为建设"太平洋带状地带"构想的一环，要求在京滨工业地带建设大型企业，也就是说，第一次首都圈基本规划与《全国综合开发规划》存在衔接问题。实际情况是，在以东京为中心的60公里圈层内建成了"工业团地"，人口不断聚集。在此背景下，规划目标年份为1975年的第一次首都圈基本规划在1968年被废止。

（2）第二次，首都圈基本规划（1968年）：单核环状圈层

在对第一次首都圈基本规划进行反思的基础上，1968年第二次首都圈基本规划公布，将首都圈的范围扩大到"一都七县"（东京都、神奈川县、埼玉县、千叶县、茨城县、栃木县、群马县、山梨县），也就是东京湾区的范围。在空间策略上，在延续第一次首都圈基本规划的基础上，主要是放弃绿化隔离带构想，调整为近郊整备地带。在空间策略上，中心城区承担中枢管理职能，对中心城区的空间结构进行了对应性调整，同时为了缩小城市间的通达时间，修建铁路、公路等交通体系；将原距离都心20～30公里的近郊整备地范围扩大到50公里，并进行综合的土地开发计划；在外围的城市开发地区，主张培育和发挥各区域的功能特色，一方面要继续培育卫星城市的工业体系，另一方面注意打造功能叠加型城市，完善卫星城市的流通、教育等功能。

为了实现首都圈地域结构的再造，日本政府实施了大规模建设工程，包括高速公路网建设、高速铁路网建设及大规模住宅、街道建设与大规模水源开发等。铁路运输能力的加强、道路网的完善与郊区住宅的兴建，为人们在东京郊区购房、租房，并同时在东京中心工作提供了可能。东京周边的神奈川县、千叶县、

埼玉县人口显著增加，依赖东京中心区的首都圈一极结构不断强化。

（3）第三次，首都圈基本规划（1976年）：多极结构的广域城市

1974年，日本成立了国土综合开发厅，替代成为规划编制的主体，于1976年编制第三次首都圈基本规划。此时编制的背景是东京首都圈人口超过了3,000万，半径范围超过了50公里，形成了人类历史上最大的人口、产业的集聚，并面临着历史上没有遇到过的大城市问题。

为此，日本提出了在全境内的分散对策与在首都圈内重新布局的双重方案。"全境分散"是指除东京作为政治中心外，将大阪、名古屋作为商业中心进行全面综合开发，实现"多极分散的联合城市圈型"结构，逐渐纠正对东京都心的"一极依存形态"，实现地域均衡发展。首都圈内放弃了向东京都心区一极集中的地域结构的规划，转向开发"多核多圈域"的地域结构，"多核"即培育多座核心城市，"多圈域"即由不同核心城市形成自主独立的不同圈域，使首都圈形成由这些核心城市构成的多极结构的广域城市复合体。

（4）第四次，首都圈基本规划（1986年）：多核多圈域

进入20世纪80年代，日本开始了以微电子技术为中心的产业结构升级，第三产业的发展拉动了对办公场所等商业房地产的需求，东京中心土地的经济价值上升，土地价格也随之高涨。高企的房价使在东京中心部工作的人们买不起甚至租不起东京中心部的房屋，但工作场所又集中在东京中心区域，所以他们就不得不在东京郊区购买或租住房屋。于是在东京郊区便形成了"睡城"，城市半径扩大到50～60公里，从而导致长时间通勤、交通拥堵，造成居住生活环境恶化、空气污染、防灾能力下降。而且由于资源向东京一极集中，也对其他区域的发展造成了不良影响。

为促进东京打造国际中心城市，形成功能分担与相互合作的多核多圈域地域结构，国土综合开发厅于1986年编制了第四次首都圈基本规划，并规划"业务核心城市""副核心城市"等，通过建设"业务核心城市"，将向东京都中心部一极集中的首都圈地域结构转变为多核多圈的地域结构。在构建以"业务核心城市"为中心，形成自立城市圈的多核多圈域区域结构的同时，促进周边区域以核心城市圈为中心的各功能的集中，以强化各区域的相互合作，提升地域的独立性。试图通过多核多圈的地域结构解决交通混乱、住宅不足、灾害应对脆弱等大城市问题。千叶的幕张新都心、横滨的未来21世纪港、埼玉新都心可以说是"业务核心城市"规划的产物。

可以说，第四次首都圈基本规划在第三次首都圈基本规划的基础上，进一步推进了日本首都圈从一极集中向多核多圈域地域结构的彻底转变，是东京湾区空间发展的一项重要规划。

（5）第五次，首都圈基本规划（1999年）：分散型网络结构

1999年日本出台了第五次首都圈基本规划。该规划是在泡沫经济破灭后的经济长期低迷时期制定的，提出了建设"分散型网络"的首都圈空间结构基本方向，重视在首都圈的各地域形成以"据点城市"为中心的高度自立的地域，强调这些地域间功能的相互分担、合作与交流。

该规划在东京都心外围区域的近郊地区增加"业务核心城市"的数量，将近郊地区的业务核心城市统称为环状据点城市群；环状据点城市群分为北部、东部和西部三个区域，相互连接形成了大环状连接轴。大环状连接轴的建立打破了以往由中心城市和周边城市构成的放射状联系格局，人流、物流、资金流等经济、社会联系呈现网络状。因此，第五次首都圈基本规划提出了"分散型网络结构"的概念。即随着国际

化、信息化的发展和个人价值观、生活方式的多样性变化，首都圈内应形成独立的、自主化的功能区域，区域间形成高水平、高密度的网络化结构，从而实现业务、商业、文化、居住等各种功能相互协调发展的区域整体。

（6）第六次，首都圈整备规划（2006年）

2001年国土厅与运输省、建设省、北海道开发厅等机构合并，成立了国土交通省。日本在行政改革的同时，也开展了国土规划体系的调整，首都圈整备规划把过去的首都圈基本规划与首都圈整备规划进行了合并，调整后的首都圈整备规划由"基本编"与"整备编"两部分构成。"基本编"是从长期、综合的视角明确今后首都圈整备的基本方针、首都圈的蓝图及为实现这一蓝图而必须努力的方向。"整备编"是在首都圈区域内，主要从广域整备的观点出发，决定如何在建成区、近郊整备地带与城市开发区域内建设道路、铁路等各种设施的基本框架。

2006年9月，日本在第五次首都圈基本规划的基础上，编制了规划体系调整后的第一次首都圈整备规划。该规划基于对日本迎来从以人口增长和经济发展为前提的从"成长时代"向"成熟时代"变化的大转折期这一基本的现实认知，强调了应对不断深化的老龄化、信息化、全球化及环境问题的必要性，提出了首都圈进一步发展的未来方向。该规划延续了第五次首都圈基本规划提出的分散型网络结构，以建设"放射+环状"的高效立体交通网络为突破口，加大了首都圈都县之间的空间连通性与可达性。强调首都圈应发挥如下作用：①形成有利于创造日本活力的地域；②形成支持各种活动合作的地域；③创造环境共生型的地域结构与生活方式；④形成支撑4,000万国民安全舒适生活的地区。

（7）第七次，首都圈整备规划（2016年）

2016年3月29日，日本政府发布第二次首都圈整备规划。该规划总结了首都圈存在的以下主要问题和挑战：①从国际环境来看，随着经济全球化的趋势进一步加强，近些年来亚洲一些国家迅速崛起，国际竞争日趋激烈，日本既有的国际竞争比较优势在逐步减弱，国际地位有所下降。②日本和东京湾区面临着人口总数减少的问题，少子化、老龄化更加严重，年龄结构严重失衡，劳动力缺失将会导致湾区的经济活力下降。③东京湾区存在较大的自然灾害危机，日本政府预测未来30年内在东京都附近发生7级地震的概率约为70%，如何有效应对自然灾害成为东京湾区面临的重要课题。

针对以上问题，该规划又提出了三大愿景：①大力发展动漫等文化创新产业，建立新的经济增长和发展模式，将制造业转向更具附加值的领域，将首都圈打造成为人口与文化聚集的创意区域。②建设高品质、高效率、精细化的"精品都市圈"，包括彰显珍惜美好、善意待人、相互支持等文化，减少对环境的破坏，促进国际社会的理解与合作，努力建设成为令全世界向往的精品地区。③贯彻"对流圈"的理念，充分利用各地区特色，打造人和人之间、区域和区域之间、首都圈和全国乃至世界之间多元对流的首都圈，同时分散风险，同步发展各地域特色产业，充分协调人与自然的关系，形成人与自然和谐相处的共生型首都圈。

该规划认为："集中"模式下，各区域的功能是单一的，区域之间不会发生对流；"对流"模式下，各区域的功能差异化，因而产生温度差异，这种温差会产生对流。通过首都圈不同城市、不同圈层的功能差异化发展，可实现大范围、多层次的对流，如图2-23所示。

为努力实现以上愿景，2016年版首都圈整备规划给出了实现首都圈未来形象的主要措施：①加强与防灾

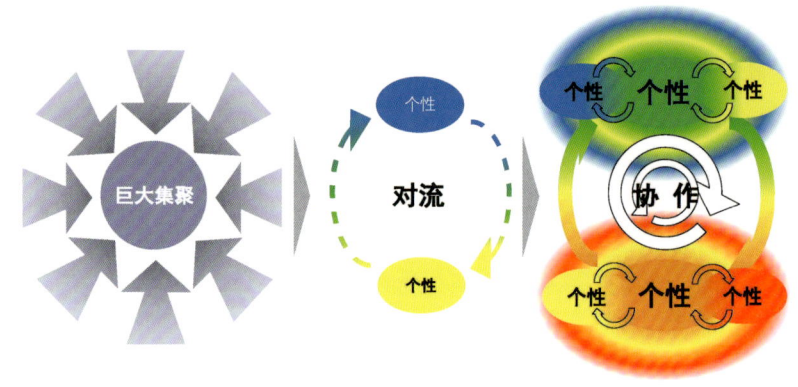

图2-23　"集中"和"对流"概念图

资料来源：国土交通省.《首都圏広域地方計画——対流がもたらす活力社会の再構築》，2016

减灾相结合的基本防灾能力和发展战略；②以超大区域为前提创建多维度对流圈，以增强国际竞争力；③努力实现城市与农村平衡发展；④全力应对超老龄化社会；⑤通过灵活、高效的生产系统实现经济复兴；⑥更新环境和建立创意创新环境；⑦创造一个让年轻人、妇女、老年人、残障人士等能够参与社会工作的环境；⑧打造东京都独有的世界级旅游区；⑨以奥运会和残奥会为契机，向世界呼吁重建复杂多样的大都市圈。

在空间结构方面，以东京地区为中心，构建都市圈广域环。充分利用各城市现有的集聚区及区位、交通条件、自然环境等优势，继续推动建设有特色、有魅力的"业务核心城市"，强化和培育成高度自力更生、功能均衡的区域，作为广域合作和交流的基地。通过提炼城市特色，使其与周围的"基地"产生对流，形成多层次的对流型湾区。对流型首都圈规划了四大跨区域协作轴、四大特定主题对流圈、两大城市协作集群及四大对流基地，分别强化与日本其他区域对流、都市圈对流及各次区域内部对流等，如图2-24所示。

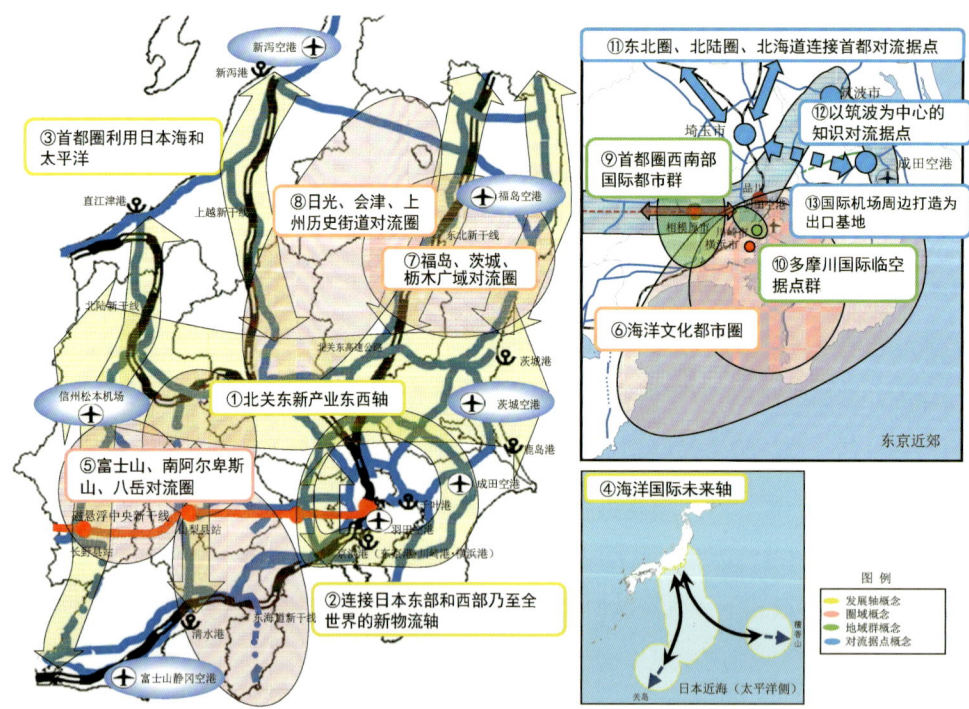

图2-24　基于战略空间理念打造的协作区块示意图

资料来源：国土交通省.《首都圏広域地方計画——対流がもたらす活力社会の再構築》，2016

2．一都七县的城市总体规划

日本都道府县一级规划由本级政府负责编制，框架及格式自由活泼，命名无固定规则，编制依据包括国家层面的《国土形成计画》和《国土利用计画》、区域层面的首都圈整备规划以及本地区层面的发展战略及愿景等上位规划，同时都道府县一级规划也要与辖区市町村级总体规划等下位规划保持互动反馈。栃木县城市总体规划与各类规划的关系如图2-25所示。

图2-25　栃木县城市总体规划与各类规划的关系
资料来源：栃木县政府，《栃木県の都市計画》，2024

（1）东京都

东京都城市总体规划包括《东京都长期愿景》《东京都综合战略》等，分别由东京都政策企划局、都市整备局等不同单位编制，围绕奥运、基建、安全、防灾、生活、环保以及城市功能布局等问题，提出了内容丰富的政策及措施。这些措施既有宏大的全球抱负，也有普通市民的个人价值，可以说不仅是城市的发展战略规划，也是每一个普通市民的生活规划。在区域关系上，东京都城市总体规划提出应发挥东京和各县的自身优势，实现"社区响应地方，地方支撑东京，东京反哺地方"的合作格局。

（2）七县

东京湾区七县针对规划背景的认识比较类似，都把人口问题、自然灾害、产业溢出及环境问题当作主要课题，同时也认为全球化、民众生活观念的转变、信息通信技术的快速发展、成熟的交通网络以及第32届东京奥运会是重要机遇。东京湾区七县虽没有明确指出东京一极集中带来的负外部性，但都不同程度地表达了通过提升地区吸引力、生活舒适度、环境水平及产业活力来"留住本地人才、引进外部人才"的理念。各县根据自身特点制定了长远战略，与东京进行了分工。

在城市发展目标方面，各县均聚焦在空间、交通、防灾、生态等方面，虽然提法上有所差异，但总体内容基本相似。如栃木县提出五个方面的发展目标：建设人人都能安居乐业的集约型城市，打造人人都能安全顺畅出行的城市，建设抗灾韧性强的城市，建设环保脱碳城市，打造活用栃木魅力和优势的城市。

第三章

东京湾区
港口群

日本是一个四面环海的岛国，四大岛屿包括北海道、本州、四国和九州，国土面积中可耕作和适于居住的面积约只占1/4，且又大多集中在沿海地带。同时，自然资源条件的限制使日本经济依赖"两头在外"的加工制造业，其原材料大部分依赖进口，而制成品中很大一部分又必须销往海外市场，国际贸易对日本经济发展至关重要。因此，海上运输和港口便自然而然地成为日本生存和发展的生命线。

东京湾是房总半岛和三浦半岛所环抱的内湾，以浦贺水道连接太平洋，地理位置优越，海湾南北长80公里，东西宽20～30公里，湾口仅8公里，里阔外狭，为陷落海湾，大部分海域水深30米左右，沿岸水深10～20米，是一个掩护极好的袋状海湾和标准的天然良港孕育地。东京湾内形成了东京港、千叶港、川崎港、横滨港、木更津港、横须贺港六大港口，首尾相连，绵延百里。东京湾区港口群海上贸易额占全国贸易总额的34%，港口货运量占全国的17%，支撑着东京湾区4,400万人的工业生产和生活活动，引领着日本的经济发展。

第一节　国际航运中心的形成和发展

航运是贸易的派生需求，国际航运是随着国际贸易活动的产生和发展而逐渐形成的。国际航运中心是具有航线稠密的集装箱枢纽港等硬件设施和发达的航运市场等软件设施，并以国际航运产业作为核心纽带，带动相关区域经济和产业发展的国际化港口大都市。国际航运中心的形成与其区位条件、全球经济发展变迁、港口条件、交通集疏运网络、航运市场的发达程度、政策法律环境等因素有关。其中，全球经济发展变迁和城市群的发展是东京湾区国际航运中心形成和发展的关键性因素。

一、全球经济重心变迁是港口群崛起的先决条件

近代以来，世界经济和贸易重心经历了几次大的转移——从西欧到北美，再到东亚。东京作为东京湾区的核心城市，其建立开始于1457年，当时名为"江户城"。1603年，日本建立了中央集权的德川幕府，江户城成了当时封建政权的所在地，迅速发展成为全国的政治中心，吸引了全国各地人口，19世纪初江户城人口已超过百万。1859年，美国海军上将佩里率领舰队访日并签订了《美日友好通商条约》，德川幕府被迫在横滨新建自由贸易港口（即横滨港），并开放东京，允许外国人进行商业活动。横滨港的开港标志着日本闭关锁国的结束，港口城市得以初步发展。第二次世界大战给东京带来沉重灾难，人口急剧减少，港口经营活动几乎停滞。

第二次世界大战后，在美国的支持下，日本经济快速恢复，世界经济和贸易重心逐步转移至日本。伴随着世界经济重心的转移，国际航运中心也经历了从伦敦、纽约到东京的转移过程。20世纪70年代，东京湾区已经发展成为辐射日本、影响亚洲及世界贸易格局的国际航运中心。其特点是东京湾区形成了以东京港、横滨港与千叶港为代表的港口群，外贸货运量巨大，成为亚太地区的海上货运中心；以东京作为重要基地港之一的日本商船队进入世界前三强；以东京作为总部所在地的日本邮船会社成为世界最大的船舶公司。

20世纪90年代，伴随着全球产业的进一步转移以及港口竞争加剧，东京湾区港口货运量增长速度放缓，全球排名逐渐降低。

在产业发展方面，随着世界经济和贸易重心向太平洋地区的进一步转移，在环太平洋一带崛起了多个世界经济与贸易中心城市。特别是中国改革开放后，日本由"制造立国"向"投资立国"转变，大量制造业向海外拓张，在中国、美国等各地投资建厂，但其目的并不是要把产品返销到本国，而是为了在外国生产、在外国销售。在这种情况下，除了产品生产过程中所发生的原料或中间产品的运输外，不存在大规模的国际贸易商品返销运输。而中国则相反，利用低价的资源和劳动力成本吸引日本、美国等发达国家投资，利用外资进行产品生产，然后再将这些具有价格竞争优势的产品运回日本、美国国内市场进行销售，由此增加了全球性资源和劳动力配置的运输量，同时也增加了国际贸易的商品运输量。另外，日本现代科学技术的产业化进程越来越快，与传统的工业产业相比较，现代高新技术产业既不会出现像钢铁、石化和冶金等产业那样的巨大单体产业规模，也不会形成完全依赖自然资源进行产品生产的传统企业之间那样高度集聚的密集产业地带。

在世界港口竞争方面，中国、韩国、马来西亚和其他亚洲国家都选择了特定的港口，主动发展最先进的港口设施，使超大型船舶能够在这些港口停靠，服务本国对外贸易和经济发展。中国香港、新加坡、日本神户、韩国釜山等不少城市已经或正在形成新的国际航运中心。新加坡、我国香港则将港口打造为纯中转枢纽港口，努力收集周边国家货物，成为亚洲枢纽港和通往欧美的中转港。从2006年到2016年，全世界集装箱吞吐量由4.2亿标准箱增长到7亿标准箱，而日本则由1,847万标准箱增长到2,026万标准箱，如图3-1所示。这一时期可以说是日本产业结构从制造业向服务业转变的时代，港口集装箱吞吐量增长缓慢的部分原因就是制造业开始向海外发展，第二产业的地位相对下降。

进入21世纪，原本挂靠日本港口的国际集装箱班轮纷纷转向中国等亚洲其他港口，上海、深圳、天津、

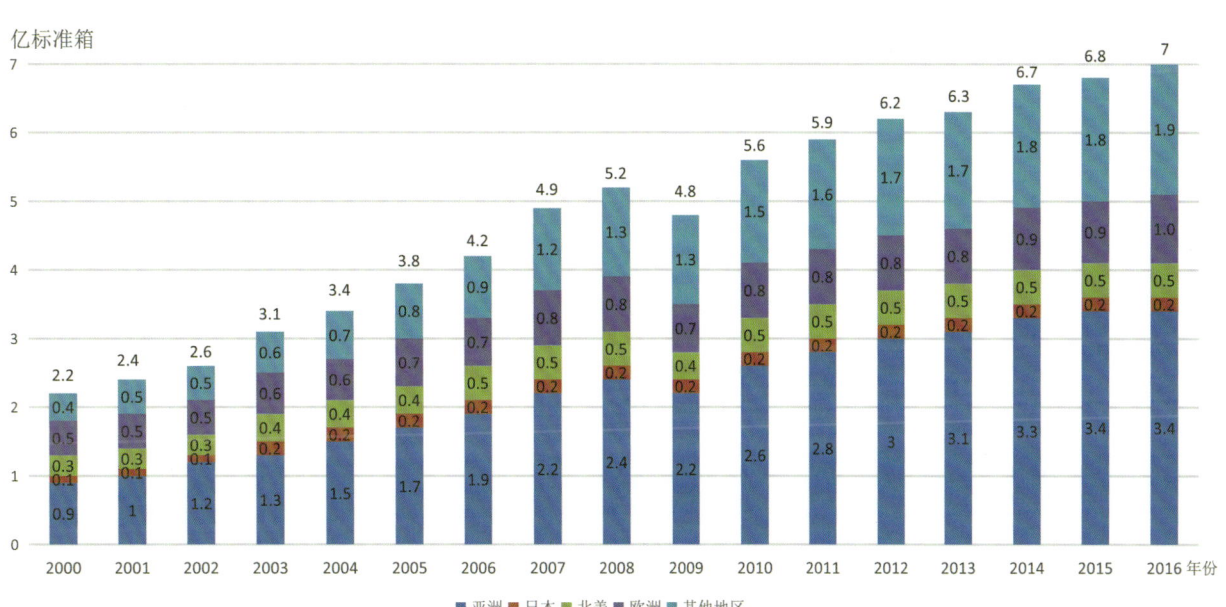

图3-1　世界港口集装箱吞吐量变化情况

资料来源：根据公开资料整理而成

大连和青岛等中国港口全面崛起，东京湾区主要港口包括东京港、横滨港、川崎港等在国际市场中的地位不断滑落，至2018年，京滨港（含东京港、横滨港、川崎港）作为一个整体才排名全球第20。从1990—2018年世界前20大港口集装箱吞吐量变化情况来看，基本所有港口都有较大增长，特别是亚洲新兴经济体主要港口的吞吐量增长尤为明显，如表3-1所示。

1990年以来全球港口前20强的变化与吞吐量变化情况　　　　表3-1

排名	1990年		2000年		2018年	
	港口名称	吞吐量（万标准箱）	港口名称	吞吐量（万标准箱）	港口名称	吞吐量（万标准箱）
1	新加坡	522	香港	1,810	上海	4,201
2	香港	510	新加坡	1,709	新加坡	3,660
3	鹿特丹	367	釜山	754	宁波	2,635
4	高雄	350	高雄	743	深圳	2,574
5	神户	260	鹿特丹	628	广州	2,187
6	釜山	235	上海	561	釜山	2,166
7	洛杉矶	212	洛杉矶	488	香港	1,960
8	汉堡	197	长滩	460	青岛	1,932
9	纽约	187	汉堡	425	洛杉矶+长滩	1,755
10	基隆	183	安特卫普	408	天津	1,601
11	横滨	165	深圳	399	迪拜	1,495
12	长滩	160	凯伦港	321	鹿特丹	1,451
13	东京	156	迪拜	306	凯伦港	1,232
14	安特卫普	155	纽约	305	安特卫普	1,110
15	菲利克斯	144	东京	290	厦门	1,070
16	圣胡安	138	菲利克斯	285	高雄	1,045
17	不来梅	120	不来梅	275	大连	977
18	西雅图	117	焦亚陶罗	265	丹戎帕拉帕斯	896
19	奥克兰	112	丹戎普鲁克	248	汉堡	877
20	马尼拉	104	横滨	232	京滨港	828

注：1. 中国港口除上海港外，1990年数据不可用，采用1996年数据。

2. 丹戎帕拉帕斯港因2000年开埠，无1990年业绩。

当前，东京国际航运中心正由货运中心向服务中心转型，港口货流量尽管仍然较大，但在全球的排名已大不如前，港口吞吐量已不再是其核心指标。前全球贸易中心伦敦和纽约已成功完成了航运中心的功能转型，成为服务型国际航运中心。在世界主要港口货物总吞吐量排名中，近年来纽约位于30名左右，伦敦更是排到了50名以外，港口设施和吞吐量已不具优势。但纽约港因其纽约市作为世界重要的金融、贸易、商业中心，继续发挥全球重要国际航运中心的综合服务功能，伦敦则以拥有世界著名的航运交易所、船级社、海事咨询与保险公司以及世界最重要的船舶融资市场之一等软指标而影响全球海运市场的走向，两者国际航运中心的地位仍难以动摇。

二、湾区城市群发展促进港口物流的发展

东京湾区城市群是港口的直接腹地，是东京国际航运中心的服务对象和重要依托。日本政府从第二次世界大战后初期就认识到港湾的重要性，对城市发展的基本思路就是要在湾区就地发展制造工业，利用优良港口的运输能力，积极扩大进出口贸易，发展开放经济。在此政策导向之下，从20世纪60—70年代开始，在东京湾区逐步形成了向西以横滨地区为中心的京滨工业带和向东以千叶县为中心的京叶工业带。

京滨工业带沿着东京湾西岸，以重工业和化学工业为主，包括东京、川崎、横滨等城市海湾地带，在这条长60余公里、宽6公里的带状地区内分布着千人以上的大型工厂200多家，如日产汽车、石川造船、日本钢管、日本石油和三菱重工等跨国公司。京叶工业带位于东京湾东侧，在这条长60多公里、宽5公里的工业带有2座大型炼钢厂、2座大型炼油厂和4座大型石油化工厂以及三井造船厂。这使得东京湾成为日本最大的重工业和化学工业基地，也是世界上规模最大、出口实力最强的先进工业区之一。

1955年，东京制造业产值占到日本全国制造业产值的15%，位居全国第一；在制造业结构中，重工业和轻工业的比例相当，食品、纺织、印刷、化学、钢铁和金属制品等成为主导产业。1960年，东京制造业产值占到全国制造业总产值的1/6，并且完全由劳动密集型制造业中心转变为资本密集型制造业中心。20世纪70年代中期，东京传统工业衰退，在全国制造业中排位也从第一滑到了第四，但服务业得到了长足发展。

1989年，全世界吞吐量在1亿吨以上的特大港口有10座，日本占了5座（千叶港、神户港、横滨港、名古屋港、川崎港），东京湾区就有3座，整个东京湾区港口群吞吐量达5亿吨以上，在世界上首屈一指。

20世纪90年代之后，东京湾区的产业进一步更新换代，金融业、信息产业和高新技术产业等服务型和知识型产业的比重逐渐增加，而传统工业的比重下降。京滨工业带的制造业进出口额相继在1999年和2006年被中京工业带和阪神工业带所超越。这一历史变迁反映了东京湾区的发展不仅注重量的发展，而是通过注重质的发展来提升其国际竞争力。

随着东京湾区产业转型升级，港口群的功能和作用也随之变化。目前，东京湾区港口群主要向全球出口大量汽车和电子产品，进口大量石油、天然气、矿石等能源和工业原材料。东京湾航路事务所官方数据显示，2019年，东京湾区外贸货物吞吐量4.125亿吨，占日本全国的33%，其中原油的进口量达到了全国总量的30%，液化天然气达到50%。另外，日本国民生活所需的小麦、大豆等生活物资也通过东京湾港口实现进口，如图3-2所示。在日本外贸吞吐量前10位的港口中，东京湾区的港口占了5座，如图3-3所示。

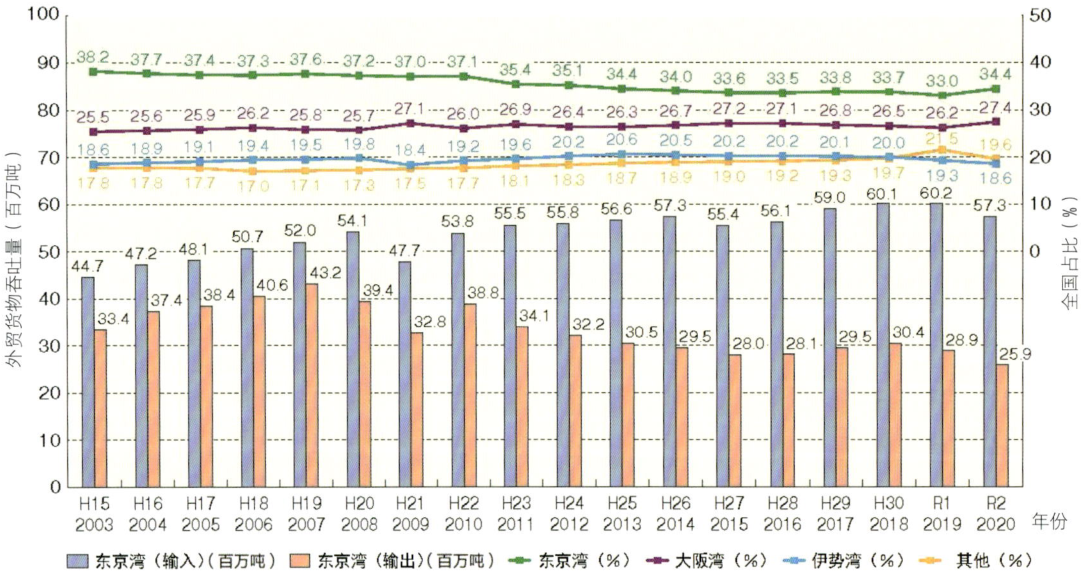

图3-2　东京湾区港口外贸货物吞吐量示意图

注：东京湾是指千叶港、东京港、横滨港、川崎港、横须贺港，大阪湾是指大阪港、堺泉北港、神户港，
伊势湾是指名古屋港、三河港、四日市港。

资料来源：关东地方整备局，《東京湾中央航路は日本経済を支える大動脈》，2020

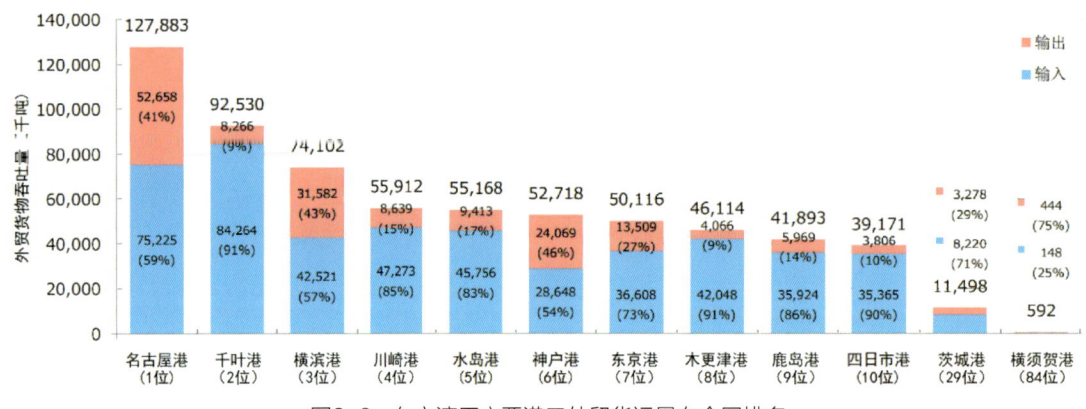

图3-3　东京湾区主要港口外贸货运量在全国排名

资料来源：关东地方整备局，《関東ブロック新広域道路交通ビジョン》，2021

第二节　港口群的布局及功能分工

一、以六大港口为核心的区域化港口体系

港口对东京湾区的发展具有举足轻重的作用是毫无疑问的，日本政府从第二次世界大战后初期就制定相关法案和政策促进港湾经济的发展。1951年，日本颁布了《港湾法》。该法令将全国的港口分为四类，即国际战略港湾、国际据点港湾、重要港湾和地方港湾，如表3-2所示。2021年，日本全国拥有933座港口，除此以外还拥有2,950座渔港、35座通常不用于装卸作业的避难港，这些港口不在《港湾法》统计范围。

日本港口分类　　　　　　　　　　　　　　　　　　　　　　　　　　　　　　　表3-2

类型	功能	数量（座）
国际战略港口	在众多港口之中应大力加强国际竞争力的港口，可担当国际长途货柜海运的国际海运网络枢纽，以及上述国际海运网络与国内海运网络之间的有效连接节点	5
国际据点港口	除了国际货柜枢纽港以外，可担当国际海运网络枢纽的港口	18
重要港口	除了国际货柜枢纽港和国际枢纽港以外，可担当海运网络枢纽并对国家利益非常重要的港口	102
地方港口	除了国际货柜枢纽港、国际枢纽港和主要港口以外，与地方利益相关的港口	808

资料来源：国土交通省，《港湾数一览》，2021

　　依托天然良港的优越地理条件，第二次世界大战后东京湾区沿着海岸线加速开展填海工程，港口规模快速扩大。据日本国土交通省统计，仅1945—1972年，东京湾填海造地面积就达12,950公顷。其中，港湾用地1,240公顷，占9.6%；工业用地7,120公顷，占55%。20世纪50~60年代，东京湾区就已形成东京港、横滨港等重要的门户港口；随着经济发展及填海工程的加速，千叶港、川崎港、木更津港等港口也得以快速发展，如图3-4所示。

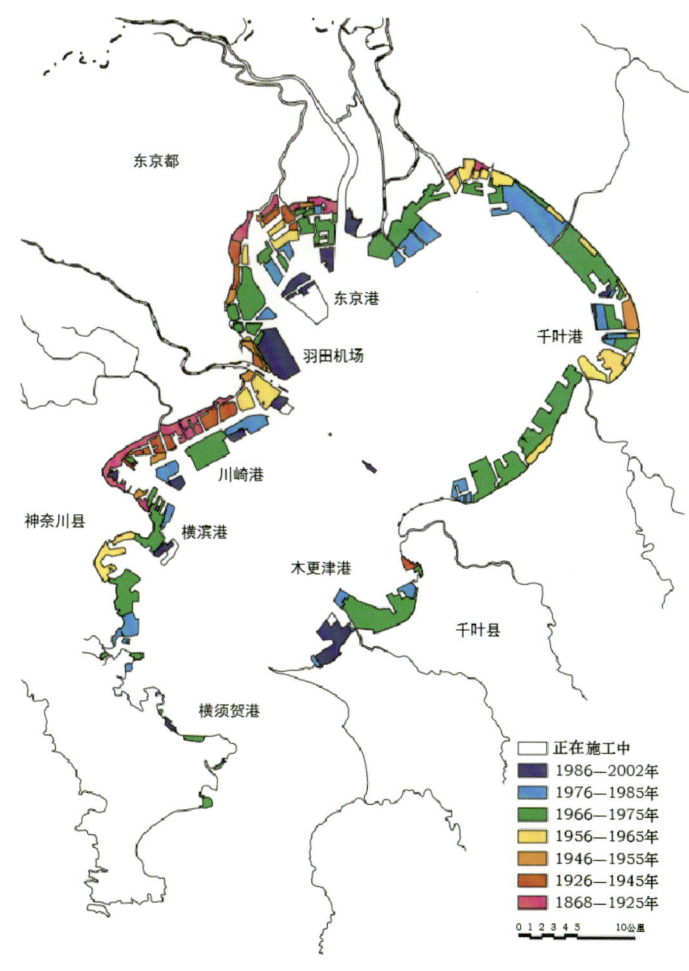

图3-4　东京湾沿岸及港口填海过程示意图
资料来源：国土交通省，《首都圏整備に関する各種データ》，2021

目前，东京湾区拥有在《港湾法》统计范围的港口24座，其中，处于最重要位置的国际战略港口共3座，分别是东京港、横滨港和川崎港；位于第二层级的国际据点港口有1座，为千叶港；位于第三层级的重要港口有6座，包括横须贺港、木更津港、鹿岛港、大洗港、常陆那珂港和日立港；位于最后一级的地方港口有14座，包括浜金谷港、鹤山港等。其中，东京港、川崎港、横滨港合称京滨港，大洗港、常陆那珂港和日立港合称茨城港。东京湾区港口分布情况如图3-5所示。

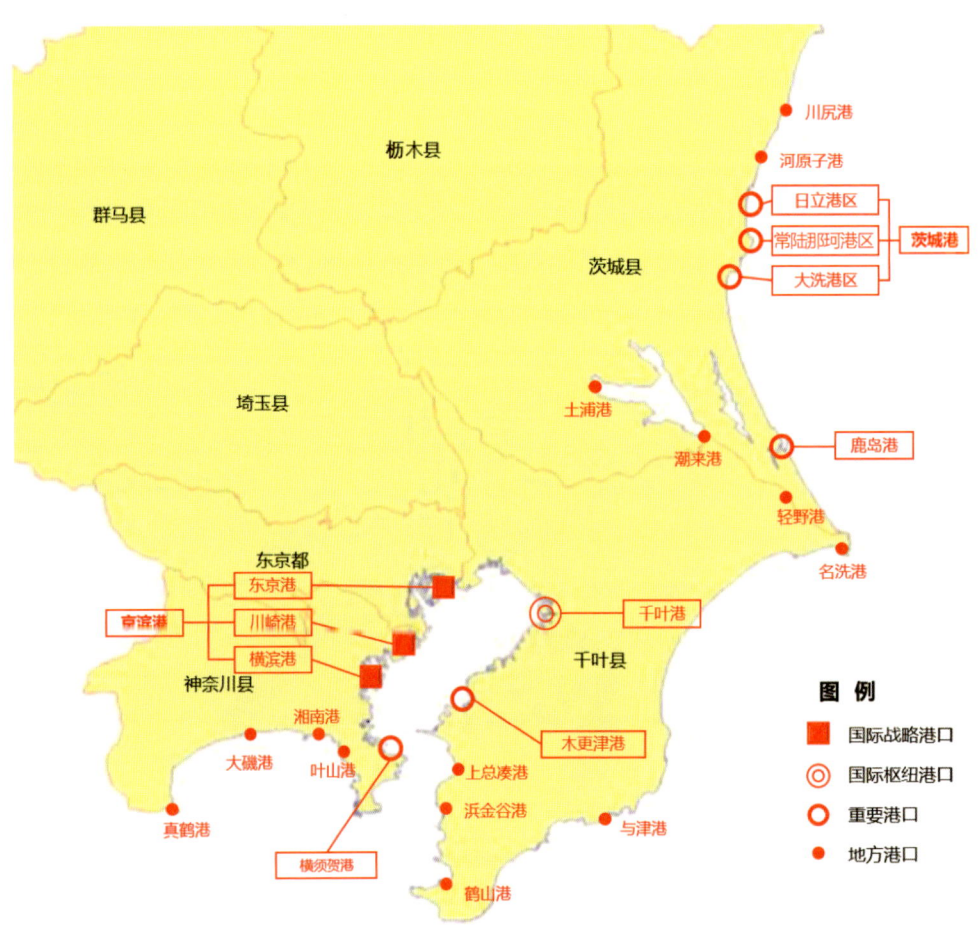

图3-5　东京湾区港口分布图
资料来源：根据国土交通省，《国際戦略港湾、国際拠点港湾及び重要港湾位置図》等资料整理而成

从港口群布局看，东京湾区形成了以千叶港、横滨港、东京港、川崎港、木更津港和横须贺港为核心，以鹿岛港、大洗港、常陆那珂港、日立港、浜金谷港、鹤山港等一批中小港口为地区性港口的区域化港口体系。其中，横须贺港以军港为主兼作商港，虽然运输功能较弱，但其位于内湾出海口，地理位置得天独厚，因而也是区域核心港口。

在东京湾区众多港口中，东京港、横滨港、川崎港、千叶港、木更津港和横须贺港是六大主要港口。日本政府对各港口所辖的陆域和水域空间范围进行严格界定，并将陆域用地划分为码头、工业用地、物流用地、公园绿地等，如表3-3和图3-6所示。日本的工业区建设既以港口建设作先导，又围绕港口作归宿，工业依靠港湾建设，相辅相成地发展，因而，大型港口便成为工业原料、燃料的供给地和成品出口地。

东京湾区各港口空间规模　　　　　　　　表3-3

港口	陆域面积（公顷）	水域面积（公顷）	港口	陆域面积（公顷）	水域面积（公顷）
东京港	1,049	5,166	千叶港	354	24,800
川崎港	2,053	3,298	木更津港	338	7,340
横滨港	2,937	7,219	横须贺港	283	5,525

图3-6　东京湾区主要港口范围示意图
资料来源：国土交通省,《港湾空間の規模ランキング》, 2023

二、从竞争到协作的分工体系

国际航运中心需要定位合理、分工明确、相互协作的港口群体，但这种分工不是与生俱来的。20世纪60年代，日本进入社会经济复苏时期，需要大量建设物资与生活物资，东京湾区的港口就成为原材料输入与工业成品输出的枢纽。随着东京湾区持续高速发展，各港口大力扩张，但港口之间航线混乱，不仅因混乱的同质竞争造成运力浪费，而且由于管理不善，经常出现大批货船在港口积压情况。尤其是1959年东京港解禁后，东京湾货运量比1955年增加2倍，造成大量滞船、滞货问题出现，1961年甚至出现了60多艘船滞港100天以上的状况。

基于各港口各自为战、混乱不堪的情况，1967年日本运输省港湾局（现在的国土交通省）牵头制定了《东京湾港湾计划的基本构想》，意图将六座港口整合起来，形成广域港湾体系，并赋予它们不同的专业分工，以发挥港口群的整体优势来推进湾区内的区域一体化和增强国际竞争力。分工思路为：东京港拥有世界先进的外贸集装箱码头，主要负担东京产业活动和居民生活必需的物资流通，包括小麦、水产品、蔬菜、纸类等与城市生活密切相关的必需品；横滨港和川崎港主要进口原油、铁矿石等工业原料和粮食，出口工业制成品；千叶港则以进口石油和天然气为主，铁矿石、煤炭和木材为辅，出口货物以汽车为主，其次为钢铁和船舶等；木更津港运营地方商港和旅游业；横须贺港则主要为军事港口，兼顾贸易。东京湾区主要港口职能分工如表3-4所示。

东京湾区主要港口职能分工

表3-4

港口	港口级别	基础和特色	职能
东京港	国际战略港口	依托东京这一日本最大的经济中心、金融中心、交通中心	输入型港口，外贸和内贸并重型港口，集装箱港
横滨港	国际战略港口	历史上的重要国际贸易港；京滨工业带的重要组成部分，以重化工业、机械为主	国际贸易港，工业品输出港，集装箱港
川崎港	国际战略港口	与东京港和横滨港首尾相连，多为企业专用码头，深水泊位少	原料进口与成品输出
千叶港	国际枢纽港口	新兴港口，京叶工业带的重要组成部分，日本的重化工业基地	能源输入港，工业港
木更津港	重要港口	以服务境内的君津钢铁厂为主，旅游资源丰富	地方商港和旅游港
横须贺港	重要港口	主要为军事港口，少部分服务当地企业	军港兼贸易

资料来源：根据公开资料整理而成。

总结东京湾区港口群分工协作的主要特征，主要有以下两个方面。第一，港口功能定位与临港工业相联系，根据临港工业带的布局及具体产业类型，确定了不同的港口定位，京滨工业带以制造业为主，包括200多家大型工厂企业，如日产汽车、石川造船、日本钢管、日本石油和三菱重工等跨国公司，该工业带上的东京港、横滨港、川崎港需要服务工业品出口和原材料进口，且港口作业量较大；京叶工业带主要布局大型钢铁厂、炼油厂、石油化工厂和三井造船等，该工业带上的千叶港和木更津港的主要职能则是能源输入、工业产品输入和输出。第二，港口群在分工合作、优势互补的基础上形成组合，虽然经营仍保持各自独立，但在对外竞争中形成一个整体，共同揽货，整体宣传，六大港口形成了一个多功能的复合体，充分利用了资源，增强了竞争力，从而实现港口群内各港口的错位发展，避免港口间的过度竞争。

2019年，东京湾区六大港口总货物吞吐量为4.87亿吨。其中，千叶港占比28.7%，横滨港占比22.7%，东京港占比18%，川崎港占比16.3%，木更津港占比12.4%，横须贺港占比1.9%。与2009年相比，东京港吞吐量增长幅度较大，从2009年的6,500万吨增长到2019年的8,780万吨，10年间增长了35%；千叶港、横滨港、川崎港、木更津港吞吐量10年间总体保持稳定；横须贺港吞吐量则呈现降低趋势，由2009年的1,071万吨降低到2019年的904万吨，下降了16%，如表3-5所示。

2009年和2019年东京湾区主要港口货物吞吐量变化情况　　　　表3-5

港口	2009年货物吞吐量（吨）	2019年货物吞吐量（吨）	2009—2019年货物吞吐量变化率（%）
东京港	65,000,000	87,806,264	35
川崎港	86,740,000	79,385,679	-8
横滨港	115,000,000	110,623,229	-4
千叶港	144,903,319	140,011,215	-3
木更津港	59,118,488	60,543,022	2
横须贺港	10,712,000	9,036,466	-16
合计	481,473,807	487,405,875	2

注：2009—2019年货物吞吐量变化率=（2019年数据—2009年数据）/2009年数据。

　　集装箱吞吐量也可以清晰地显示出日本政府对东京港和横滨港集装箱战略港的定位。2019年，东京湾区港口群集装箱吞吐量为827.6万标准箱，较2015年增长了8.6%，约占全国港口集装箱吞吐量的35.69%，其中，东京港集装箱吞吐量最大，约占东京湾区的60.5%；其次是横滨港，约占36.2%；川崎港和千叶港仅占1.9%、1.4%，如表3-6所示。

东京湾区各港口集装箱吞吐量　　　　表3-6

	2015年	2016年	2017年	2018年	2019年
东京港（标准箱）	4,629,161	4,734,784	5,047,883	5,107,528	5,007,064
川崎港（标准箱）	107,890	111,977	129,298	146,893	160,502
横滨港（标准箱）	2,787,297	2,780,669	2,926,695	3,051,632	2,993,786
千叶港（标准箱）	96,492	101,709	98,747	100,291	114,441
东京湾区合计（标准箱）	7,620,840	7,729,139	8,202,623	8,406,344	8,275,793
日本全国集装箱吞吐量（标准箱）	21,167,402	21,699,225	22,800,621	23,486,918	23,357,042
东京湾区占全国比重（%）	36.15	35.78	36.15	35.97	35.69

注：木更津港和横须贺港无集装箱码头，不承担集装箱运输；数据来源为国土交通省，《港湾統計年報》，2020。

三、特点鲜明的港口功能分工

　　港口的功能与腹地的社会经济活动密切相关，下面从东京湾区六大港口的货运交通特征入手，进一步分析东京湾区港口群分工的背后逻辑。

1. 东京港："输入型"港口满足东京居民生活物资消费

　　东京港位于本州南部南、东京湾西北岸、东京都南部，港口陆域面积为1,049公顷，水域面积为5,166公顷，海岸线长度24.7公里，各种船舶的泊位总数215个，如图3-7所示。自1970年以来，伴随着日本经济增长放缓和产业结构调整，东京港处理货物中生活物资的比例不断提高，2020年贸易总额在日本全国港口中排名第一，达173,151亿日元。另外，东京港创造就业岗位约152万个，极大地保障了居民就业需求。

东京港的功能定位包括输入型港口、外贸和内贸并重型港口、集装箱港，该定位源于其广阔的腹地和发达的腹地经济。首先，东京港背后拥有大规模消费地区，承担接收东京湾区城市活动和人们生活所需物资的功能，特别是东京都这一巨大的消费市场，因此其作为"输入型"商业港的性质很强。2020年，东京港进口与出口比例（按重量计算）约为3：1，即进口货物吞吐量占到外贸总吞吐量的75%左右。其次，从处理货物重量来看，东京港共处理货物约8,088万吨，其中，外贸货物占57%，内贸货物占43%。这说明东京港作为"外贸和内贸并重"的港口功能，如图3-8所示。

图3-7　东京港布局示意图
资料来源：东京都港湾局，《東京港特集2020：首都圏支える日本最大のコンテナ港湾》，2020

东京港在日本全国港口中定位为集装箱战略港，连续多年处理集装箱货物数量位居日本第一。2020年，东京港集装箱吞吐量为475万标准箱，其中，外贸为426万标准箱，内贸为49万标准箱。2003—2020年东京港集装箱吞吐量变化情况如图3-9所示。

从东京港进出口商品的种类也可探究东京港的功能。进口方面，东京港主要运输衣物、家具、饰品、食品等东京湾区居民消费的生活用品，其中电视、虾类、家具的进口量分别占日本全国进口量的35%、56%、27%，可以看出东京港已经成为东京湾区日常用品的物资供应基地。出口方面，东京港主要出口工业机械、汽车零部件、电气机械等高附加值产品，尤其是主干航线开通的出口欧美货物量中，金属机械工业品和化学工业品占70%左右。2018年东京港外贸货物类型如图3-10所示。

东京港进口集装箱货物中91.1%的消费地在东京湾区（东京都和近邻三县占63.5%，周边四县占27.6%），8.9%位于东京湾区以外地区；出口货物中高附加值产品占比过半，约80%从东京湾区发货。2018年东京港进出口集装箱货物分布情况如图3-11所示。

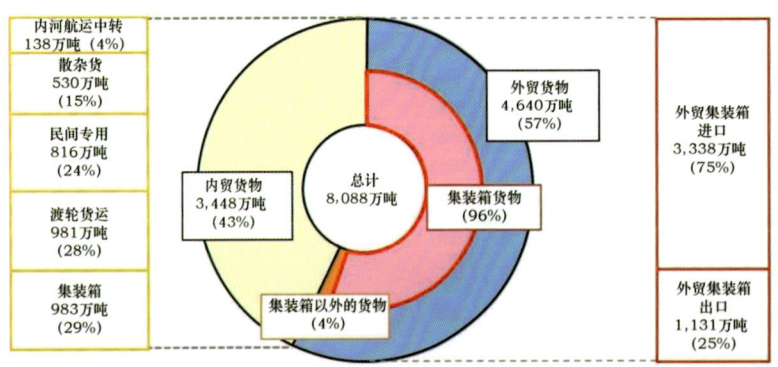

图3-8　东京港处理货物的类型
资料来源：东京港埠头株式会社，《東京港の優位性と利便性》，2021

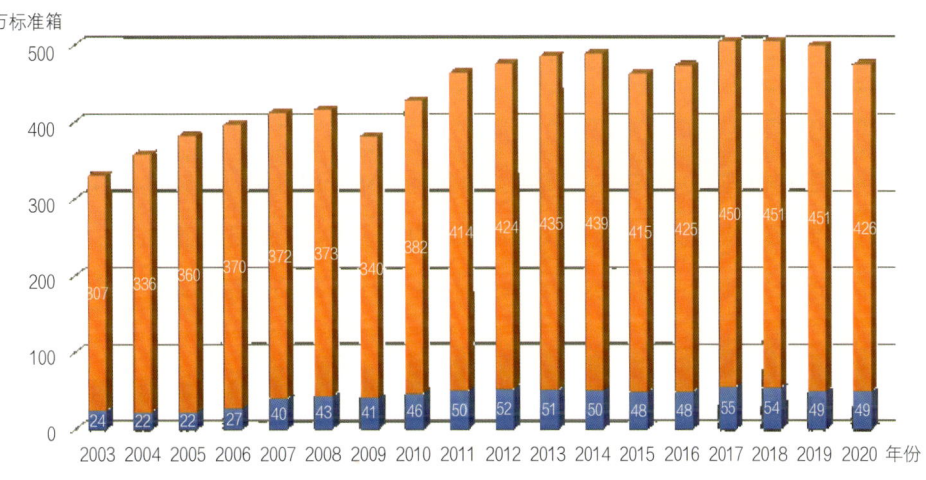

图3-9 2003—2020年东京港集装箱吞吐量变化情况

资料来源：东京都港湾局，《東京港特集2020：首都圏支える日本最大のコンテナ港湾》，2020

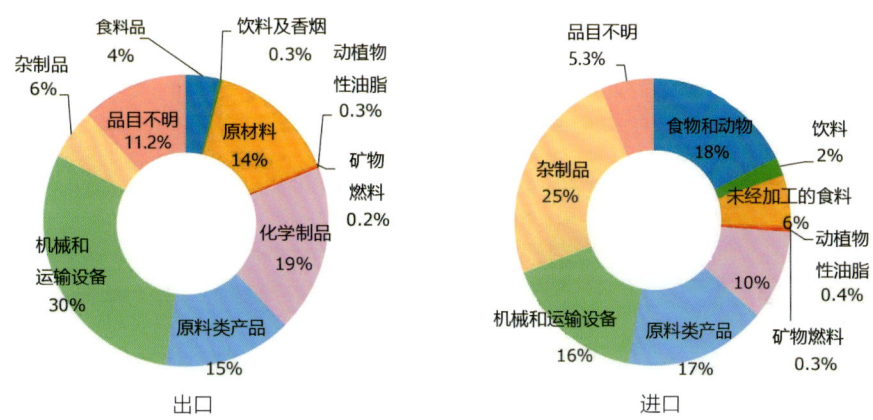

图3-10 2018年东京港外贸货物类型

资料来源：关东地方整备局，《関東ブロック新広域道路交通ビジョン》，2021

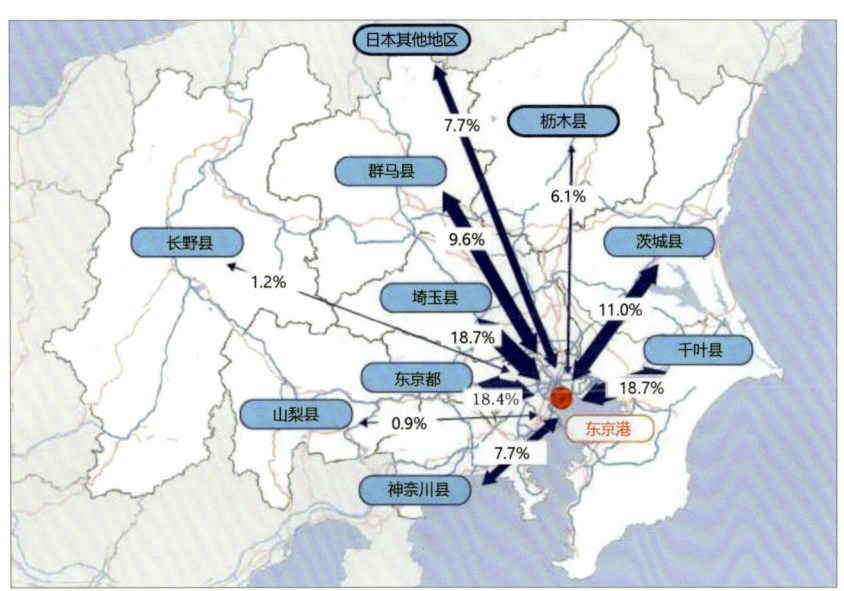

图3-11 2018年东京港进出口集装箱货物分布情况

资料来源：关东地方整备局，《関東ブロック新広域道路交通ビジョン》，2021

2．横滨港：国际集装箱港口支持京滨工业带制造业进出口

横滨港位于神奈川县横滨市，陆域面积为2,937公顷，水域面积为7,249公顷，各种船舶泊位共245个，拥有金泽木材码头、山口码头、出田町码头、新港码头、瑞穗码头、山下码头、大黑码头、本牧码头、南本牧码头、大山桥码头10个码头，如图3-12所示。自从1859年开埠以来，横滨港就一直是日本最重要的国际贸易港之一，其重要职能是为京滨工业带及东京湾区内众多大型制造业、重化工企业提供原材料，为能源物资及生产成品的进出口服务。横滨港进出口贸易额在1983年为9.7万亿日元，占全国进出口贸易总额的15%，仅次于东京港，位居全国第二。

横滨港的集装箱、汽车、木材、海鲜、加工企业等专用码头占到了全港码头总数的65%以上，除此之外，横滨港也在不断新建和扩建第6代集装箱船舶的专用深水泊位。2001年，横滨港在本牧码头进行码头间的填海工程，建成了一个由2个深水泊位组成的新集装箱码头，占地37.5公顷，仓储能力1.7万标准箱，平均水深16米，可以容纳10,000标准集装箱船舶作业。码头还配备5个世界顶级的集装箱桥式起重机，岸臂总长63米，基本满足了横向载箱能力为22排的超大型集装箱船的作业要求。

图3-12　横滨港布局示意图

资料来源：横滨市港湾局，《横浜港の経済波動効果》，2022

2021年，横滨港总货物吞吐量为1.05亿吨，其中外贸货物吞吐量为7,399万吨，占到了总货物吞吐量的70.5%。其主要进口原油（17.8%）、液化天然气（15.2%）、食品（包括水果、蔬菜）（8.5%）以及机械类（7.2%）等，主要出口包括整车（34.8%）、汽车部件（15%）、机械（8.9%）、化工产品（7.8%）和钢材（5.6%）。横滨港出口货物总量占外贸总量的39%，出口贸易额却占外贸总额的59.3%。可见，进口的能源、机械类材料在经京滨工业带内的众多企业生产加工后转变为高附加值的产品。2018年横滨港服务货物的种类及占比情况如图3-13所示。

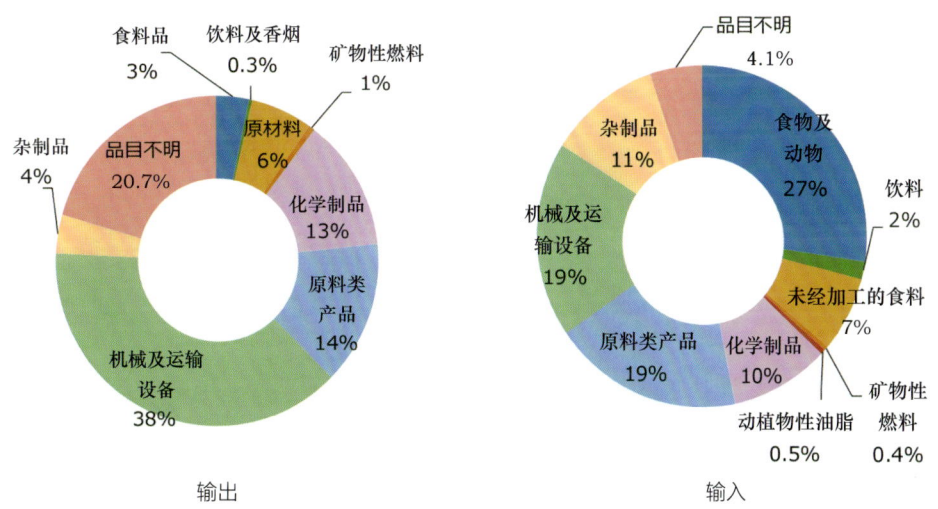

图3-13　2018年横滨港服务货物种类及占比

资料来源：关东地方整备局，《関東ブロック新広域道路交通ビジョン》，2021

2018年，横滨港进出口集装箱货物中有84.3%的货源地或目的地在东京湾区（东京都及近邻三县占71.4%，周边四县占12.9%），15.7%位于东京湾区以外地区。特别是港口所在辖区——神奈川县较多，占到港口集装箱总量的50%。2018年横滨港进出口集装箱货物分布情况如图3-14所示。

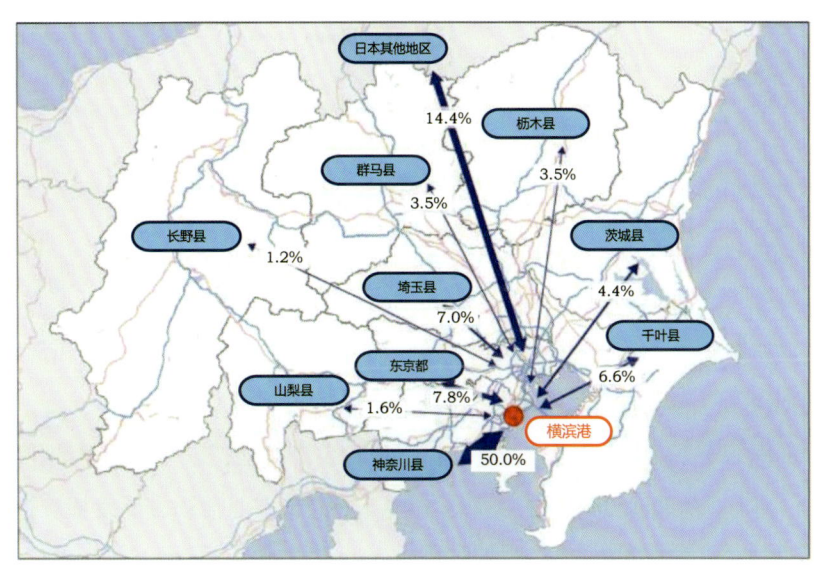

图3-14　2018年横滨港进出口集装箱货物分布情况

资料来源：关东地方整备局，《関東ブロック新広域道路交通ビジョン》，2021

3. 川崎港：原料进口与成品出口型港口支撑港口工业

川崎港位于神奈川县川崎市，东京湾的西北部，西侧与横滨港（陆路11公里，海路2海里）、北侧与东京港（陆路18公里，海路10海里）相接。川崎港由千鸟町地区、东扇岛地区、浮岛地区、扇町地区、白石町地区、大川町地区、水江地区、夜光地区和池上町地区组成。港口陆域面积为2,053公顷，水域面积为3,298公顷，码头泊位共计183个，其中公共泊位41个，企业专用泊位142个。

川崎市是一个在东京湾区中分担了东京都重工业职能的重要城市。川崎港布局了大量制造业企业，行业类型包括制造、物流、电力、循环经济产业等，类型及分布如图3-15所示。

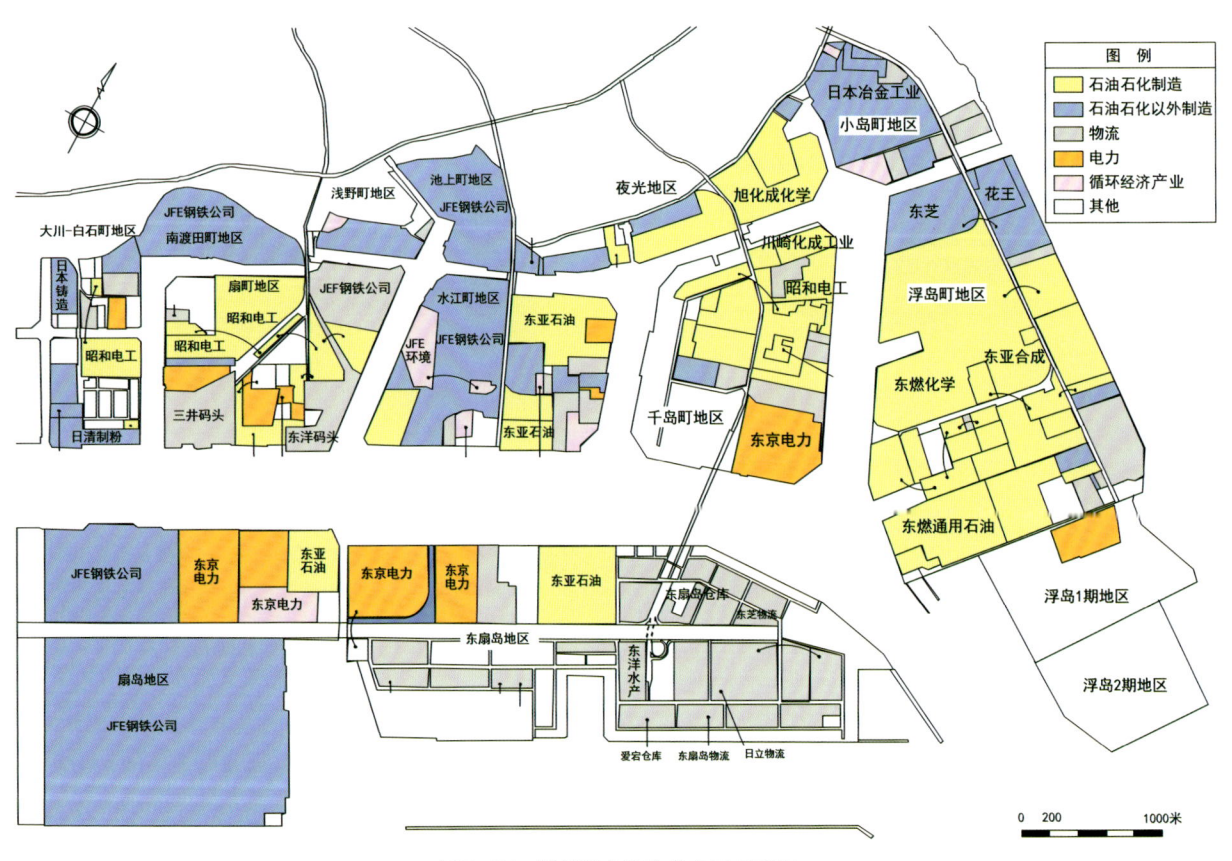

图3-15 川崎港主要企业布局示意图

资料来源：川崎港港湾局，《川崎港港湾計画》，2014

与港区密集制造企业的特征对应，川崎港大多为企业专用码头，港口定位为"原料进口与成品出口"。2020年，川崎港总货物吞吐量为6,763万吨，是2019年的85.2%，其中私人码头约占87%，公共码头仅占13%。制造业的商品出口是川崎港的主要功能。

川崎港作为聚集钢铁、汽车及相关产业的进出口基地、生产基地，以及聚集石油化学联合企业、LNG发电站等各种能源相关产业的能源基地，外贸进出口在支撑港口产业活动方面发挥着重要作用。2020年，川崎港外贸货物吞吐量总计4,628万吨，占港口吞吐量的68.4%，其中出口598万吨，进口4,030万吨；内贸货物总吞吐量为2,136万吨，其中，输出1,164万吨，输入972万吨，如图3-16所示。

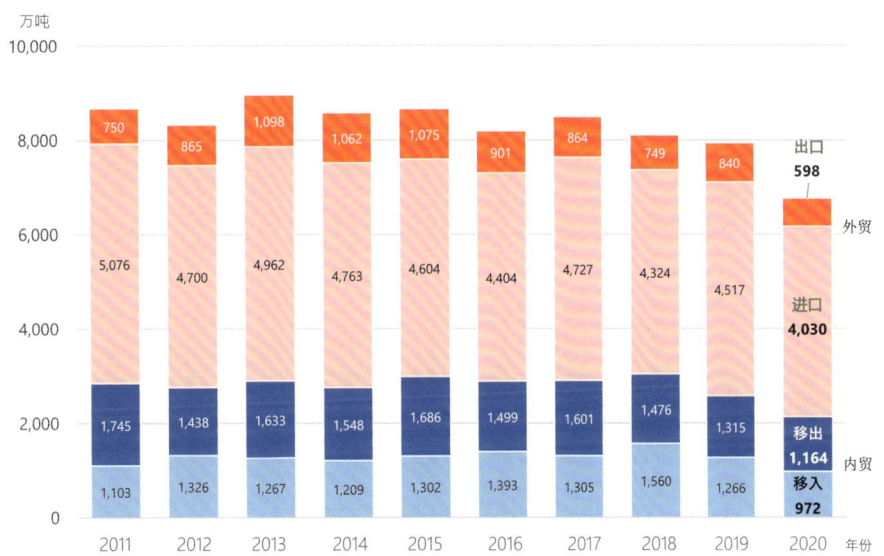

图3-16 川崎港货物吞吐量变化情况
资料来源：川崎市港湾局，《川崎港の港势》，2020

按品种划分，川崎港进口货物排名第一的是液化石油气，为1,451万吨；第二是原油，为743万吨；第三是铁矿石，为518万吨，均为生产所需的原料，如图3-17所示。出口货物排名第一的是成品汽车，为170万吨；第二是废金属，为124万吨；第三是化学药品，为103万吨，如图3-18所示。

川崎港56.3%的货物来源于港口所在地神奈川县，邻近的埼玉县则占比30.6%，两县合计占比86.9%，反映了川崎港作为京滨工业带中心工业港的服务功能。2018年川崎港进出口集装箱货物分布情况如图3-19所示。

图3-17 近年川崎港进口货物类型
资料来源：川崎市港湾局，《川崎港统计年报》，2020

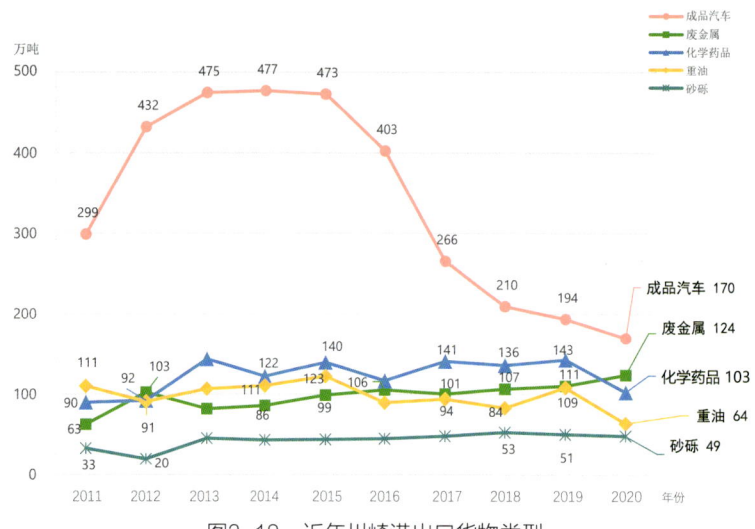

图3-18 近年川崎港出口货物类型
资料来源：川崎市港湾局，《川崎港統計年報》，2020

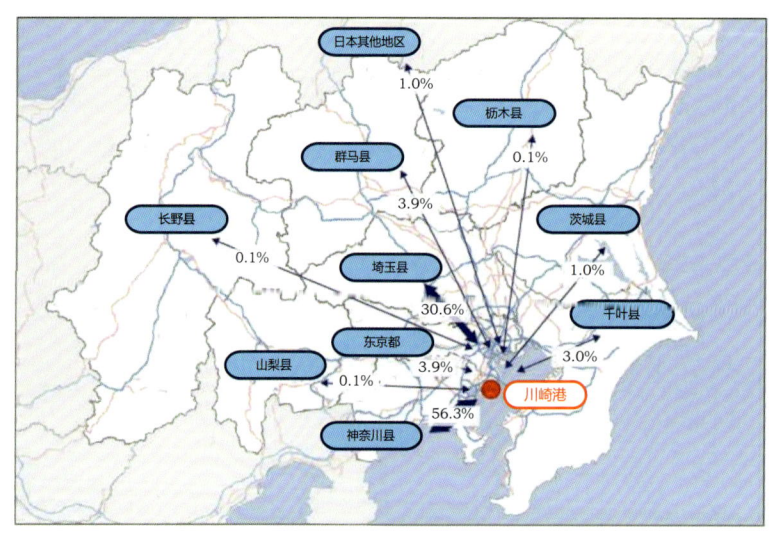

图3-19 2018年川崎港进出口集装箱货物分布情况
资料来源：关东地方整备局，《関東ブロック新広域道路交通ビジョン》，2021

4．千叶港：国际枢纽港口支持京叶工业带制造业出口和能源进口

千叶港位于千叶县西部，背靠市川市、船桥市、习志野市、千叶市、市原市和袖浦市6市，是重化工业、能源等功能集聚港口，是京叶工业带的重要物流枢纽，也是日本交通省指定的国际据点港湾。千叶港为东京湾内最深港口，港口最大水深18米，港口陆域面积为354公顷，水域面积为24,800公顷，是日本水域面积最大的港口，海岸线长度约为133公里，其中可开发利用的海岸线长达76公里。港口总长11,240米，泊位94个，卸货码头8,339米，包括市川码头、船桥中央码头、船桥东码头、千叶中央码头、出须码头、市原码头、袖浦码头等。此外，还有地级仓库14个，总面积46,782平方米，货物装卸面积391,595平方米，露天仓储面积377,374平方米。

千叶港由葛南地区（包括中央、西部、东部地区）、千叶地区（包括中央、北部、南部地区）和市原—

袖浦地区（包括八幡、五井、姉崎、北袖浦、南袖浦地区）组成，如图3-20所示。葛南港区是石油化工、机械、钢铁和砂石经营企业的所在地，此处的码头主要处理原油、金属废物、钢材和砂石等；千叶地区是公共码头的所在地，主要处理化工产品、钢材、食品以及成品汽车货物；市原—袖浦地区有以石油化工为代表的许多大型企业，并且还有世界上存储容量最大的液化天然气基地，因此该处的码头以进口原油、液化天然气为主。为了顺应工业港口的发展，千叶港布局了较多企业专用设施。2019年千叶港企业专用码头货物吞吐量占到港口总吞吐量的92%。

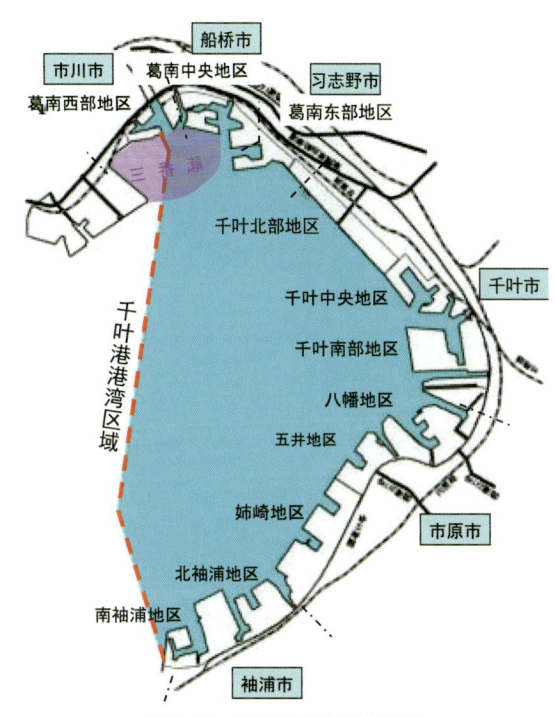

图3-20 千叶港平面布局图
资料来源：千叶县政府，《千葉港長期構想》，2016

千叶港定位为能源输入港和工业港。2020年，千叶港货物总吞吐量1.34亿吨，位居日本第二，其中外贸货物吞吐量为8,014万吨，约占总吞吐量的60%；内贸货物吞吐量为5,385万吨，约占总吞吐量的40%。在外贸货物中，进口货物占89%，反映了千叶港的输入型港口特征。近年来千叶港货物吞吐量如表3-7所示。

千叶港货物吞吐量（单位：吨）　　　　　　　　　　　　　　　表3-7

年份	外贸		内贸		合计
	出口	进口	移出	移入	
2016	9,529,156	82,807,626	34,604,324	27,391,458	154,332,564
2017	8,266,055	84,264,112	33,137,320	27,623,777	153,291,264
2018	9,644,697	82,756,065	33,682,760	27,114,497	153,198,019
2019	9,312,675	74,470,792	28,658,547	27,569,201	140,011,215
2020	8,838,034	71,309,674	30,543,215	23,317,914	134,008,837

资料来源：千叶县政府，《千葉港～地域を支える大動脈》，2021

进口物资主要为能源，包括原油（36.2%）、液化天然气（26.3%）、精油（9.6%）、铁矿（7.5%）和煤炭（5.1%）等；出口货物主要为工业制成品，包括化学药品（20.1%）、钢材（17.7%）、其他石油制品（16.8%）等。另外，千叶港是重要的汽车分销基地，主要进口或出口宝马、丰田等品牌汽车，成品汽车吞吐量呈上升趋势，2015年进口量位居日本第二。2020年千叶港外贸货物种类及占比如图3-21所示。

千叶港进出口集装箱货物中有98.2%的货源地或目的地在东京湾区，其中近邻三县（含东京都）占75.4%，周边四县占22.8%，特别是港口所在县——千叶县较多，占到港口集装箱总吞吐量的73.5%，始发地和千叶港之间的运输有95%以上采用拖车，如图3-22所示。

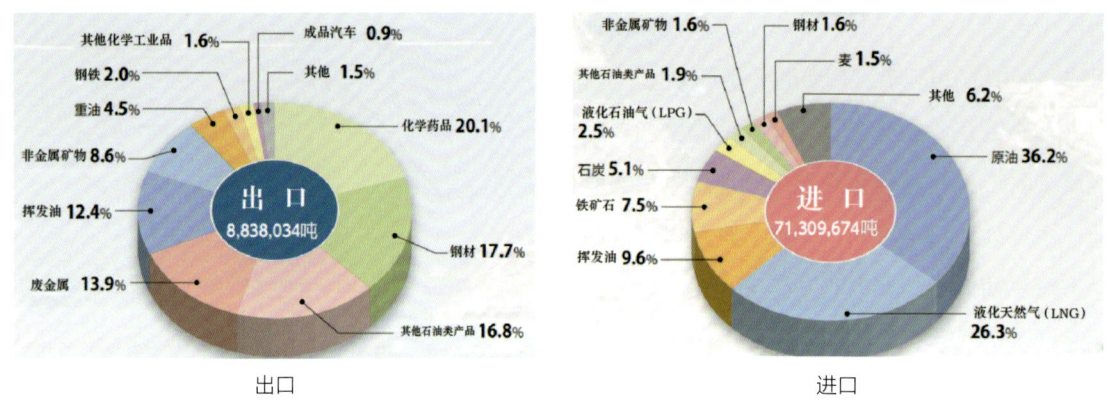

出口　　　　　　　　　　　　　　　　进口

图3-21　2020年千叶港外贸货物类型

资料来源：千叶县政府，《千葉港～地域を支える大動脈》，2021

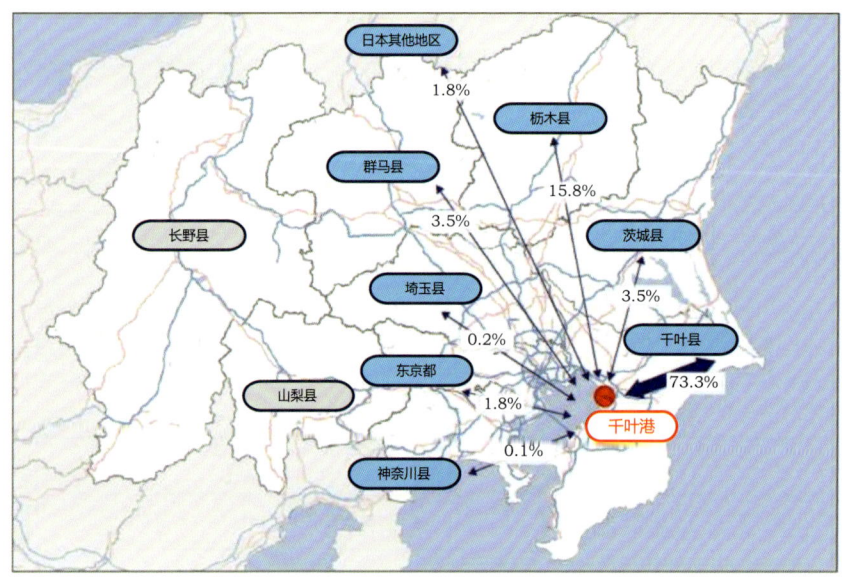

图3-22　2018年千叶港进出口集装箱货物分布情况

资料来源：关东地方整备局，《関東ブロック新広域道路交通ビジョン》，2021

5. 横须贺港：军民共用港口为特色

横须贺港位于神奈川市、三浦半岛东岸，是一个军民共用港口。其港口陆域面积为283公顷，水域面积为5,525公顷，海岸线延伸约61公里（其中港口功能占用海岸线约12公里，其余49公里为城市岸线），泊位总数102个。目前，港内的停泊设施、修船能力、油料和弹药贮存设备及兵员休整设施等方面的条件得天独厚，具备了海军基地所需的各种条件，为美、日海军共用。

横须贺港由追滨、长浦、深浦、本港、新港、平成、大津、马堀、走水、鸭居、浦贺、野比和久里滨等地区组成。在本港地区和长浦地区，有驻日美军海军基地和日本海上自卫队横须贺地方总舰部等自卫队设施，占据了大约6公里的海岸线长度，约为港口总使用海岸线长度的一半。新港、平成、久里滨地区是公共码头所在地，追滨、长浦、浦贺以及久里滨地区则集中布局一些企业专用码头。横须贺港的主要货运设施集中在追滨地区和久里滨地区，这两个地区处理的货物量占整个横须贺港的近九成。横须贺港平面布局如图3-23所示。

图3-23　横须贺港平面布局图
资料来源：须贺市政府，《橫須賀港長期構想》，2022

　　横须贺港定位为军港兼贸易港。2020年，横须贺港货物总吞吐量为757万吨（为千叶港的6.4%），是2019年吞吐量的84%，并已连续多年下降，是东京湾区货运吞吐量最小的港口。横须贺港服务外贸货物吞吐量总计73万吨，占港口吞吐量的9.6%；内贸货物吞吐量为684万吨，占港口吞吐量的90.4%，其中，移出293万吨，移入391万吨，显示出横须贺港是以内贸为主的港口。近年来横须贺港货物吞吐量如表3-8所示。

横须贺港货物吞吐量（单位：吨）　　　　　　　　　　　　表3-8

年份	外贸		内贸		合计
	出口	进口	移出	移入	
2016	790,599	220,517	3,450,365	4,967,379	9,428,860
2017	443,532	148,080	4,276,796	4,906,799	9,775,207

续表

年份	外贸		内贸		合计
	出口	进口	移出	移入	
2018	585,447	141,236	4,390,744	5,168,603	10,286,030
2019	578,270	82,471	3,697,066	4,678,659	9,036,466
2020	365,680	364,615	2,934,509	3,908,066	7,572,870

资料来源：横须贺市政府，《横須賀港覧》，2022

在横须贺港服务货物类型方面，2020年，输出货物中（含外贸出口和内贸移出），73%为成品汽车和汽车配件，13.6%为轮渡货物（包括普通货物如日用品、工业配件等，敏感货物如电池产品、化妆品等，以及乘客随行物品），12.3%为废土砂，1.1%为其他类型货物；输入货物中（含外贸进口和内贸移入），69.7%为成品汽车和汽车配件，14.6%为砂砾，13.6%为渡轮货物，1.5%为钢材，0.6%为其他类型货物，如图3-24所示。

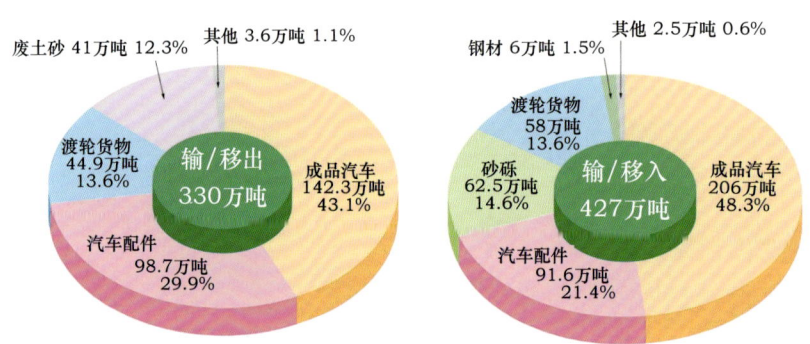

图3-24　2020年横须贺港货物类型及占比
资料来源：横须贺市政府，《横須賀港覧》，2022

6. 木更津港：地方性港口服务境内工业及旅游业

木更津港位于东京湾东岸南部、千叶县西南部，主要处理与钢铁工业等相关的外贸货物，以及沙子、砂石等内贸货物。该港口陆域面积为338公顷，水域面积为7,340公顷，海岸长度为28.4公里。木更津港所在城市木更津市面积138平方公里，人口约12万，不论从面积、人口和港口设施的规模上来说，它在东京湾沿岸的港口城市中都是最小的。

港口区域涉及木更津、君津和富津三座城市，宽阔的港口分为五个地区，分别是江川地区、吾妻地区（内港）、木更津南部地区、君津地区和富津地区。江川地区最靠北，渔业资源丰富，被定位为"渔业生产区"；吾妻地区是木更津港的发源地，有以绿地为中心的娱乐设施和客船码头等设施；木更津南部地区为物流枢纽地区，码头以国内贸易为主；君津地区主要用作公司专用泊位，占木更津港货物吞吐量的大部分，进口煤炭、铁矿等物资；富津地区有电力、钢铁、建材相关的企业以及总罐容86万立方米的液化天然气存储罐（居日本前列），码头处理的货物也以相关生产物资为主。木更津港平面布局如图3-25所示。

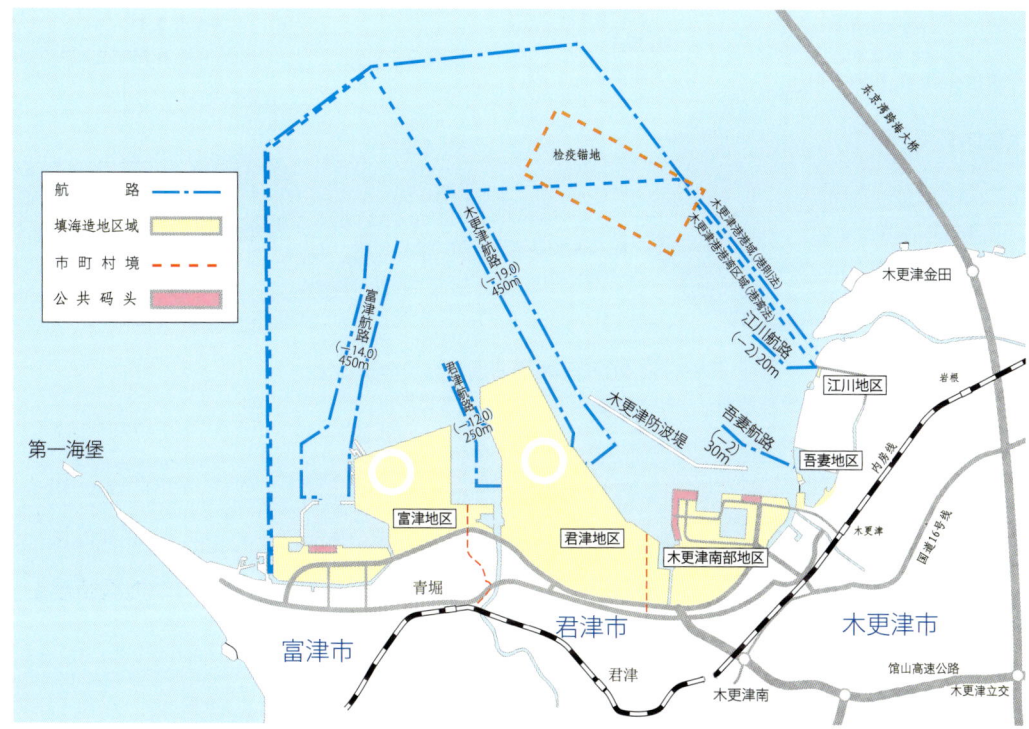

图3-25　木更津港平面布局图

资料来源：千叶县政府，《木更津港港湾計画策定検討委員会资料》，2009

　　木更津港定位为地方商港和旅游港口，以服务境内的钢铁厂为主。2020年，木更津港货物总吞吐量为5,210万吨，其中，外贸货物吞吐量为3,884万吨，占到了总吞吐量的74.5%，且进口货物占外贸总量的92%，是一个典型外贸输入型工业港口。近年来木更津港货物吞吐量如表3-9所示。

木更津港货物吞吐量（单位：吨）　　　　　　　　　　　　　　　　　表3-9

年份	外贸		内贸		合计
	出口	进口	输出	输入	
2016	4,554,800	42,525,459	8,337,294	8,017,067	63,434,620
2017	4,066,348	42,047,854	8,932,914	7,911,270	62,958,386
2018	3,978,240	42,407,961	8,828,331	7,870,387	63,084,919
2019	3,620,172	40,957,419	9,035,016	6,930,415	60,543,022
2020	2,744,370	35,699,201	8,129,230	5,528,168	52,100,969

资料来源：千叶县土整备部港湾课，《木更津港の概要》，2021

　　在进口货物中，液化天然气占58%、铁矿石占23.2%，石炭占17.5%；在出口货物中，钢材占72.5%，汽车占13%、水泥占6.5%，非金属矿物占5.2%，如图3-26所示。木更津港最大的特点是进口的液化天然气占到了全部进口货物的一半以上，出口的钢材更是占到了七成以上。这是由于木更津港相对于其他东京湾港口体量较小，进出口货物服务的地域范围也较小，服务对象主要是地方企业，且优势企业业务范围较为明显。

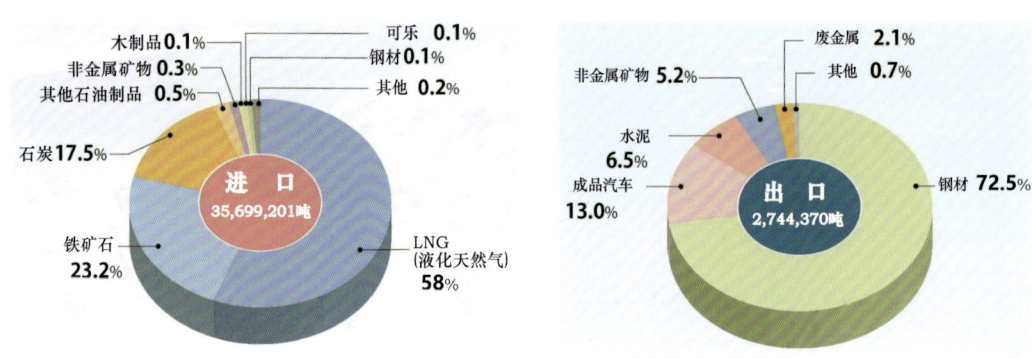

图3-26　2020年木更津港货物类型及占比

资料来源：千叶县土整备部港湾课，《木更津港の概要》，2021

第三节　港口工业向港城融合的转变

港城关系是城市规划和交通规划专业最为关心的问题。有日本学者指出，在日本，对港口的理性概念不只是从交通方面来认识的，而是着眼于港口为产业提供场所，并成为城市的一个组成部分，对城市的发展起重要作用，应该认识到港口是交通、产业和城市乃至地区发展的基础。从这个角度来看，港口与产业、城市、交通的关系非常密切。

一、从工业港口走向港城融合

从经济产业发展角度来看，各国经历了从农业经济向工业经济、服务经济转变的过程，各时期港口与城市关系呈现出不同特征。在农业经济时期，农产品是主要的贸易对象，毗邻农产品生产地的港口城市得天独厚，逐渐发展成为商业与运输中心，港口与城市关系较为简单；在工业经济时期，港口承担工业制成品贸易，港城关系变得复杂；在服务经济时期，第三产业快速发展，港口运输功能逐步减弱。比较而言，工业经济时期港城关系最为重要，原因在于港口作为物流的重要节点，是实现工业品出口、提升城市全球竞争力的重要条件。

依据东京湾区产业、城市、港口发展互动的关系，可将港口发展划分为港口孕育、港口工业发展和港城融合三个发展阶段。

1. 港口孕育阶段

从15世纪初东京码头建立到20世纪50年代，是东京湾区港口的孕育阶段，在这个阶段东京湾区产业由农业逐步向轻工业过渡。

随着明治维新的开始，日本政府积极引进西方科学技术，开始发展工业、制造业，大量资本、人口、企业等向东京集中，形成了以军工、钢铁、纺织为主导的工业体系，使东京由政治中心逐渐向政治与工业相结合的功能性城市转变。为了满足人口、贸易增长带来的海运需求，1937年神奈川县在川崎市进行港口建设10年计划，东京都也积极建设码头设施并于1941年正式开放东京港，千叶、船桥和木更津等城市纷纷完成了港口的建设并开放港口。

第二次世界大战导致日本国土成为一片废墟，东京的人口仅为278万，比战前减少一半以上。同时，横滨港、东京港和横须贺港被美军接管，其中横滨港和东京港建设基本停止，作为军港的横须贺港则得到了美军的改造与建设。1950年后，日本经济逐渐复苏，美军逐渐解除对港口的管控，但保留了横须贺基地为美军服务，日本加快了港口建设，东京港逐步建成丰洲、晴海、品川码头，提高了货物运输能力，川崎港于1950年恢复开埠，并积极进行浮岛町和千鸟町的填埋计划。

2．港口工业发展阶段

从20世纪50年代到90年代，是东京湾区港口工业快速发展阶段，这个阶段东京湾区制造业和重工业快速发展，同时，由于东京都人口激增，中心城区用地紧张，土地广阔、价格低廉的神奈川县和千叶县自然成为新址首选，而港口城市则具有天然的物流优势，如横滨市、千叶市、川崎市和木更津市等。因此，日本政府在东京湾区设立了京滨工业带和京叶工业带。

围绕港口，东京湾区在两大工业带有大量人造陆地，主要功能是提供工业用地，并使东京湾的临海工业带形成产业集约区块。在产业发展过程中，机械制造、电器、石化、钢铁等工业占地面积大、附加值较低且对物流条件较高，大量向南布局到神奈川县；大量能源、石化工业选址千叶县，各企业也纷纷在近邻港口投资建设自己的专用码头，构建加工贸易的原料进口和产品出口体系；东京都则保留以精密机械为主的工业，其技术含量高、附加值高、占地面积小，保留在市中心的边缘位置，沿河流和沿海岸地域分布。自此，东京湾区产业分布格局初步形成。

填海造陆和产业集群的科学布局，使东京湾实现了"港口—工业"一体化的布局特征。六个港口首尾相连，覆盖整个东京湾临海工业带，使得以钢铁、石油、化学产业为主的临海工业可以通过水运得到最高效的物流支持。在临港地区进行生产和加工的制成品，也通过海运把产品运到国内外的消费地去。其紧密衔接了生产和货运环节，满足了企业对原材料输入和产品输出的需求。在重化工鼎盛的20世纪70年代，千叶港、横滨港、川崎港的货物吞吐量分别位列世界第4、第5和第10，可见东京湾"港口—工业"模式的成功。同时，港口带动了相关服务业发展，如仓储、运输、物流、加工、餐饮、物业、贸易、保险、船舶代理、金融结算、信息、口岸等，逐渐构筑起完善的港口服务产业体系。

3．港城融合时代

20世纪80年代以后，随着全球化进程的不断加速，日本主要的产业结构发生了转变，由单纯的基础工业制造业向现代服务业、高科技产业转变，城市发展到以服务经济为主体的阶段，货物进出口减少，港口的运输功能减弱。值得注意的是，此时港口服务业仍不断发展，不仅拓展餐饮、物业等传统服务业，更向金融、信息等现代服务业发展。同时，随着港口城市进一步发展和扩张，原先仅供港口作业的滨水岸线逐步发展成为城市中心区及重要的景观资源，人们对滨水空间也有了更高要求。

在这个时期，"滨水开发"这一概念在日本流行起来。由于东京中心用地不足，东京湾沿岸又被工业区所占据，规划提出要更高效地利用填海工程，进行兼备写字楼和商业区的大规模复合型开发项目，通过在港口周边引入商业办公设施和绿地，创造人们可以聚集和亲近海洋的空间。此后，由民间资本主导的大型项目相继展开，这些区域成为东京信息产业和旅游业的新据点。

二、港城融合的主要措施

日本根据国家经济和社会结构的重大变化（如工业和贸易的结构变化），于1985年、1990年、2000年分别制定针对每个时期的港口中长期政策。2016年，日本制定《港口的中长期政策"PORT 2030"》，主要围绕"网络化"和"空间创造"制定新的港口政策，支撑日本经济和产业发展，实现富裕的国民生活。

1．实施国际枢纽港战略，提升国际航运枢纽地位

一是构建一个分布广泛、合理分工的港口群。东京湾区面积大、范围广，包括几十座城市，需要由若干港口组成的港口群提供服务，各港口在发展与性质上既互相制约又互相补充，存在竞争与合作的关系。港口群有大、中、小港口，枢纽港口和一般港口，干线港口和支线港口等不同定位。其中，"枢纽"港口地位和作用突出，是港口群体的核心或内核。从城市发展的角度考虑，东京湾区要充分发挥大、中、小城市的作用，使之合理分工和协调发展，必然要求湾区内的大、中、小港口依据城市功能来实现分工与协调；从安全的角度考虑，通常一个枢纽港很难满足多样化的要求，世界上较多港口群采用了双枢纽港模式，如荷兰的鹿特丹与安特卫普、中国的香港与深圳、韩国的釜山与光阳等。

二是实施国际集装箱战略港政策。考虑到中国、韩国、新加坡等亚洲邻国纷纷加强建设"大深度、高标准"集装箱码头和扩大国际航线网络，日本开始实施"国际战略集装箱枢纽港方案"，并选定东京港、川崎港和横滨港作为国际集装箱战略港湾，以便日本本土的进出口贸易集装箱尽可能选择日本枢纽港始发或转运，并吸引更多国际航线在东京湾区港口停靠。"国际战略集装箱枢纽港方案"主要措施有：应对集装箱船尺寸的迅速加大，完善基础设施，疏浚航道，满足12,000标准箱以上的超级集装箱船畅通穿行；扩大投资，在集装箱枢纽港建造一大批拥有现代化装卸设备的集装箱码头，提高港口运营效率；降低港口使用费和装卸费，东京、横滨和川崎三大港口实现统一的集装箱枢纽港经营管理，包括三大港口统一船舶进港费用，同一艘集装箱船凡是进入京滨地区任意两个港口后再进入第三个港口的，一律享受免缴驳船费、泊位费等相关港口费用的优惠；进一步完善日本集装箱枢纽港物流供应链配套设施和多式联运机制；进一步推动和扩大日本集装箱枢纽港的私营化步伐与实施范围。

三是提高效率和联合散装运输。为了应对近年中国和其他亚洲邻国快速经济发展导致的全球对资源、能源和食品的竞争加剧，日本积极落实"国际散货战略港口政策"，通过为每种商品如粮食、煤炭和铁矿石选择一个基本港口，并通过公共工程项目开发深水散货码头，鼓励相关企业和用户采取联合采购、联合运输的措施。

四是实施京滨港综合计划。作为支撑东京湾区居民生活和产业的能源处理基地、东日本最大的汽车处理基地和日本国内最大的外贸集装箱货物进出口基地，2011年8月东京港、横滨港和川崎港联合制定了京滨港综合计划。计划通过完善357号道路的整备、充实临港道路、扩充集装箱驳船运输等措施，使陆上和海上运输便利化，在物理上将三个港口融为一体，并促进东京与腹地地区道路形成广域网。建设港口基础设施，在东京港通过扩大堆场、增加码头深度来增强现有大井码头和青海码头的功能，通过新的用地来扩充码头的功能，如改造集装箱码头和后面的物流基地，填埋大井地区集装箱相关用地等；在川崎港加强集装箱码头建设，有效运营作为临海物流基地的东扇岛码头，考虑到与羽田国际机场的合作，探讨浮岛地区土地利

用，利用靠近东京港和横滨港的特点，扩充东扇岛地区离港功能等；在横滨港建设日本唯一一个20米的集装箱码头——南本牧码头。该码头是国际集装箱战略港湾对策的一环，并通过实现每个集装箱码头一体化运营促进有效利用，结合仓库等货运设施，形成大黑码头和南本牧码头物流枢纽，通过设施功能转换确保新空间等，如图3-27和表3-10所示。

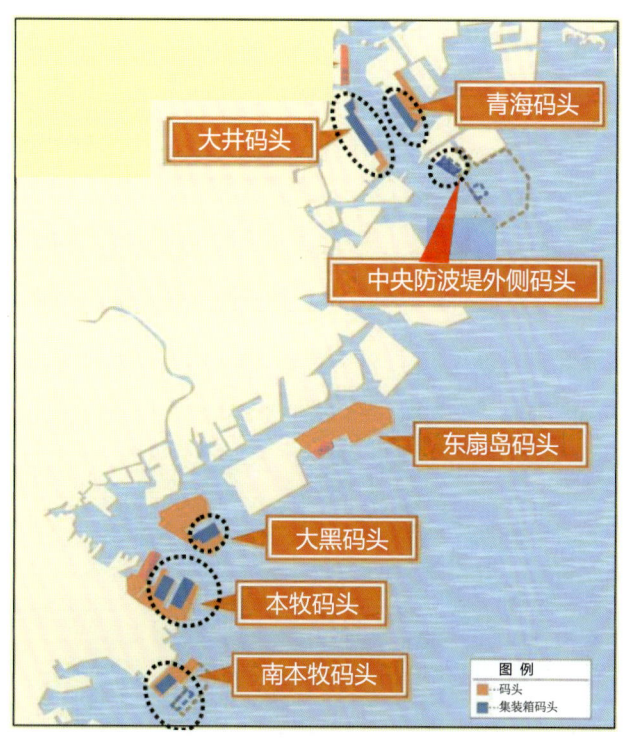

图3-27　京滨港码头分布情况
资料来源：京滨港连携协议会，《京浜港の総合的な計画》，2011

京滨港综合计划重点建设码头　　　　　　　　　表3-10

港口	码头	泊位数	水深（米）	岸线长度（米）
东京港	大井码头	7	15	2,354
	青海码头	3	15	1,050
	中央防波堤外侧码头	1	16	400
川崎港	东扇岛码头	1	14	431
横滨港	大黑码头（C3·4集装箱码头）	2	15	700
	本牧码头（D4·D5集装箱码头）	2	15	700
	本牧码头（BC集装箱码头）	1	16	390
	南本牧码头（MC-1·2集装箱码头）	2	16	700
	南本牧码头（MC-3集装箱码头）	1	20	400
合计		20	—	7,125

资料来源：京滨港连携协议会，《京浜港の総合的な計画》，2011

为落实国际集装箱战略港湾政策，日本研究设立京滨港国际集装箱战略港口综合特区，以京滨港为对象，放宽限制、给予税制优惠、重点分配国家经费（包括对民间事业的支持）；组建东京港、横滨港和川崎港一体化经营主体，实现集装箱码头一体化经营。

2. 发展现代航运服务业，推动传统航运服务业转型升级

航运业是建设海洋经济强国和海洋城市的重要内容。从国际发展来看，传统的世界强国和经济发达地区都是从海洋走向繁荣和强大的；从经济发展来看，航运业是国民经济的基础产业之一，其兴衰与国内外总体的经济、贸易、社会和政策法规的发展态势关系密切；从城市发展来看，随着国际分工的发展和国际贸易的快速增长，港口城市日益成为一个国家或地区参与世界市场大循环的重要通道，从而极大地推动了港口城市的国际化发展。

现代航运服务产业根据其提供服务的主体与客体的不同，一般可以划分为上游、中游和下游三个类别。

上游产业是指为现代国际航运提供的融资保险、海事规范、政策咨询、技术标准等相关服务，主要包括为航运企业提供的船舶建造或购买融资，为港口基础设施建设项目提供投资担保，船舶航行过程中的海事法律咨询与海事仲裁，国际性航运交易，航运船舶及相关设备的法定检验，海上航行技术规范制定等非航运直接经营业务的服务内容，是现代航运服务产业中最为重要的部分，具有知识密集型产业的基本特性。

中游产业是指为现代航运提供的国际中转贸易运输、大型国际邮轮进出港、各类海上运输船舶租赁及船舶修理等相关服务，主要包括国际集装箱中转运输、依托自由港相关政策所形成的国际贸易中转、各类船舶租赁业务、国际航线船舶中途进出港维修与保养以及为各类进出港船舶提供船舶拖带等与航运直接有关的经营业务，具有技术和资本密集型产业的基本特点。

下游产业是指为现代航运提供的码头仓储、内陆运输、报关代理等相关服务，主要包括货物装卸、仓储运输、货运代理、船舶供应、船舶废油与含油污水处理以及船员劳务外派等以码头经营为主的港航服务，具有劳动密集型产业的基本特点。除此之外，由海关、检验检疫、边检、引航等政府口岸行政管理机构所提供的相关功能性服务，也是航运服务产业中的一个重要组成部分。

围绕港口，东京湾区加快发展航运金融、航运交易、信息服务、设计咨询、科技研发、海事仲裁等现代航运服务业，巩固全球航运中心地位。部分航运中心城市的海运跨国公司总部数量如表3-11所示。

部分航运中心城市海运跨国公司总部经济规模   表3-11

航运中心城市	拥有世界前十位船公司国家（地区）总部
伦敦	长荣、达飞、韩进、日邮、马士基
纽约	长荣、达飞、韩进、日邮、马士基、赫伯罗特、中海
东京	长荣、达飞、韩进、日邮、马士基、赫伯罗特、中远

注：马士基在日本没有全国总部，各地区分公司属平等关系。

3. 构建港产城融合发展格局

东京湾区各港口均提出协调港口与城市发展的综合性港区计划。新发展地区注重结合港口建设港口新城，如横滨现代港口新城、木更津现代港口城市等；在城市再开发地区，开发港口和码头时更加注重容纳

邮轮和旅客，并创造美丽、舒适和活泼的空间，丰富人们的滨水体验。

（1）东京港：提升临海副都心城市功能，加强滨海休闲空间打造

随着东京港货运量停滞不前，同时人口大量涌入，东京港沿岸开始注重商业和住宅开发。19世纪80年代，一些联合场、仓库街等港口设施从港口附近搬到郊外，部分临海地区逐步建设为商业区。自1986年起，位于隅田川河口的佃岛掀起了修建公寓的热潮，由8栋超高层公寓组成的超大型住宅区"River City 21"于1999年竣工，另一座有662户的超高层、高层、低层建筑共同组成的大型标志性公寓"Acrocity"也拔地而起。与晴海隔着一条运河的丰洲开发相对较晚。2002年丰洲的石川岛造船厂关闭后，在这里重新修建了丰洲购物中心。2008年与购物中心相邻的大型高层住宅"Park City"建成，成为丰洲的代表住宅。

根据第九次修订的东京港港湾计划，东京港未来发展方向为：落实国际集装箱港口政策，加强深水集装箱码头建设，采用人工智能和物联网等先进技术，提高集装箱码头的工作效率，形成一个具有国际竞争力的集装箱运输基地；建设韧性港口，加固码头，改造大型桥梁和隧道，应对可能发生的自然灾害；建设面向未来的绿色港口，促进氢气、燃料电池等新能源船舶和装卸机械的使用，加强公路集疏运向驳船和铁路转变，积极保护和恢复泥滩、海草床等；提升东京国际邮轮码头的客运功能和接待环境，研究满足大型邮轮、游船的停泊需求，打造通往世界的门户。

东京港规划按物流、都市、旅游与环境功能分为以下区域：物流功能区是港口装卸、仓储等物流活动的场所；旅客功能区是客船和游艇码头，是旅客观光休闲的枢纽；城市功能区则是临海副都心，定位为东京城市副中心，疏解中心城市功能，包括商业、居住和旅游度假等功能区域；环境功能区是公园、绿地及各类湿地。据此规划，东京港改变原来单一港口运输职能，已成为交通运输、工业生产、城市建设结合的基地，如图3-28所示。

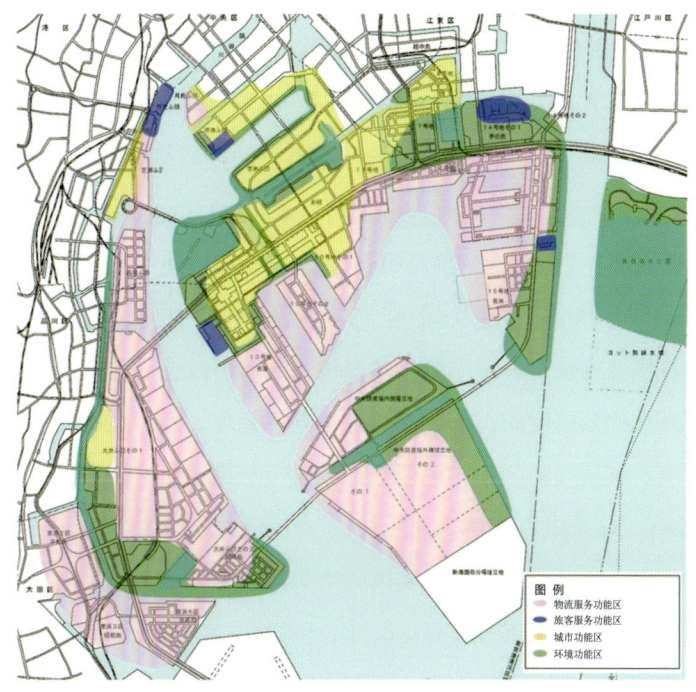

图3-28　东京港的功能分区示意图

资料来源：东京都港湾审议会，《東京港第9次改訂港湾計画に向けた長期構想》，2021

　　根据上述原则，东京开展具体城市规划项目时，也逐层贯彻港城协同发展理念。如在东京临海地区规划中，政府提出将东京港和羽田国际机场打造为陆海空交通节点和珍贵的滨水空间，利用水上巴士连接临海部和隅田川等观光点，建设海上公园，满足人们运动、钓鱼、野鸟观察及举办活动等多样化需求；在竹芝码头改造项目中，将写字楼、酒店、餐厅等与海洋公园融为一体，打造亲水空间；在建设防潮堤等设施时，都要充分考虑亲水性，如图3-29所示。

图3-29　承担多种任务的东京港
资料来源：东京都港湾审议会，《東京港第9次改訂港湾計画に向けた長期構想》，2021

（2）横滨港：打造城市滨水综合体

　　早在1983年横滨市就制定了《港口21世纪建设规划》，提出要建成国际性的文化、信息和环境优美的港口新城。横滨港口新城占地面积达186公顷，原本是一个临海的造船基地，位置紧靠横滨市中心，东北濒临大海，面对海湾大桥，规划总建筑面积300万~400万平方米，规划就业人口19万，耗资140亿美元，通过改建、扩建、填海将其建设成为一个现代化的滨海中心区。

　　横滨港口新城是日本结合港口开发最美城区、日本填海造城的典范。在规划建设和开发实施过程中，特别注重港口生产和城区生活的融合，海岸线建设现代化的港口设施、临港公园、客运码头等，在保障港口功能的前提下打造了宜人的开放空间；都市空间融合港口管理大厦、美术馆、博物馆、国际会议厅、国际海员俱乐部、中央广场、贸易购物区、住宅区等，成为一个集观光旅游、商务、购物、会议、展览、博物馆于一体的城市滨水综合体，如图3-30所示。

　　在港口和城市发展方面，主要举措有：落实国际集装箱战略港湾政策，规划新码头并优化整合码头功能，保持和扩大重点航线，进一步拓展短途海运航线；创造开放、舒适和有吸引力的滨水空间，发挥邮轮母港功能，布局各种海洋休闲功能，如独木舟、海上皮划艇、铁人三项，并加强水上运输和观光功能，满足洋休闲需求；加强横滨港的防灾功能和环境保护，保护绿地、改善水质环境和应对全球变暖。

图3-30 横滨港实景图
资料来源: http://www.360doc.com/content/18/1008/21/55472757_793072242.shtml

为了实现滨水区的有序发展，横滨市修订了横滨港港湾计划，对港口空间进行分区，鹤见区和神奈川区为产学合作区，不仅作为京滨工业带的生产中心，还具有研发和物流相关功能等集群功能；内港地区到山下码头地区为市中心滨水区，集中安排旅游资源和各种人群的休闲交流功能；大国码头区、本牧码头区、南本牧码头区和新本牧码头区为物流区，安排高效的港口设施，金泽地区为绿色休闲区，满足各种海洋休闲活动需求。

其中值得一提的是山下码头再开发项目。山下码头位于内港地区，毗邻山下町、元町、横滨中华街，总面积约47公顷，主要承担着本牧码头、南本牧码头、大黑码头等集装箱码头的物流、仓储等配套功能，目前码头主要是物流仓库、装卸场地等。20世纪60年代经济高速增长时期，山下码头是支撑横滨港的主力码头。随着物流环境逐步变化，根据横滨港港湾计划，横滨市制定了山下码头开发基本计划，对其进行城市功能开发，旨在通过与横滨港和周边旅游资源联动，打造一个吸引世界目光的海港度假胜地。山下码头再开发规划如图3-31所示。

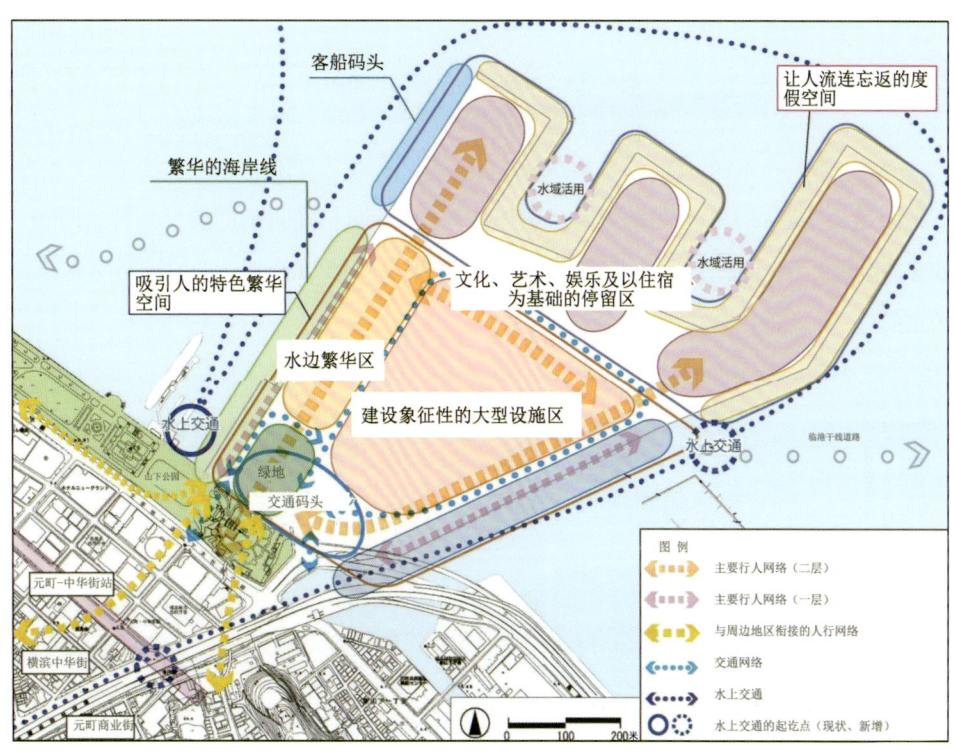

图3-31 山下码头再开发规划示意图
资料来源：横滨市政府，《山下ふ頭再開発トップページ》，2024

（3）川崎港：以物流功能为主，建设城市公园

川崎市于1998年制定了川崎港长期计划，并于2014年进行了修订，之后也经历了多次局部变更。目前，随着碳中和技术、数字技术的进一步发展等，港口周边的社会经济状况发生了显著变化，川崎市推动对长期计划的全面修订。川崎港以"支持产业活动，为地区经济和市民生活的稳定与改善作出贡献"为目标，通过加强京滨三港的合作，提高东京湾区产业的竞争力。主要行动包括：与京滨三港实现职能分工，通过扩建码头，增强内外贸集装箱处理功能，以满足日益增长的亚洲集装箱货物和汽车进出口运输需求；充分发挥港口空间特色，建设各类公园，打造丰富和舒适的城市空间。川崎港布局规划如图3-32所示。

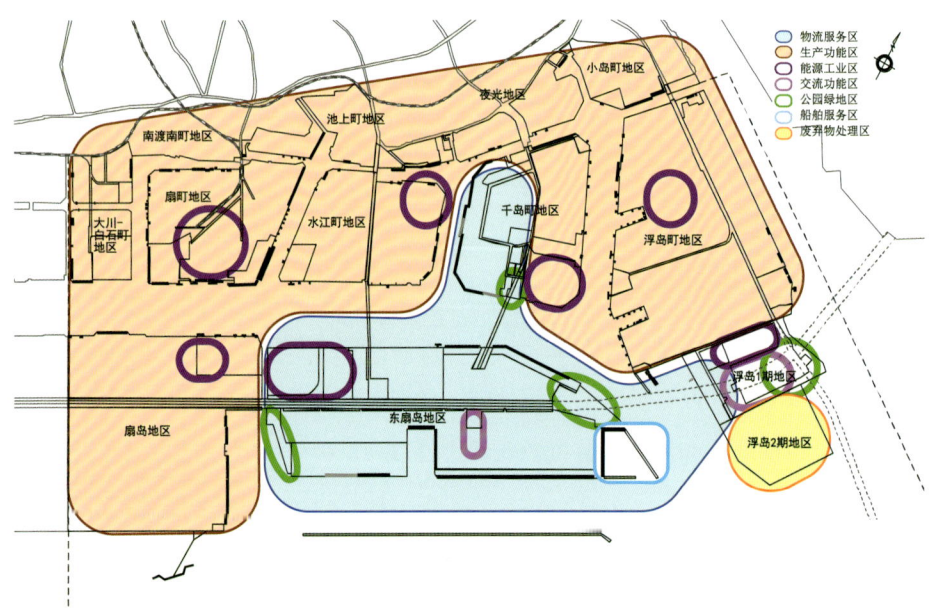

图3-32　川崎港布局规划示意图
资料来源：川崎市港湾局，《川崎港長期構想の検討について》，2021

东扇岛东公园是川崎港内一个著名的公园，面积15.6公顷，包括多目的广场、狗狗公园等，平时是人们休闲聚会、娱乐的场所，还可以作为室外音乐会和铁人三项赛等活动场地，是川崎乃至东京近郊能够举行大规模活动的场所之一，如图3-33所示。

图3-33　东扇岛东公园实景图
资料来源：川崎市港湾局，《川崎港長期構想の検討について》，2021

（4）千叶港：适当布局和发展港口绿地

根据2017年编制的千叶港长期计划，千叶港长期愿景是"建设成为支持千叶经济和县内600万居民生活的社会基础设施"，具体包括三大方面的愿景和措施。

一是确立国内、国际物流门户的发展目标，支持千叶县企业的发展。具体措施包括：重组码头和加强港口功能，扩建集装箱码头，将对外贸易和国内贸易进行分离，促进滨水道路、新港湾路等滨水道路的布局和发展，提高码头货物装卸和运输的效率。加强千叶中央地区的成品车分销基地建设，确保其作为都市区的汽车供应基地和出口基地的功能。加强千叶中央码头的集装箱码头功能，扩大通往东亚和东南亚地区的定期航线服务。千叶港功能布局规划如图3-34所示。

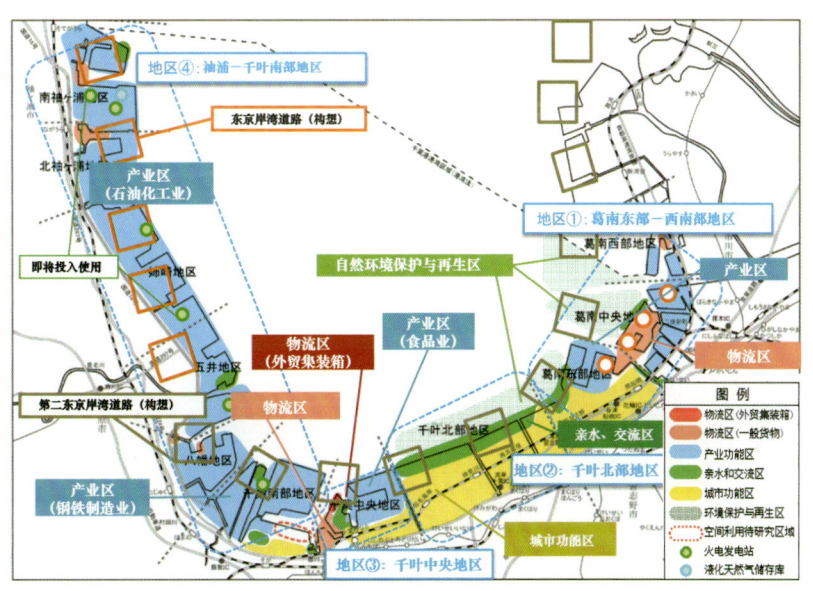

图3-34　千叶港功能布局规划示意图

资料来源：千叶县政府，《千葉港長期構想》，2016

二是支持该县居民的生计和安全。在千叶中部和北部地区建设客船码头，缩短千叶港与东京湾核心区的距离。建设抗震码头和临海道路等应急运输道路，确保即使在灾难发生时也能够可靠地运输物资，保障与本县居民日常生活密切相关的货物处理，满足县内600万居民的生活需求。

三是使人们享受和感受港口与大海。适当布局和发展港口绿地，确保亲水功能，使本县人民能够方便和安全地接触到海洋。保护东京湾的潮滩和浅滩，在考虑生物栖息地的前提下开发海堤。千叶港客运码头规划如图3-35所示。

（5）木更津港：打造现代化的居住、商业和旅游城市

虽然木更津市人口仅12万，但在1983年制定的木更津市振兴计划中，已提出把木更津市建设成现代化的居住、商业和旅游城市。2010年修订的木更津港港口计划中提出，重点开展江川、吾妻地区公园、绿地、客船码头的建设。目前，在总面积264公顷的港区内，公园面积已达到28公顷，绿地设施面积达到2.8公顷。此外，临港公园内设置了大量钓点，吸引了众多钓鱼爱好者，使得木更津港成为一个集物流、旅游、生态等功能于一体的富有吸引力的港口。木更津港长期空间利用构想如图3-36所示。

图3-35 千叶港客运码头规划示意图
资料来源：千叶县政府，《千葉港長期構想》，2016

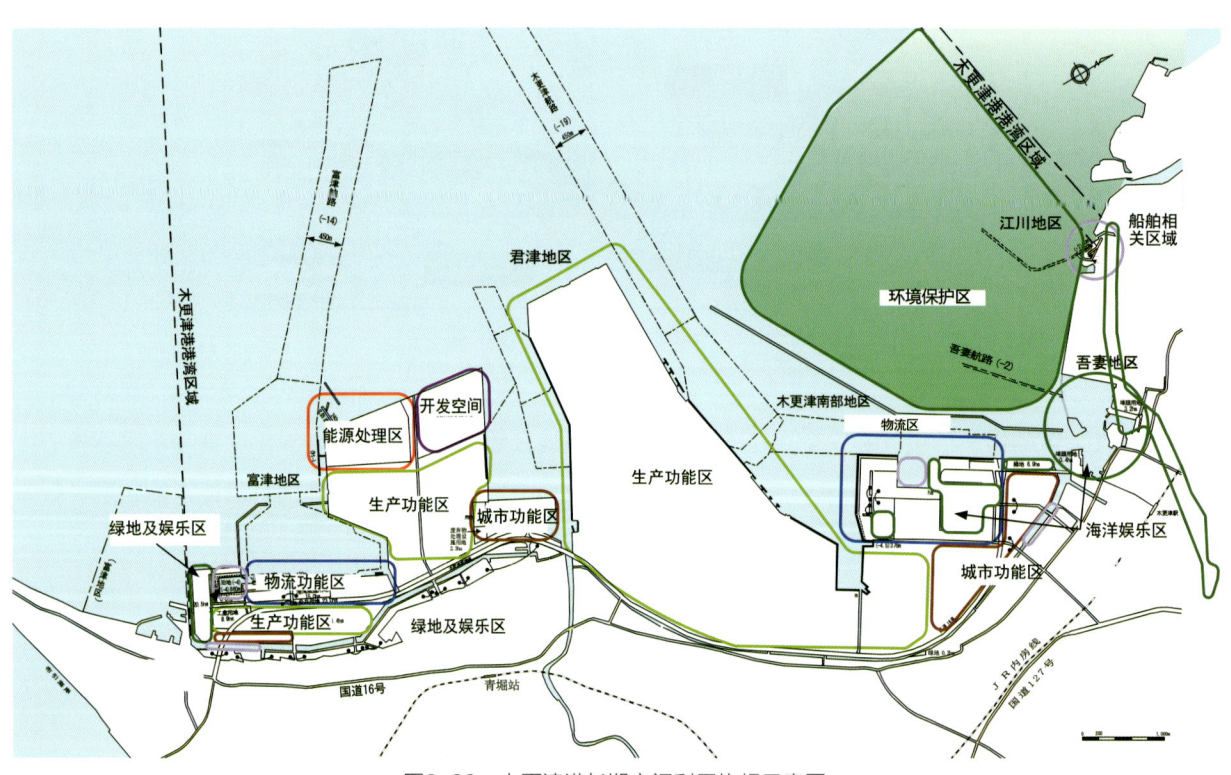

图3-36 木更津港长期空间利用构想示意图
资料来源：千叶县政府，《木更津港港湾計画策定検討委員会资料》，2009

　　未来，木更津港将继续强化港口、绿地、客运码头的建设。在物流方面，为应对外贸货物量增长，将
对木更津南部地区现有岸壁进行增深；为适应汽车专用船舶停靠，木更津南部地区现有码头将进行延伸，
并对既设岸壁进行增深。在绿地方面，修建围绕吾妻码头的亲水绿地，将木更津南部地区卸货场背后的码

图3-37　吾妻地区海岸线利用示意图

资料来源：千叶县政府，《木更津港港湾計画策定検討委員会资料》，2009

头用地改为绿地，并将部分老旧场地和临港护岸整修为绿地，沿岸绿地宽度为45米，客运码头东侧绿地面积2.4公顷，西侧绿地面积0.1公顷，共计2.5公顷。在客运码头方面，吾妻地区作为木更津新都心地区的休闲和娱乐场所，规划观光船、游轮及各种活动船的停泊需求，如图3-37所示。

（6）横须贺港：发挥自然环境和历史文化优势，提升港口在市民生活中的作用

根据2022年编制的《横须贺港长期构想》，横须贺港未来愿景为"保持区域活力并在大都市港口功能中发挥作用的港口"，并制定了港口发展的基本政策。主要内容包括：确保汽车和造船业的物流与工业基地功能，支持地区经济的发展；基于美丽的自然环境和历史文化，充分发挥港口在市民生活中的作用；发挥便捷的海上交通区位优势，扩大物流功能，如表3-12所示。

横须贺港发展基本政策　　　　　　　　　　　　　　　　表3-12

		实施政策	具体措施
贸易和物流	1	加强国际贸易和国内贸易	强化道路交通集疏运功能
			提升进口海产品的处理能力
	2	加强国内贸易航线功能	强化国内贸易航线的运输功能
			建设国内贸易航线的转换枢纽

续表

实施政策			具体措施
贸易和物流	3	整合和优化物流功能	整合和重组散装货物处理码头
			合并和重组相关配送中心
			确保能源物资的货物运输功能
空间和环境	1	建设大型游船基地	强化大型游船的接纳能力
			与城市开发进行协调互动
	2	形成活泼和放松的滨海空间	加强与腹地的交通网络连接
			促进海洋娱乐和传统渔业共存
			维护和加强人员流动功能
	3	发展环境友好型港口	确保可再生能源相关货物运输功能
			改用对环境影响较小的设备和能源
安全和管理	1	加强防灾应对能力	建设加固抗震的码头
			保障港口在各类突发状况下业务持续不中断
			推进旨在提高稳定性的举措
	2	促进维护和管理	实施预防保全型的维护管理
			转换用途和重组现有库存
	3	保障小型船舶停泊	作业船泊停靠设施的适当集中选址
			对陆域废弃船只采取对策措施

资料来源：横须贺市政府，《横須賀港長期構想》，2022

　　为了实现横须贺港的长期愿景，根据各区特点，将港口分为五个区域，即物流相关区、生产和能源相关区、绿地和交流中心区、环境区、船港相关区，并制定了分区空间利用计划。物流相关区是提供港口和物流设施的空间，作为支持腹地工业和经济的物流中心，设置在大滨、长浦、新港、栗滨地区；生产和能源相关区为工厂和发电站的工业生产空间，根据企业的地理位置，布局在追滨地区和久里滨地区；绿地和交流中心区设置港口绿地和海洋娱乐设施，布局在大滨、富仓、长仓等地区；环境区是为保护和恢复宝贵的自然环境而专门施划的空间，根据海藻场和自然海岸的位置，布置在追滨、走水、鸭居、野比地区；船港相关区主要供渔船、作业船只等各种小船停泊，设置在深浦、长浦、平成等地区，如图3-38所示。

　　在亲海方面，横须贺港以"海风之路"（1万米长廊）为概念，将维尔尼公园到观音崎公园之间的10公里沿线连接起来，沿途修建了许多海滨休憩点，包括获得都市景观大奖的海风公园、四季都能享受海钓的海边钓鱼公园、与自然海岸亲密接触的"观音崎棋盘漫步"等，为人们提供与大海接触的亲水空间，如图3-39和图3-40所示。

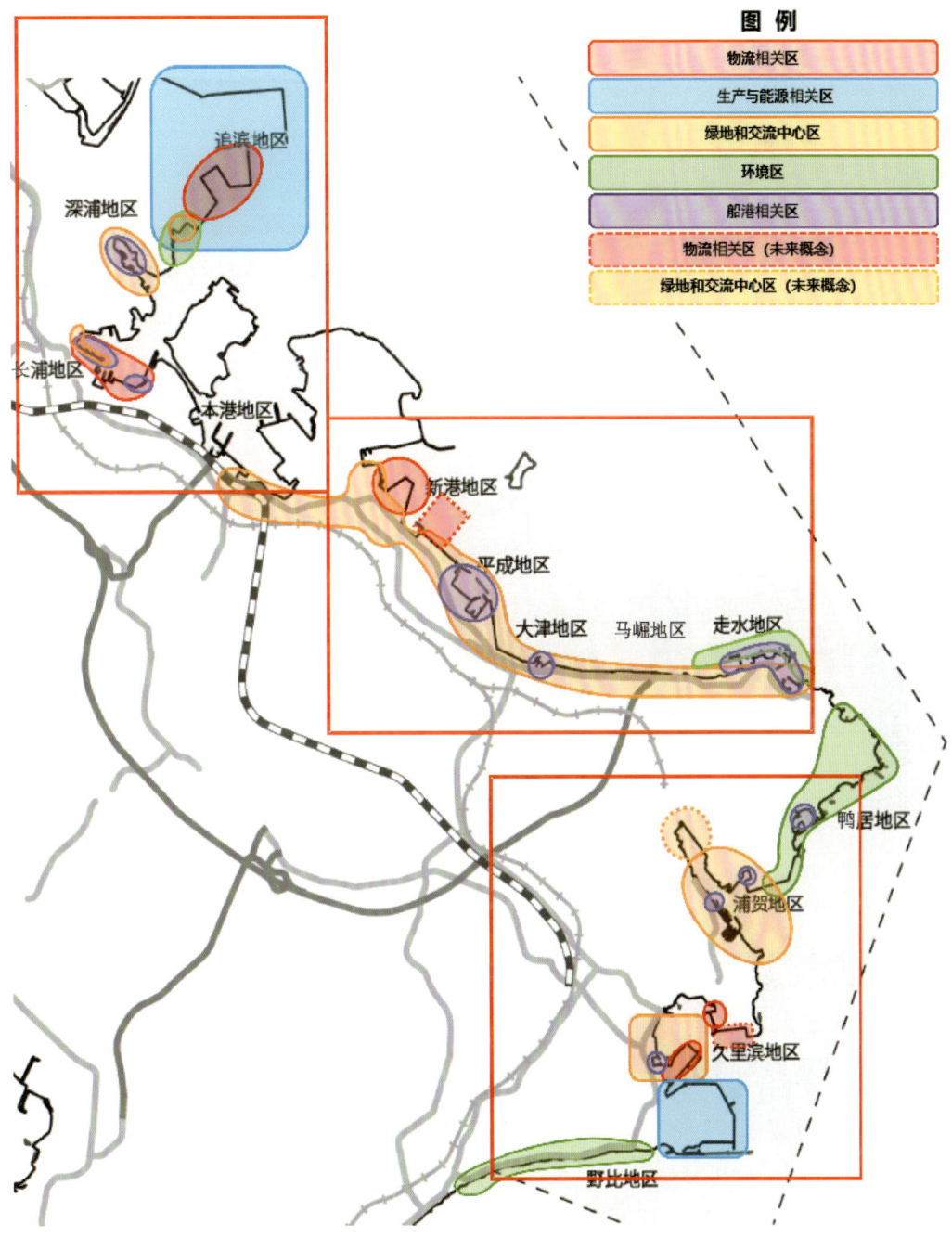

图3-38 横须贺港的未来分区图
资料来源：横须贺市政府，《横须贺港長期構想》，2022

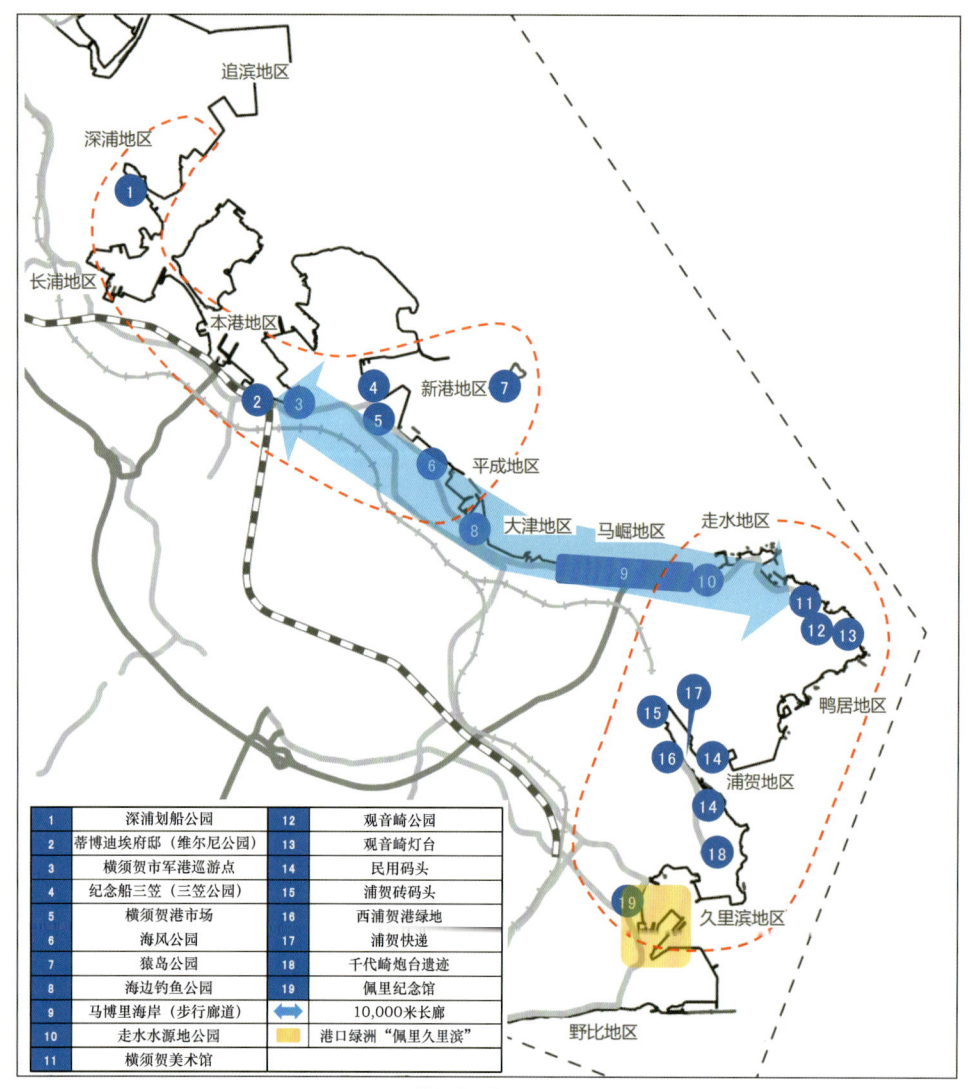

1	深浦划船公园	12	观音崎公园
2	蒂博迪埃府邸（维尔尼公园）	13	观音崎灯台
3	横须贺市军港巡游点	14	民用码头
4	纪念船三笠（三笠公园）	15	浦贺砖码头
5	横须贺港市场	16	西浦贺港绿地
6	海风公园	17	浦贺快递
7	猿岛公园	18	千代崎炮台遗迹
8	海边钓鱼公园	19	佩里纪念馆
9	马博里海岸（步行廊道）	⬌	10,000米长廊
10	走水水源地公园	🟨	港口绿洲"佩里久里滨"
11	横须贺美术馆		

图3-39 横须贺港周边的观光景点
资料来源：横须贺市政府，《横须贺港长期构想》，2022

长廊　　　　　　　　　　　　　　公园

图3-40 "海风之路"
资料来源：横须贺市政府，《横须贺港长期构想》，2022

第四节　水上客运的复兴

水上客运是使用轮渡或其他船只运输乘客的一种交通方式，远早于城市扩张和机动车道设立，水路代表了商业和交通的最初通道。日本是一个四面环海的岛国，自古以来乘船旅行是一种重要的客运交通方式。江户时期，船运不仅作为物流和贸易的交通工具，船舶更是水上休闲娱乐的重要方式。20世纪中叶，日本工业化进程加快，东京湾区水上货物运输快速发展，水上客运的地位相对下降。近年来，随着居民收入水平提高、旅游业发展及大型豪华邮轮的建造，航运从原来主要为工业服务逐步向水上观光、休闲娱乐方向转变，水上客运迎来复兴。

一、多样化的水上客运设施体系

目前，东京湾区已开行的航线包括：国际邮轮航线；至日本国内其他地区如四国、九州的长途渡轮航线；湾区城市内部，往返于三浦半岛和房总半岛之间的中短途渡轮。另外，东京湾区拥有较多离岛，轮船是岛屿与外界联系不可或缺的交通工具。从客运港主要功能来看，东京湾区拥有邮轮母港、公共客运码头、离岛码头三种类型的客运港。

邮轮母港：邮轮始发港，兼备邮轮停靠、访问，是邮轮公司的运营基地，以服务国际跨境长途邮轮为主，一般还设有海关、防疫检查机构等。除始发港基本功能外，其还有邮轮维修保养、邮轮公司运营管理等功能，具备旅客规模较大、服务功能较为完备、城市邮轮相关产业集聚度较高的特征。随着东京湾区居民收入水平提高，乘坐豪华游轮旅行日益流行，需求不断增长。国际上，著名滨海旅游城市也纷纷打造国际邮轮母港，如迈阿密、巴塞罗那、温哥华、迪拜的邮轮母港等都是全球著名的邮轮母港。其中，迈阿密邮轮母港是世界最大的邮轮母港，可容纳大型邮轮和绿洲级邮轮（长度超过360米），每年吸引5,500万旅客，被誉为"世界邮轮之都"。

公共客运码头：指服务公共客运、供旅客上下船用、设有旅客候船厅的码头。公共客运码头主要满足日本国内及东京湾区内部的水上交通需求，以中短途航线为主。目前，东京湾区沿海岸线布局了16个主要公共客运码头。

离岛码头：东京拥有南北绵延1,200公里的"岛屿部"，包括大岛、利岛、新岛等离岛，旅游资源丰富。东京湾区各地居民搭乘渡轮观光旅游需求日趋增长，本书将以服务旅游功能为主的离岛客运码头作为单独一类加以分析。

需要说明的是，本书研究并不是严格从客运功能角度对码头进行分类，而是仅仅为了研究需要。大部分客运码头的功能是复合的，例如邮轮母港一般既服务国内、国际长途航线和区域内部中短途航线，也同时拥有休闲旅游、公共交通等功能。另外，本书未将渔业码头、企业配建码头、私人游艇码头、景区配建码头及海洋管理码头等纳入研究范围。

二、日益增长的水上交通需求

1. 邮轮母港

东京湾区拥有横滨大栈桥国际客轮码头和东京国际邮轮码头两个邮轮母港。

横滨大栈桥国际客轮码头位于横滨港山下公园西北，多条日本国内和国际客轮航线在此汇集，是全球知名的国际邮轮码头之一。码头占地面积约4.4万平方米，建筑物长约430米、宽约70米，共3层。一层是停车场，二层有出入境大堂和休息大厅，最上层是有露天广场和送迎甲板的屋顶空间，也是纵览大海和船只的最佳观赏地，还经常举办各种活动。码头区位优越，从东京国际机场乘车25分钟即可到达，步行7分钟可以到大港未来线日本大通站，步行15分钟可以到达横滨市营地铁站、JR关内站。横滨许多有吸引力的旅游景点与码头都在步行距离之内，如图3-41所示。

图3-41　横滨大栈桥国际客轮码头鸟瞰
资料来源：https://www.sohu.com/
a/480266346_121119269

东京国际邮轮码头位于东京临海副中心，于2020年9月开业，码头占地面积2.1万平方米，共4层，总建筑面积1.9万平方米，可以停靠长度超过300米的超大型邮轮，如图3-42所示。

图3-42　东京国际邮轮码头
资料来源：东京都港湾审议会，《東京港第9次改訂港湾計画に向けた長期構想》，2021

根据日本国土交通省的数据，近年日本港口的邮轮停靠次数不断增加。2019年停靠次数为2,866次，其中日本邮轮为934次，外国邮轮为1,932次。乘坐远洋邮轮的日本乘客为35.7万人次，访日邮轮旅客为215.3万人次，虽然有略微减少的倾向，但仍然维持了较高水平。其中，东京湾区的横滨港邮轮靠港次数保持在全国前5位。2013—2021年邮轮停靠日本港口的次数如图3-43所示，访日游轮旅客总量如图3-44所示。

图3-43　邮轮停靠日本港口的次数示意图
资料来源：国土交通省，《我が国港湾へのルーズ船の寄港回数及び訪日クルーズ旅客数について》，2021

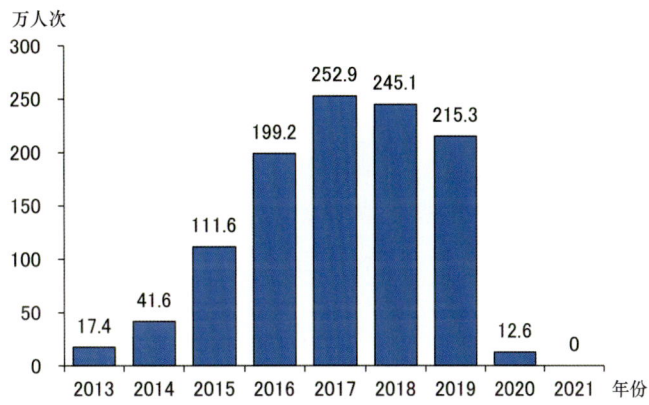

图3-44　访日游轮旅客总人数示意图

资料来源：国土交通省，《我が国港湾へのルーズ船の寄港回数及び訪日クルーズ旅客数について》，2021

2．公共客运码头

为了满足通勤交通、旅游观光等多元化的水上交通需求，东京湾区沿海岸线布局了较为密集的公共客运码头，其中主要的客运码头16个，如图3-45和表3-13所示。各客运码头根据客流需求开通水上巴士线路，并提供网上信息服务，方便市民及旅客出行。结合临海副中心交通需求和滨海城市形态，东京湾区布局了较多小型"船着场"。其中，东京都结合主要城市中心、公园景点及交通枢纽，布局了多达39处对公众开放的"船着场"。

图3-45　东京湾区主要客运码头布局示意图

资料来源：根据东京都、神奈川县、千叶县政府相关资料整理而成

东京湾区主要客运码头一览表　　　　　　　　　　　　表3-13

码头名称	所在区	码头功能	备注
东京国际邮轮码头	东京都	国际及国内客运	发往世界各地及日本全国的邮轮、游船
晴海客运码头	东京都	国内客运	主要是国内轮船，也会停靠外国豪华客船
竹芝客运码头	东京都	休闲船舶	通往伊豆和小笠原群岛的门户
东京港渡轮码头	东京都	国内客运	东京湾区、四国德岛港和九州门司港的渡轮
有明客运码头	东京都	湾区内客运	连接日出码头和临海副都心的海上巴士交通系统，负责有明地区与市中心的交通
川崎国际客运码头	神奈川县川崎市	国际及国内客运	发往世界各地及日本全国的邮轮、游船
横滨大栈桥国际客轮码头	神奈川县横滨市	国际及国内客运	发往世界各地及日本全国的邮轮、游船
新港码头	神奈川县横滨市	—	结合商业设施和酒店，作为新的客船接待设施开放
山下码头	神奈川县横滨市	—	实施山下码头再开发计划，部分货运功能改造为客运码头
大黑码头	神奈川县横滨市	大型客船	停靠着无法通过横滨海湾大桥的大型客船，包括外国客船及不定期客船
千叶港客运码头	千叶县	轮渡	主要是国内轮渡
木更津新港客运码头	千叶县	轮渡	主要是国内轮渡
滨金谷渡轮码头	千叶县木更津港	轮渡	主要是开往湾区对岸久里滨地区的轮渡
馆山客运码头	千叶县	轮渡	主要是国内轮渡
久里滨渡轮码头	千叶县	轮渡	主要是国内轮渡

资料来源：根据东京都、神奈川县、千叶县政府相关资料整理而成

公共客运码头开行了定期和不定期两种类型的航线，定期航线按"定班、定点、定线"运营，由都立公园协会、东京观光汽船株式会社、观光汽船工业株式会社、KMC株式会社等运营商提供服务。2021年，每天运行49个班次，发船频率为1~2班/小时，全年服务旅客约为140万人次。除上述定期航线外，航运公司还通过屋形船、观光船、平船等各种类型客船开展不定期航线业务，包括旅游航线等。东京定期客运航线如图3-46所示。

旅游航线一般采用内部设计较为独特的水上巴士，宽敞的座位区配有大窗户，提供360°的视野，让旅客可以全方位欣赏沿途美景。东京都的旅游航行线路通常从浅草、台场等热门旅游景点出发，途经东京湾的多处著名地标，可以欣赏到东京的现代都市风貌与传统文化交织的美景，城市的天际线、著名的彩虹大桥、东京塔等都一览无余。在航行过程中，游客可以通过船内的音频导览系统了解沿途景点的历史和背景故事。

图3-46　东京定期客运航线示意图

资料来源：东京都政府，《舟運活性化に向けた取組総括》，2023

3. 离岛码头

东京拥有南北绵延1,200公里的"岛屿部"，在行政上分为大岛支厅（大岛町、利岛村、新岛村、神津岛村）、三宅支厅（三宅岛村、御藏岛村）、八丈支厅（八丈町、青岛村、其他直辖地）、小笠原支厅（小笠原村）4支厅2町7村，总面积400.91平方公里。离岛旅游资源丰富，离岛上的客运码头成为登上岛屿的重要基础设施。东京湾区主要离岛及其客运码头如表3-14所示。

<table>
<tr><td colspan="3" align="center">东京湾区主要离岛及客运码头</td><td align="right">表3-14</td></tr>
<tr><td>岛屿</td><td colspan="2" align="center">岛屿主要特征</td><td>客运码头</td></tr>
<tr><td>大岛</td><td colspan="2">位于神奈川县正南方60公里的太平洋中，属于富士箱根伊豆国立公园，自然景观和生态系统得到很好保护，于2010年被认定为日本地质公园</td><td>冈田港、元町港</td></tr>
<tr><td>父岛</td><td colspan="2">位于从东京往南1,000公里的海域，岛上可以享受海龟料理和寿司等乡土料理</td><td>二见港</td></tr>
<tr><td>新岛</td><td colspan="2">位于东京以南163公里处，拥有露天温泉、潜水、冲浪及制作新岛玻璃等旅游资源</td><td>新岛港</td></tr>
<tr><td>母岛</td><td colspan="2">位于从父岛往南约50公里处，因独特的生态系统而受到好评，被列为世界自然遗产；栖息着这里独有的目黑等珍贵鸟类，还能见到海鸟和鲸</td><td>冲港</td></tr>
<tr><td>式根岛</td><td colspan="2">岛上有三个人气景点、天然露天浴场，可尽情感受大自然，放松身心</td><td>野伏港</td></tr>
<tr><td>三宅岛</td><td colspan="2">该岛是大约250种野生鸟类的家园，被称为"鸟岛"；也是著名的火山岛</td><td>三池港</td></tr>
<tr><td>神津岛</td><td colspan="2">海湾上架设全长约500米的木制甲板步道，岛中心位置的天上山可徒步旅行</td><td>神津岛港</td></tr>
<tr><td>利岛</td><td colspan="2">茶花油的产量日本第一，南侧山坡上的绿地公园景色非常壮观，入选新东京百景</td><td>利岛港</td></tr>
<tr><td>御藏岛</td><td colspan="2">保留许多原始的自然风光，森林漫步很受欢迎。岛南部可观赏海豚</td><td>御藏岛港</td></tr>
<tr><td>青岛</td><td colspan="2">距离东京360公里，是伊豆诸岛最南的有人岛，特产烧酒"青酎"很受欢迎</td><td>青岛（三宝）港</td></tr>
<tr><td>八丈岛</td><td colspan="2">是潜水圣地，东京群岛的最高峰</td><td>八重根港</td></tr>
</table>

资料来源：东京都港湾局，《东京都岛屿振兴计划（2023—2032）》，2023

各岛屿自然风光秀美，特色各异。新岛拥有清澈、蔚蓝的海水和翻滚的海浪，还有丰富的海滨温泉，成为冲浪者的天堂。八丈岛周边的海水温暖，为热带鱼类和珊瑚创造了完美的栖息地，尤其适合潜水。大岛以山茶花闻名，旅客可以欣赏大岛公园周围盛放的山茶花，也可以选购采用当地种植的山茶油制成的护肤品。母岛和父岛拥有未被破坏的天然环境，是野生鸟类和其他特色物种的天堂。青岛是一个从海中升起的火山口，游客可在火山口周围煮鸡蛋、蔬菜和其他食物，或者使用岛上的地热设施蒸桑拿。

东京湾区提供了丰富的水上旅游航线，包括航海旅行和特色多岛环游，给旅客带来良好的海上旅游体验。在航海旅行中，客船从东京湾区的城市客船码头出发，经过彩虹大桥、台场等市区主要景点，然后驶出东京湾，旅客可饱览沿线不同岛屿的风光；特色多岛环游在不同岛屿之间都有完善的渡轮往返线路，旅客可以一次游览多个岛屿。东京与主要离岛的交通航线如图3-47所示。

东京湾区各地市民搭乘渡轮前往观光旅游需求日趋增长，东京都也成立了外围团体"东京诸岛观光联盟"，致力于发展离岛旅游。表3-15所示为东京湾区主要客运码头的客运量数据，2020年由于新冠疫情，客流量较2019年普遍有大幅度下降。2023年5月，东京都政府公布了最新的岛屿地区（伊豆群岛）发展规划——《东京都岛屿振兴计划（2023—2032）》，旨在依托岛屿地区独特的自然、历史和文化资源，面向当地居民、企业及游客，将东京都离岛地区打造为宜居宜游的"宝岛"。

图3-47　东京与主要离岛的交通航线示意图

资料来源：根据https://www.islandaccess.metro.tokyo.lg.jp/#mv资料整理

东京湾区主要客运码头客流量（单位：人次）　　　　　　　　　　表3-15

客运码头名称	所属都道府县	2019年客流量	2020年客流量	2020年客流量与2019年客流量比值（%）
东京	东京都	1,790,573	514,593	28.7
横须贺	神奈川县	760,828	505,208	66.4
滨金谷	千叶县	746,898	495,598	66.4
冈田	东京都	343,483	208,460	60.7
二见	东京都	123,946	62,870	50.7
元町	东京都	130,478	48,435	37.1
横滨	神奈川县	544,324	37,588	6.9
馆山	千叶县	36,735	25,028	68.1
新岛	东京都	47,299	23,596	49.9
冲岛	东京都	29,172	22,158	76.0
野伏	东京都	0	17,565	—
三池	东京都	24,335	16,189	66.5

续表

客运码头 名称	所属都道 府县	2019年客流量	2020年客流量	2020年客流量与 2019年客流量比值（%）
神津岛	东京都	41,487	15,094	36.4
利岛	东京都	13,875	7,822	56.4
御蔵岛	东京都	13,890	7,215	51.9
川崎	神奈川县	4,090	2,095	51.2
千叶	千叶县	960	1,392	145.0
青岛	东京都	2,804	1,217	43.4
八重根	东京都	705	738	104.7
木更津	千叶县	848	172	20.3

资料来源：总务省统计局，《統計で見る日本》，2023

水上旅游交通不仅带动了离岛旅游的发展，也有效地促进了城市客运港周边地区的发展。以横须贺港为例，该港口利用丰富的历史和自然景点，开通了十分丰富的观光客运航线，包括通往伊豆群岛和小笠原群岛的航线和近距离观赏美军舰船的"横须贺军港巡游线"，在旅游和居民生活方面发挥着重要作用，当地政府预计未来游船停靠需求会持续增加。

第五节　港口交通衔接系统

港口集疏运系统是与港口相互衔接、主要为集中与疏散港口客货服务的交通运输系统，由铁路、公路、内河组成，是港口与广大腹地相互联系的通道。通过完善集疏运体系，提高运输组织效率，确保各种运输方式分工合理、衔接高效，可进一步发挥港口在综合交通中的作用。

一、以公路为主的交通集疏运系统

从交通集疏运方式看，东京湾区六大港口主要以公路集散为主，公路集散的方式占比均在90%以上。这使得港口成为东京湾区交通最为集中的区域，特别是国际战略港口（东京港、横滨港、川崎港）周边，交通拥堵是一个长期存在的问题。

1. 公路

东京湾区"三环九射"干线道路网呈现以港口为中心的布局形态，形成了港口群面向首都圈腹地的交通运输走廊，物流设施也大多集中在临海地带或高速公路沿线地带，有力地支持东京湾区港口群高效运行。

东京港主要集疏运道路有首都高速湾岸线、湾岸道路（357号国道）、东京港临海线、临港公路南北线、青海纵贯线以及304号、484号、50号、319号、463号、473号等国道线路；横滨港主要集疏运道路有首都高速湾岸线、首都高速神奈川1号横羽线、3号狩场线、5号大黑线、神奈川产业道路、第一京滨线（15号国道）、第二京滨线（1号国道）、16号国道、133号国道、357号国道等；川崎港主要集疏运道路有高速湾岸线、357号国道、409号国道、132号国道、101号国道、皋桥水江町线、高速横滨羽田空港线和高速川崎纵贯线等；千叶港主要集疏运道路有东关东自动车道、东京湾岸道路（16号、357号国道）、千叶街道（14号国道）以及15号、287号国道；横须贺港主要集疏运道路有16号、134号、212号国道和本町山中有料道路；木更津港主要集疏运道路有东京湾岸道路（16号国道）、木更津富津线（90号国道）和馆山自动车道，如图3-48所示。

图3-48　东京湾区港口群道路集疏运网络示意图

资料来源：东京都都市整备局，《CITY VIEW TOKYO version2.0》，2022

2. 铁路

在铁路集疏运方面，由于东京湾区轨道交通网络发达，各港口主要码头大多建设了衔接国家铁路的轨道交通线路，如横滨港建设了本牧线衔接JR线，南侧接入横滨港的本牧C码头和南本牧码头，北侧接入JR线根岸站，通过JR线可与京急本线、横须贺线、JR东海道线、横滨地铁蓝线、根岸线、相模铁道本线、京急东横线以及横滨高速铁道港未来21号线等线路衔接。川崎港则拥有JR鹤见线和东海道货运线两条轨道交通线路，其中JR鹤见线是JR南武线的支线，从滨川崎站出发，经过在川崎港内设大川站、安善站等，最后到达鹤见站；东海道货运线在川崎港内设置浮岛线和千岛线两条支线，使千岛町站、浮岛町站、末广町站与川崎货运站相连。横滨港和川崎港的货运轨道交通系统如图3-49所示。

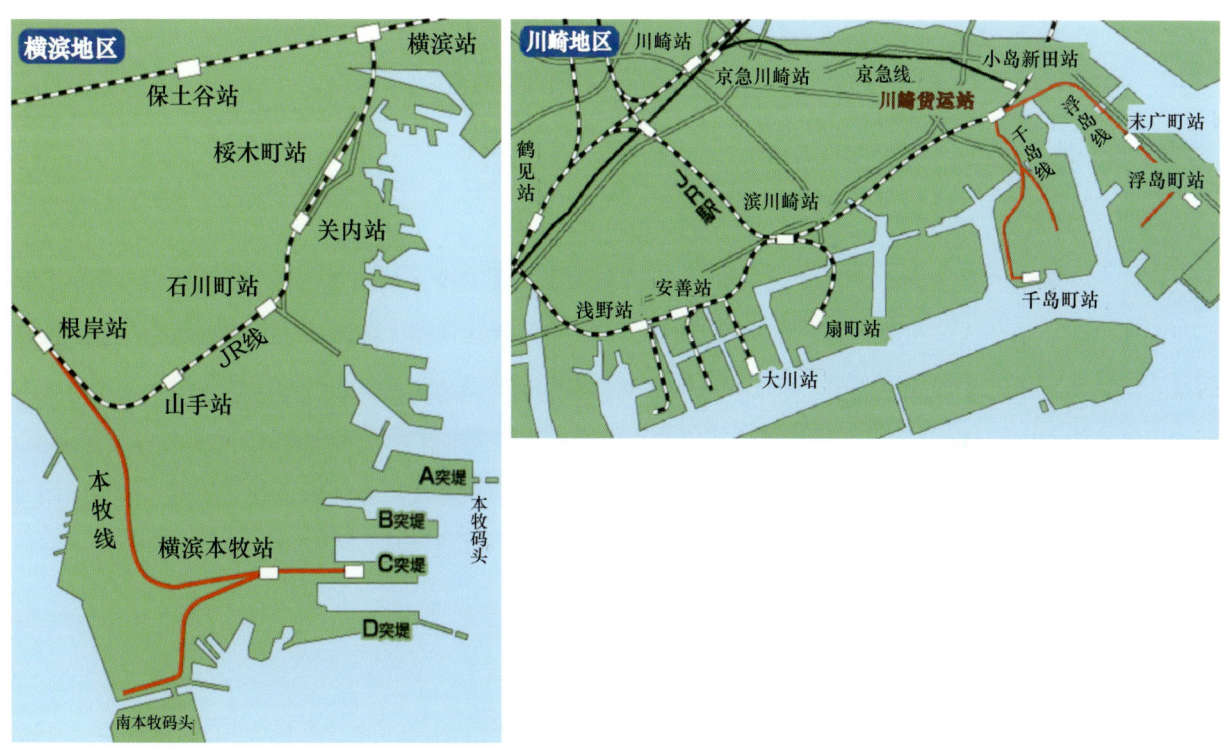

图3-49　横滨港（左图）和川崎港（右图）的货运铁路系统示意图

虽然JR货运公司已经建成覆盖全日本的铁路运输网络，但铁路货运没有得到充分利用，主要原因参见本书第五章第五节相关内容。

3. 水运

在东京湾区六个港口之间的货物运输方面，水水转运也是一个重要的方式，使得以钢铁、石油、化学产业为主的临海重工业实现内部物流输送，极大地提升了效率。近年来，日本货车驾驶员短缺问题较为严重，公路运输出现向内河运输转移的迹象，内河运输的份额呈上升趋势。未来，随着日本老龄化社会的进一步发展，在货车驾驶员不足、劳动限制和环境限制强化等背景下，预计公路向内航海运模式转移的趋势将继续发展，水运的作用将愈发重要。2004—2015年日本国内货运方式变化情况如图3-50所示。

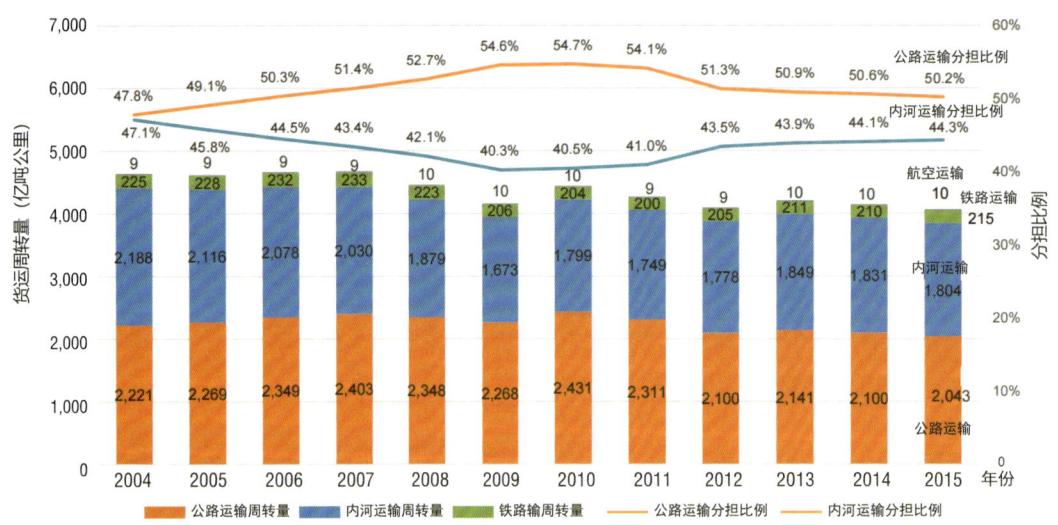

图3-50　2004—2015年日本国内货运方式变化情况
资料来源：国土交通省，《国際バルク戦略港湾政策及び港湾の中長期政策について》，2018

二、发达的轨道交通支撑临海副中心开发

　　东京湾区密集的轨道交通网络为港口的城市开发提供了良好支撑。东京港核心用地范围内布局了东京临海高速铁路（临港线）和东京临海新交通临海线，东京临海高速铁路（临海线）从连接JR京叶线、武藏野线、地铁乐町线的新木场站出发，经过滨海城市中心的东京电信站和天王州岛站后，到达连接JR山手线和湘南新宿线的大崎站；东京临海新交通临海线从市中心的新桥站出发，经过临海副中心，连接丰洲码头，是一条自动驾驶的新型高架轨道交通线路。这些轨道交通线路为东京港内部的城市开发区域、景观公园及客运码头等提供良好的接驳服务。临海副中心轨道交通网络布局如图3-51所示。

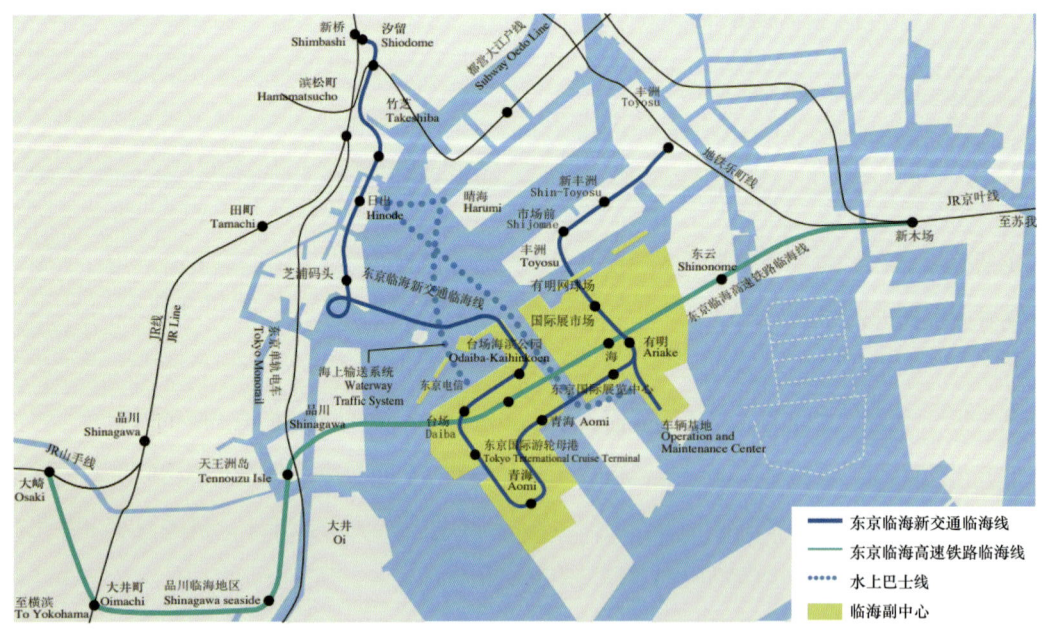

图3-51　临海副中心轨道交通网络布局示意图
资料来源：东京都港湾审议会，《東京港第9次改訂港湾計画に向けた長期構想》，2021

第六节　港口群发展协调机制

东京湾区港口群之所以能够形成合理分工，与日本港口管理体制有密切关系，具体包括：权责清晰的管理经营体制、中央政府统筹的港口规划制度和多领域、多类型的跨区域协调机制。

一、中央统筹、地方管理、企业经营的港口管理体制

日本港口由中央政府、地方政府和港口经营企业共同参与管理，从事权划分看，形成了中央统筹、地方管理、企业经营的发展模式，港口发展和经营管理的机构框架在《港湾法》中得到规定。

1. 中央政府

日本政府高度重视港口发展，把港口视为关乎国家经济发展的核心。《港湾法》明确规定中央政府可以统一指定和管理全国的港湾，因此，国土交通省掌握了港口规划建设管理的最终权力，以"中央统筹"模式确保国家意志得以落实。

日本国土交通省代表中央政府制定基本政策和法律、实施港口布局宏观调控、承担港口建设投资等。具体包括：制定国家港口发展政策，为港口管理和发展制定必要的法律和规章，并根据社会和经济形势变化修改这些基本政策；就港口管理和发展向地方港口管理机构提供指导；审核和协调重要港口的发展规划，确保其与全国港口政策、全国交通量预测及其他相关标准相吻合，避免不必要的投资和设施的重复建设；为港口建设项目融资，与地方政府一道按照费用分摊制度从税收中划拨港口项目所需的资金，确定全国众多港口项目的资金分配和预算；开发和维护港区外的航道；为港口规划、设计和建设制定技术性标准，保证港口设施的安全性和经济性，并考量新技术的发展和更新港口设施的技术标准；开展自然条件调查，负责有关地理、大气和海洋条件的数据收集与分析工作。

2. 港口管理机构

中央政府充分调动地方政府在港口规划建设上的积极性，面向21世纪提出了"地方时代"的口号，赋予地方港口管理机构基本管理权，以更好地推动区域经济发展。

港口管理机构是指地方政府或地方政府设立的港口管理局，主要职能是负责港口发展和经营管理。具体包括：制定港口发展规划；在港区进行围填土地工程；实施港口设施的建设和维护工程，确保港口设施维持在良好的营运状态；保持和改善港口的环境条件（如船舶油污处理、污染应急计划、临海休闲设施）；采用许可证制度管理港口土地和水域的公私使用；控制港区内及附近土地和水域的无序使用；对水上设施和公用系泊设施的使用执行必要的规章制度；与其他有关部门协作保障港区安全（如船舶航行、危险货物装卸、车辆交通等）；制定港口费率，向港口用户收取规费；安装必要的消防和抢救设施，提供围油栅、化学药剂及其他物资供发生油污时使用；对港口发展进行调查、研究及编制统计数据，为港口进行宣传；保障港口服务的充足供给（供水、加油等）；建造和管理供海员与工人使用的福利设施；提供港口发展和管理所必需的其他服务，如市场推广和公关活动。

3．港口经营企业

在港口经营管理上，日本政府强调港口企业的独立经营权，实施"政企分开，自主经营"模式。具体包括：禁止港口管理机构从事私营企业有能力开展的港口相关业务活动，以避免和私营企业竞争；禁止港口管理机构妨碍和干涉私营企业的正常业务活动，禁止港口管理机构在设施利用、港口经营管理等方面对任意一方给予歧视性待遇，政府仅通过法律、财税等手段对港口经营企业进行宏观指导与调控。

港口经营由许多专业分工企业共同负责，主要职责包括：为船舶提供通信、领航、拖带及修理服务，安排船舶进出港的代理服务，提供燃油、水、食品、设备等供应服务，为发货人和收货人提供货运代理及仓储服务，以及港口货物搬运及运输服务等。

二、央地共商的港口规划制度

早在1949年，日本港口管理机构就认识到：对于每个港口，从整个国家的角度来看，都应该有一个计划，即每个港口应该有多大，因为它过大就有可能剥夺了其他港口的繁荣，最终打破整个国家的平衡，因此国家需要对港口建设和管理机构进行监督。在这种理念下，日本构建了包含全国性和地方性两个层级的港口规划体系。

全国性港口发展规划由国土交通省制定，主要内容是制定全国港口发展重点战略，绘制未来港口发展蓝图，指导各都道府县及港口城市的管理者据此制定各具地方特色的港口发展规划，引导港口投资方向和节奏，还提供了政府对国内外政治经济形势的分析，引领地方适应国际化环境并与国际接轨。地方性港口规划由港口管理机构或地方政府负责编制，规划对象为辖区内的港口，规划以全国性港口基本政策为依据，重点体现地方特色和发展利益，以布局图和报告等形式将各种港口设施的规模与分布情况具体化。

从全国性港口规划编制程序来看，国土交通省根据全国综合发展规划制定港口基本政策，形成草案后由港湾理事会（全国性）审议，根据其意见修改完善后，正式下发全国性港口基本政策和规划标准。港湾理事会是国土交通省的咨询机构，理事会成员包括港口使用者（如港口企业、沿海制造业）代表，市、县长官理事会的代表，大学教授，全国性报刊编辑和有关政府部门人员。

从地方性港口规划编制程序来看，各地港口管理机构依照全国性港口基本政策和相关地方城市综合发展规划，并结合自身港口沿岸资源条件、自然条件、需求预测、环境特征等，制定自己的港口规划长期政策草案；接着，将草案提交当地港口理事会审议（地方政府及港口管理机构的咨询单位）；最后，港口管理机构将通过当地港口理事会审议的港口规划提交国土交通省审核，对于重要港口，还须由全国性港湾理事会参与审查，若港口规划与全国性港口基本国策和规划标准存在矛盾，可要求港口管理机构对港口规划进行修改，若经研究无意见，则港口规划即可获批并公布。港口管理机构根据发展形势的判断也可以适时对地方性港口规划作出调整和修改。

港口规划通过批准后，各地港口管理机构据此制定五年实施计划，并分解为年度工作计划，据此向国土交通省提出预算申请。同时，全国性港口投资计划纳入全国政府长期投资规划中，经内阁会议批准后，政府按照额度向各港口划拨年度港口投资，不在计划内的其他建设公共设施所需资金应由港口管理机构自行筹措。任何民营开发项目均须由港口管理机构按港口规划加以审查并给予许可。

日本港口规划编制流程如图3-52所示。

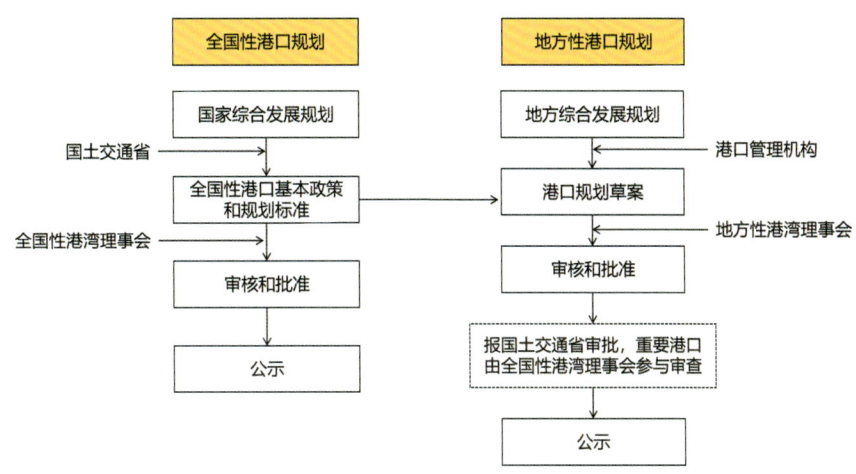

图3-52　日本港口规划编制流程示意图
资料来源：国土交通省，《国際バルク戦略港湾政策及び港湾の中長期政策について》，2018

日本港口规划制度有以下两个特点。

第一，港口规划与建设的主导权本质上在中央政府手中。虽然地方有开展辖区港口发展规划的权利，但其规划依据的全国性港口基本政策和规划标准由国土交通省负责制定，国土交通省也会从整体层面审核各港口规划草案，若认为有必要，可以要求地方修改发展规划，以避免各港口之间恶性竞争。

第二，港口规划编制过程中极大地吸纳了社会各界的意见，最终反映了各界共识。无论是全国性港口规划还是地方港口规划，在编制过程中都必须采纳港湾理事会的意见，避免地方政府对发展港口的盲目冲动。

三、多层次的区域协调机制

东京湾区港口众多，各地方政府编制辖区港口规划时如何协调？同时，港口与国土、产业、交通等领域密切相关，这些领域也会编制规划，港口与其他专业之间如何衔接？要解决上述问题，从东京湾区港口群发展经验看，构建区域协调机制格外重要。

早在1950年，日本制定的《港湾法》就明确规定，若国土交通省认为有必要，可以要求或建议相关港口管理机构建立联合委员会，以加强彼此的沟通和协调。1967年，东京都港湾局出台《东京湾港湾计划的基本构想》，首次提出将东京港、千叶港、川崎港、横滨港、横须贺港、木更津港、船桥港（于1968年并入千叶港）进行有机整合，形成广域港湾，提升港口群竞争力，作为一个整体参与世界港口竞争。1976年，东京湾区港口群第一个区域协调机构——首都圈港湾联席推进协议会成立，该机构于1996年改名为"东京湾港湾联席推进协议会"，2002年重新改回"首都圈港湾联席推进协议会"。该协议会由关东地区各港口的管理机构以及关东地方整备局构成，主要职能涉及保护航道、相邻沿岸区域的开发和与之有关的重要规划、规划调整和调查研究，以及与港口开发密切相关的湾区土地利用。在东京湾区港口发展及区域开发中，该机构起到重要的协调作用。

21世纪后，亚洲各国开始积极发展海运事业，日本港口面临竞争力下降问题。2008年，东京都、川崎市和横滨市三地政府同意推动进一步合作，成立京滨港协议会，以关系密切的东京港、川崎港、横滨港3个港口作为一个整体，统称"京滨港"。并联合制定了《京滨港综合计划》，按照优势互补原则，进一步加强协调，如东京港背靠市区，打造为东京市民提供高效物流的港口；川崎港利用先进的仓库设施，打造进口商品货物输入枢纽；横滨港则利用天然深水岸线接收国际大型船舶等，最大限度地发挥京滨港的经济实力和潜力。

第七节　对粤港澳大湾区的启示

粤港澳大湾区的主要港口有香港、深圳、广州等枢纽港口，以及珠海、东莞等地方港口，其地理位置邻近"21世纪海上丝绸之路"的核心区域东南亚和南亚地区，经济上具有改革开放的先发优势和政策优势。本书针对其港口群功能定位认识不足、同质化竞争激烈、港城矛盾激化、协调机制体制缺乏等问题，提出以下几点建议。

（1）提升战略定位，共建粤港澳大湾区国际航运中心

国际经济发展与全球产业转移，为国际航运及港口发展变迁提供了"外在"的市场需求条件。随着世界制造中心的转移，全球港口经历了欧洲集群—北美集群—亚洲集群转移的演变过程，东京湾区借此机遇实现了港口城市向国际航运中心的转变，港口兴衰反映出世界经济形势、海洋运输格局、产业结构变迁轨迹。可以看到，随着产业经济发展演变，东京湾区港口群虽然货物运输量在下降，但仍坚持不断增强航运服务业，提升东京国际航运中心地位，进而提升日本国际经济竞争力。

当前，世界百年未有之大变局加速演进，经济全球化遭遇曲折困难，逆全球化思潮抬头，单边主义和保护主义显现；中国通过"一带一路"倡议与东盟、非洲等地区合作深入推进，加速构建国内国际双循环格局。粤港澳大湾区作为全国性的经济发展引擎，要顺应国内和国际发展形势，推动深圳港、香港港、广州港及其他港口携手合作，共建国际航运中心，具体包括：加快构建粤港澳大湾区组合港体系，推动建立港口合作链；推动粤港澳大湾区在货物和服务贸易、现代航运服务业及"走出去"等方面进行更紧密的合作，延伸港航合作价值链，提升港航增值服务能力，将粤港澳大湾区港口群建设成为"21世纪海上丝绸之路"的排头兵和主力军，与新加坡港、横滨港在国际航运中心建设中展开竞争，支撑粤港澳大湾区参与国际经济竞争。

（2）优化港口群的功能分工，提升整体竞争力

东京湾区港口群通过城市临港产业确定港口功能分工，实现错位发展，避免了过度竞争。当前，粤港澳大湾区港口群功能分工尚未形成，主要表现在以下三方面。一是深圳港与香港港的集装箱吞吐量接近，运输的货物类型相似，功能重叠明显。香港为自由港，本港的制造业体量小，港口货物吞吐以外贸为主，随着珠三角地区其他港口的发展，香港港口的腹地正在缩小，香港货柜码头曾连续11年蝉联全球港口货柜吞吐量第一，但近年规模不断萎缩，2023年更首次跌至全球第11位。同时，深圳港也是以外贸为主，2022年深圳港货物集装箱吞吐量为3,003万标准箱，其中进出口集装箱吞吐量约2,700万标准箱，占比为90%，两个港口之间的运营存在激烈竞争。二是广州作为传统的内贸中心，其建设南沙深水港，发展集装箱泊位和远洋集装箱航线，将进一步加剧与香港和深圳在外贸上的竞争。2022年广州港货物集装箱吞吐量为2,485万

标准箱，集装箱班轮航线260条，其中外贸航线154条。《广州港口与航运"十四五"发展规划》提出，争取到2025年广州港实现港口集装箱吞吐量达到2,800万标准箱，集装箱班轮航线特别是外贸航线持续增加，区域主要港口竞争将进一步加剧。三是粤港澳大湾区港口有着相同或者重叠的经济腹地，地方港口各自为政，为争夺货源，港口之间也存在激烈竞争，港口群无法发挥最大的竞争力和社会经济效益。

结合城市产业、港口条件等要素特征，系统性优化各港口功能分工，实施差异化经营，合作中寻求整体利益兼顾各方利益最大化，提升港口群整体国际竞争力。首先，科学分析经济腹地的发展前景，预测港口群的整体货运量，为确定各港口未来的吞吐量提供坚实基础。其次，结合港口区位条件等要素特征，系统性优化各港口功能分工。例如，香港在国家推动的双循环新发展格局中，扮演着重要的国际方向角色，香港港可定位为中转型港口，作为国内大循环和国际大循环的重要枢纽；深圳和广州作为大湾区核心引擎和人口重镇，其港口要重点服务城市产业发展和生活物资输入，深圳港承担粤港澳大湾区制造业出口，广州港则以内贸为主。各港口实现差异化发展，能够有效避免过度竞争，提升整体竞争力。

（3）优化港口发展协调机制，加强中央政府与地方政府的协同

东京湾区港口群发展过程中，中央政府从宏观角度协调港口群的发展方向，地方政府相应制定详细港口发展规划，并保障港口的高效营运。同时，东京湾区建立了东京湾港湾联席推进协议会机制，以共商共议的方式推进区域港口的发展，取得显著成效。

我国港口发展机制与日本相似，中央政府主要负责制定港口发展的宏观政策，推动港口行业的整体规划和协调发展，地方政府则更侧重于港口的具体建设和运营管理。然而，在实际执行中，中央政策与地方实际情况时常存在脱节，导致政策实施效果不尽如人意；地方政府可能过于追求港口规模和吞吐量，而忽视了港口的实际效益和可持续发展，导致资源浪费和无序竞争。在粤港澳大湾区三大核心港口规划中，均提出大幅提升货物处理能力，深圳港和广州港均提出2035年集装箱吞吐量达到3,600万标准箱，香港港2030年增加至3,150万标准箱，总和约为三大港口现状吞吐量的1.6倍。在我国转变经济发展方式、港口货源增速放缓的背景下，三大港口在基础设施建设上不断加大投入，极有可能导致能力过剩和资源浪费。

粤港澳大湾区包括香港、澳门以及广东的9座城市，建立有效的发展机制对保障政策的有效实施和港口群的健康发展至关重要。首先，在"一国两制"的制度架构下，应强化国家在港口群发展中的领导力和话语权，由中央政府牵头建立粤港澳大湾区港口群发展协调机制，与地方政府加强信息共享和沟通，通过联合调研、规划编制、专题研讨等方式，科学决策粤港澳大湾区港口群空间布局和发展定位，确保中央政策执行的一致性和有效性。其次，开展粤港澳大湾区港口群规划，立足整体，科学预测港口吞吐量，明确各港口的发展定位与规模。最后，在地方层面，建立粤港澳大湾区港口发展的协调机制，人员构成上可以吸纳各地港口主管部门、经营管理方、资深港口专家以及相关利益主体，在政府与市民间形成广泛、多层次的协商机制，就港口发展加强协调和合作，推动形成港口群发展合力。

（4）顺应城市发展和产业升级，推进港城融合发展

港口发展须顺应城市发展趋势，随着城市产业结构的不断调整，港口发展必须转型以贯彻交通、产业、空间协同发展理念。早期，东京湾区工业区建设依托港口，大型港口成为工业原料、燃料的供给地和成品出口地。在这个时期，滨海空间功能结构较单一，多以工业、制造业、渔业等为主导产业。随着产业发展

升级，东京湾区港口服务业如仓储、运输、物流、加工、餐饮、物业、贸易、保险、船舶代理、金融结算、信息、口岸等快速发展，近年更是向金融、信息等现代服务业发展。近一阶段东京湾区更加注重港城融合，港口空间规划逐渐打破传统的功能分区的理念，进行混合使用功能规划，有意识地将商业、旅游、餐饮、办公、居住等各种功能合理地安排进港口及沿岸空间，增加滨海空间的人流和活动量，有利于增加滨海空间的吸引力，使海洋城市空间具有多样性、公共性和延续性。

当前粤港澳大湾区产业结构正在深刻变革，深圳致力于成为国际科技创新中心，产业逐步由劳动资源密集型向技术创新密集型转变；香港持续向国际化方向发展，巩固其全球金融、贸易和物流中心的地位；广州的先进制造业和现代服务业也在进一步发展壮大。在此背景下，粤港澳大湾区港口群发展要高度重视与城市协调发展。以深圳西部港区与前海中心的港城矛盾问题为例，可开展以下工作：一是在粤港澳大湾区港口群视角下，探讨西部港区的功能定位和发展规模，推动港区功能的优化整合，减少港口工业用地，将其建成集约、高效的现代化港口；二是结合前海中心国家战略，优化港口及周边地区用地规划，改变单一仓储用地性质，适当增加航运业相关的商业、办公综合性设施用地，并结合岸线安排滨海公园等公共空间，增加海洋城市空间的吸引力；三是加强港区与港口后方一体化的管理，规范后方空间秩序，引导仓储物流用地围绕航运服务、保税等重点临港产业发展，缓和港城矛盾。

（5）构建多元化的客运码头，支撑海洋强国战略

东京湾区将水上客运作为一种重要的交通方式，开行了大量往返日本国内其他地区的长途渡轮航线及湾区城市之间的中短途渡轮，特别是东京湾区拥有较多离岛，旅游资源丰富，水上交通是往返岛屿不可或缺的交通方式。随着经济发展和居民生活水平的提高，居民对豪华游轮、游艇等水上旅游休闲活动的需求日益增长，东京湾区沿海岸线布局了包括大型邮轮码头、轮渡码头、游艇码头、休闲船舶码头等多种类型的客运码头，满足多元化的水上交通需求。

当前，粤港澳大湾区水上客运交通滞后于经济发展，码头类型及数量均不足，如深圳当前主要码头只有蛇口邮轮母港和机场福永码头，以客运为主，无水上休闲功能。随着海洋强国战略实施和旅游产业快速发展，粤港澳大湾区亟待完善水上交通设施布局，构建包括滨海休闲旅游、水上观光和水上客运等功能的多元化码头发展格局，满足国内及国际邮轮出行需求，推动养生休闲、医疗度假、生态体验、运动娱乐等多元化海洋旅游业发展，为国内外游客提供差异化的水上游玩体验。

（6）加强疏港交通系统建设

东京湾区港口的货运吞吐量远远低于粤港澳大湾区，其集装箱吞吐量最大的东京港2019年货运吞吐量为827.6万标准箱，而同期深圳港为2,577万标准箱，广州港为2,324万标准箱，香港港为1,836万标准箱，货物集疏运压力远大于东京湾区港口。

粤港澳大湾区要加强港口集疏运体系建设，可沿京九、京广、南广等主要干线铁路布局建设内陆无水港，提高港口海铁联运比例；加密珠三角地区驳船快运网络，畅通珠江—西江内河集装箱驳船运输通道，对接北部湾地区，丰富港区江海联运网络；推动临港道路货运用地空间和功能优化，推动道路运输基础设施优化，缓解港城矛盾。同时，加速硬件设施互联互通，加强大湾区各港区联动，共建共享水路、铁路、公路集疏运体系，加强湾区空箱堆场、拖车服务等公共服务。

第四章

东京湾区
机场群

　　机场群是指以一或两座枢纽型机场为核心，以若干规模相对稍小的机场为辅助，形成以协同运行和差异化发展为主要特征的多机场体系。机场群是依托城市群而出现和发展的，城市群是机场群的载体。东京湾区机场群是一个以成田、羽田双机场为主，以茨城机场等支线机场为辅，共同服务东京湾区航空运输需求的多机场体系，在促进国际和国内人员交往、对外贸易、旅游发展等方面发挥了重要作用。

第一节　机场群布局体系

一、机场的分类

　　长期以来，日本对机场实行分类管理。1956年，日本政府制定了《空港整备法》，该法律按照机场承担的功能和作用将机场分为四类，"国际航线所需机场"被划分为第一类机场，"主要国内航线所需机场"被划分为第二类机场，"确保地方性航空运输所需机场"被划分为第三类机场，与自卫队机场一并设置的"共用飞机场"为第四类机场。

　　2008年，为了满足各地机场发展需求，日本政府将《空港整备法》修订为《空港法》，对机场的分类也进行了调整。调整后日本机场分为四类：第一类为枢纽机场，作为国际航空运输网或国内航空运输网的枢纽；第二类为地方管理机场，即对形成国际航空运输网或者国内航空运输网起重要作用的机场；第三类为其他机场，主要是较小的民用机场；第四类为军民共用机场。其中，枢纽机场包括以下三类机场：①公司管理机场，指公司设置并管理的机场；②国家管理机场，指由国家设置并管理的机场；③特定地方管理机场，指由国家设置、地方公共团体管理的机场。地方管理机场是指由地方公共团体设置并管理的机场。其他机场是指除枢纽机场、地方管理机场及公共直升飞机机场外的其他机场。军民共用机场是指由自卫队等设置并管理的机场。

　　日本政府如此调整的主要目的是更有效地管理不同类型的机场，确保机场运营符合其定位和需求。调整后的分类除了考虑机场的功能和作用，机场的管理单位也是一个重要考量因素。

　　截至2022年4月1日，日本共有97座机场（不包括直升机场和非公共机场），其中枢纽机场28座，地方管理机场54座，其他机场7座，军民共用机场8座，初步形成了以东京为核心的东京湾区机场群、以大阪为核心的大阪机场群、以名古屋为核心的名古屋机场群三大区域机场群。日本机场分类如表4-1所示。

日本机场分类　　　　　　　　　　　　　　　　　　　　表4-1

类别	管理机构	数量（座）
枢纽机场	株式会社	4
	国土交通省	19
	特定地方管理机构	5
地方管理机场	地方公共团体	54

续表

类别	管理机构	数量（座）
其他机场	地方公共团体	7
军民共用机场	防卫省	6
	美军	2
合计		97

资料来源：国土交通省，《空港一览》，2024

二、机场的布局

　　东京湾区作为日本乃至全球空运最繁忙的地区之一，目前拥有具有民用运输功能的机场共9座。其中，依照《空港法》分类，枢纽机场2座，分别是羽田国际机场和成田国际机场；地方管理机场5座，分别是大岛机场、新岛机场、神津岛机场、三宅岛机场、八丈岛机场，主要是游览岛屿的直升飞机起降点；其他机场1座，为调布机场；军民共用机场1座，为茨城机场。形成了由2座核心机场、1座次级机场和6座支线机场组成的层级结构。东京湾区主要民用机场分布情况如图4-1所示。

　　东京湾区机场的管理机构、所在地、跑道尺寸及建成时间如表4-2所示。

图4-1　东京湾区主要民用机场分布情况（不含离岛机场）

东京湾区机场一览表　　　　　　　　　　　表4-2

名称	管理机构	所在地	跑道尺寸（米）	建成时间
成田国际机场	成田国际机场株式会社	千叶县成田市	4,000×60	1978年
			2,500×60（3,500×60）	2009年（2029年）
			（3,500×45）	（2029年）
东京国际机场（羽田国际机场）	国土交通大臣	东京都大田区	3,000×60	1988年
			2,500×60	2000年
			3,360×60	2014年
			2,500×60	2010年
调布机场	东京都	东京都调布市	800×30	2001年

名称	管理机构	所在地	跑道尺寸（米）	建成时间
茨城机场 （百里飞行场）	防卫大臣	茨城县小美玉市	2,700×45	2010年
			2,700×45	2010年
大岛机场	东京都	东京都大岛町	1,800×45	2002年
新岛机场	东京都	东京都新岛村	800×25	1987年
神津岛机场	东京都	东京都神津岛村	800×25	1992年
三宅岛机场	东京都	东京都三宅村	1,200×30	1976年
八丈岛机场	东京都	东京都八丈町	2,000×45	2004年

注：表中括号内为正在规划或在建，跑道对应计划投入使用时间；数据来源为东京都政府，《管内空港の概要》，2023。

　　羽田国际机场和成田国际机场作为机场群中的核心机场，在航线网络功能和业务量规模上占比远高于机场群内其他机场。2019年，两大核心机场旅客吞吐量占比达到98.2%，其余7座机场客流总和占比约1.8%。近年来东京湾区各民用机场旅客吞吐量如表4-3所示。

东京湾区机场旅客吞吐量（单位：万人次）   表4-3

名称	2016年	2017年	2018年	2019年	2020年
成田国际机场	3,657.9	3,863.2	4,067.5	4,241.4	299.7
羽田国际机场	7,881	8,316.3	8,489.4	8,692	2,003.8
茨城机场	61.2	68.1	76.1	77.6	20.9
调布机场	9.8	10.3	10	9.5	5.5
大岛机场	2.7	2.6	2.6	2.4	1.4
新岛机场	3.3	3.4	3.3	3.2	1.9
三宅岛机场	2.3	2.6	2.8	2.9	1.7
八丈岛机场	19.4	20.6	21.1	20.7	9.7
神津岛机场	2.2	2.4	2.3	2.2	1.4
合计	11,639.8	12,289.5	12,675.1	13,051.9	2,346

资料来源：国土交通省，《数字でみる航空》，2020

三、机场的作用

　　机场是城市对外交流合作的重要通道，美国俄亥俄州前航空局长诺姆·克拉布特里（Norm Crabtree）曾于20世纪50年代说过："每座城市都有主要街道，但最重要的街道是机场跑道"。东京湾区依托方便、快捷的航空运输，更全面、更深入地融入全球产业分工，在全球范围组合成联系密切的城市网络。

1. 机场是沟通全球的重要桥梁

日本是全球第四大经济体，与世界经济联系紧密。由于日本人口老龄化严重，社会劳动力严重不足，因此日本出台各项政策来吸引跨国公司和具有专业技术特长的外国人。2021年，财富全球500强公司中有47家总部设在日本，在日本工作的外国劳工人数约为173万人，其中东京湾区人数为87万人，约占全国外籍劳工人数的50%。2016—2021年东京湾区外籍劳工人数总量如图4-2所示。

同时，东京湾区拥有丰富多彩的自然、历史、文化等观光资源，对外国特别是东南亚国家的游客具有较强的吸引力。2019年，到访日本的外国游客数量为3,188万人次，日本出国人数2,008万人次，航空以速度快、网络覆盖广和高效便捷的特点成为长途旅行的首选，特别是日本作为一个岛国，众多国际机场为外国旅客航空出行提供了得天独厚的条件。2003—2023年访日外国旅客人数变化情况如图4-3所示。

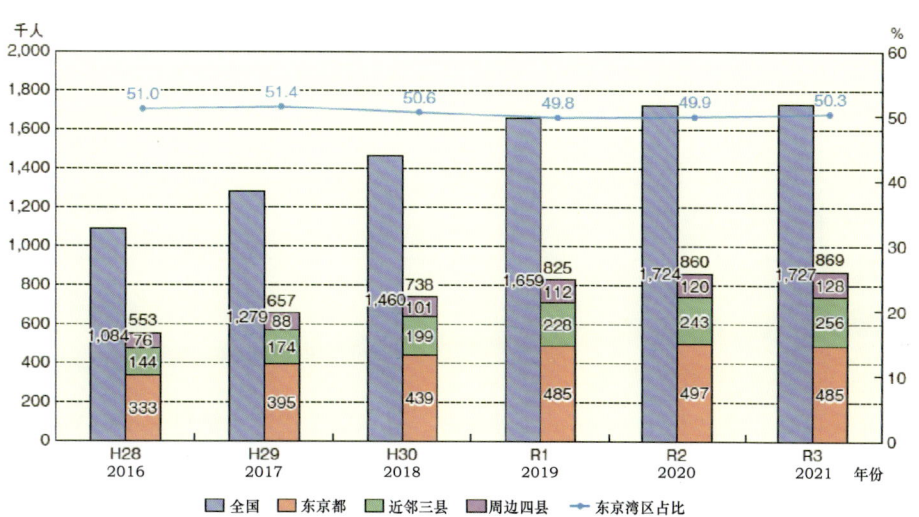

图4-2 东京湾区外籍劳工人数总量
资料来源：国土交通省，《平成29年国土交通白书》，2018

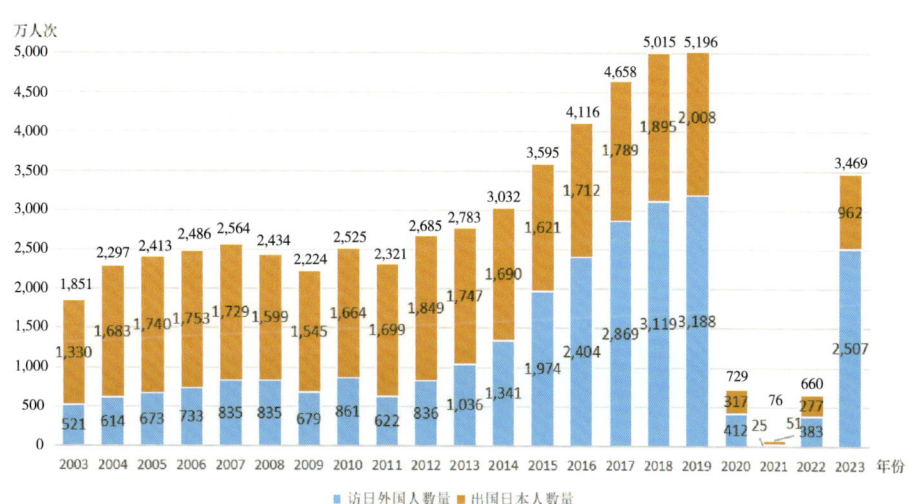

图4-3 2003—2023年访日外国旅客人数及日本出国人数变化情况
资料来源：观光局，《访日外国人旅行者统计》，2023

　　2019年，东京湾区机场服务国际访日外国旅客数量达1327万人次，约占全国人数的42%，其中，由成田国际机场入境的访日外国旅客量达到898万人次，是2012年的2.5倍，约占全国访日外国旅客总量的29%；由羽田国际机场入境的访日外国旅客量为429万人次，是2012年的3.9倍，占全国的14%。日本主要机场入境访日外国旅客数量如表4-4所示。

日本主要机场入境访日外国旅客数量　　　　　　　　　　　　　　　　　　表4-4

机场	2012年		2019年	
	入境外国旅客数量（万人次）	占比（%）	入境外国旅客数量（万人次）	占比（%）
成田国际机场	360	42	898	29
羽田国际机场	111	13	429	14
关西国际机场	180	21	838	27
中部国际机场	51	6	178	6
福冈机场	51	6	214	7
新千岁机场	26	3	173	6
那霸机场	34	4	165	5
地方空港	43	5	169	6

资料来源：观光局，《訪日外国人旅行者統計》，2023

2. 航空是国内中长距离的重要交通方式

　　自20世纪60年代以来，得益于日本经济的高速发展，日本航空旅客运输量呈现持续增长的趋势。1970年，日本全国总人口约1.03亿，民航旅客运输量约1,700万人次；至2019年，日本总人口约1.25亿，民航旅客运输量已达到约1.3亿人次（国内旅客运输量为10,678万人次，国际旅客运输量为2,346万人次）。其中，东京湾区机场群合计旅客运输量6,587.5万人次，在全国占比50.7%。2011年，日本福岛核泄漏事故重创日本旅游业，外国人赴日旅游人数减少，另外九州新干线鹿儿岛线的开通也分流了部分国内中长途客流，日本航空旅客运输量在此之后呈现微弱下降的趋势。1970—2020年日本总人口与航空旅客量变化情况如图4-4所示。

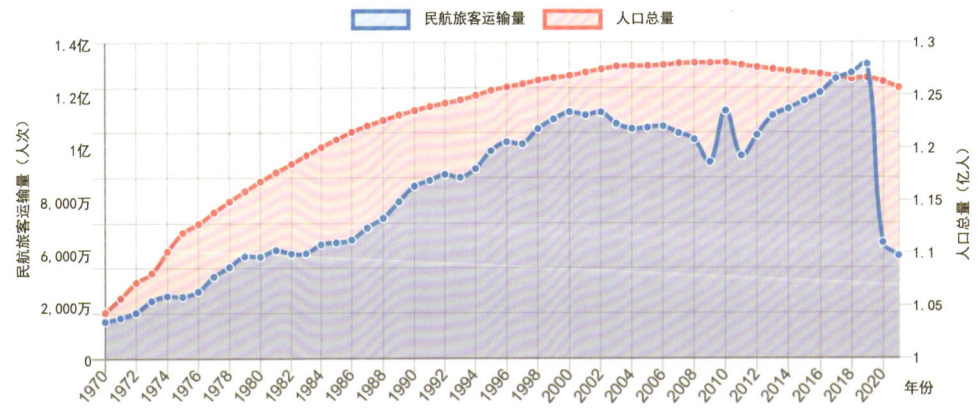

图4-4　日本人口总量与民航旅客运输量变化情况（1970—2020年）
资料来源：国土交通省，《我が国の航空旅客輸送の動向》，2020

与铁路、公路运输相比，航空运输速度快、机动性好、安全舒适，在旅客和高价值货物的中长途运输中具备比较优势。随着新干线的建设，航空和高速铁路在中长距离区间展开了竞争。出行距离为500公里左右时，如东京至大阪，航空出行与新干线出行相比处于劣势；出行距离为700～800公里时，如东京至广岛，航空旅客为新干线旅客的1倍以上；在更远的东京至北海道、东京至九州之间，几乎所有旅客都选择飞机出行。可见，航空在日本国内长距离运输中占据着主导地位。2004年东京湾区至国内主要地区的交通出行比例如图4-5所示。

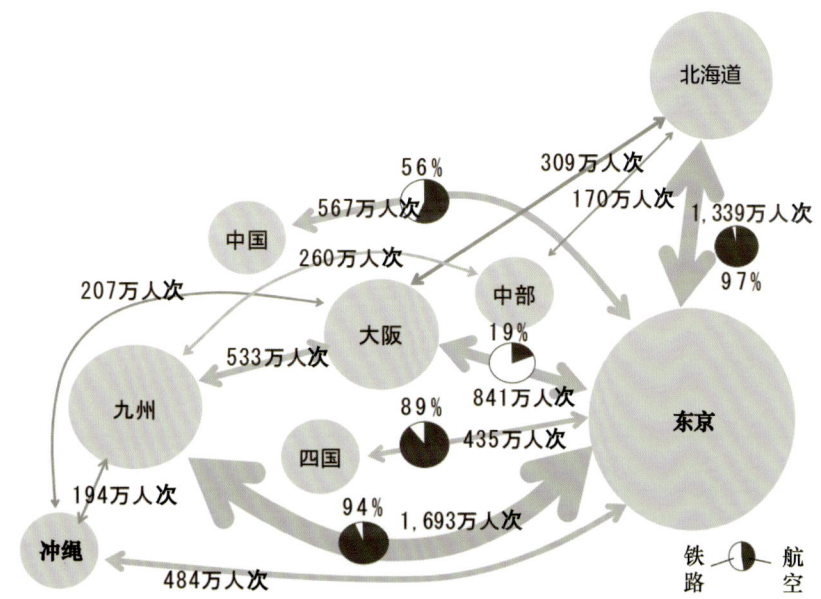

图4-5 2004年日本国内主要地区之间航空旅客出行人次及相对于铁路出行的份额
注：图中"中国"为日本八大区域之一，其他七个地区分别为北海道、东北、关东、中部、近畿、四国、九州。
资料来源：泉正史，《観光と航空輸送》，2006

3. 航空促进地区经济和城市发展

航空客运对社会经济发展的贡献是不可忽视的，航空客运业可创造大量就业机会、促进国际交流和旅游业的繁荣。国际民航组织统计数据表明，每100万航空旅客1年至少可以为城市创造1.3亿美元的经济效益。[①] 一般来说，机场规模越大对地区经济发展的贡献越大。根据中国民航高质量发展研究中心2020年6月发布的《中外民航数据统计与比较研究（2019）》的数据，2017年，日本民航业直接经济贡献为299亿美元，间接贡献为240亿美元，诱发贡献为181亿美元，旅游催化贡献为455亿美元，总贡献为1,175亿美元，占日本2017年GDP的2.71%。

根据国际民航组织（ICAO）292号通告研究成果：在全球经济中，航空运输每生产100美元的产出和每创造100个就业机会，就会在其他行业引发约325美元的额外需求和610个就业机会（货邮吞吐量按1∶10的比例换算成旅客吞吐量）。2018年，东京国际机场带动日本经济增长约4,007亿美元，直接带动当地就业约77.5万人。

---

① 资料来源：http://bxshshszb.bcxww.com/html/2019-06/25/content_89483.htm。

4．发展民航业是重要的国家战略

鉴于民航在经济、政治、社会、军事、外交、文化等领域发挥着十分重要的作用，许多国家把民航业定位为战略性产业，把发展民航业上升为国家战略，使之成为本国在全球化过程中获取最大化利益的有力工具。例如，新加坡把打造国际航空枢纽作为国家发展战略，极大地促进了旅游、金融和贸易的快速增长，在短时间内实现经济腾飞，是一个"民航立国"的典型案例。

根据国际航空运输协会（IATA）及国际机场理事会（ACI World）相关报告，预计世界各地航空旅客的出行需求将持续增加，特别是亚太地区、中东和欧洲的增长尤其强劲，2020—2039年旅客年均增长率将分别达到4.8%、4.1%和4.0%。此外，全球各地的航空货运需求也将持续增长，2020—2039年中东、亚太和非洲年均增长率将分别达到4.6%、3.9%和3.8%。在此背景下，世界主要机场如中国北京大兴国际机场和香港国际机场、新加坡樟宜国际机场、英国伦敦希思罗国际机场、阿联酋迪拜国际机场等均将继续强化国际航空枢纽地位，争取客货资源，国际航空枢纽竞争进一步加剧；世界航空货运巨头公司也在大力发展国际货运快递网络，争取高价位的快件、包裹、电子元器件等。世界航空客运量、货运量预测分别如表4-5、表4-6所示。

世界航空客运量预测　　　　　　　　　　　　　　　　表4-5

地区	2019年运输量（亿人次）	2039年预测量（亿人次）	年均增长率（%）
亚洲	29,030	74,070	4.8
欧洲	19,750	43,230	4.0
北美	19,230	35,640	3.1
中东	7,740	17,130	4.1
非洲	1,800	3,540	3.4
南美	4,420	8,020	3.0

资料来源：根据国际航空运输协会（IATA）及国际机场理事会（ACI World）相关报告整理而成

世界航空货运量预测　　　　　　　　　　　　　　　　表4-6

地区	2019年运输量（亿吨）	2039年预测量（亿吨）	年均增长率（%）
亚洲	872	1,887	3.9
欧洲	516	930	3.0
北美	614	1,020	2.6
中东	332	818	4.6
非洲	47	99	3.8
南美	71	105	2.0

注：以上区域划分基于研究成果，并非严格的地理单元划分，中东与其他部分地区有重叠。
资料来源：根据国际航空运输协会（IATA）及国际机场理事会（ACI World）相关报告整理而成

为了加强商务和旅游的国际竞争力，日本制定了"明天的旅游愿景"计划，提出："2030年，访日外国游客人数达到6,000万人次"。东京湾区作为日本政治、经济、文化、交通等众多领域的中心，将服务更多的国际旅客。因此，日本计划继续加强东京湾区机场群的功能，将年起降容量由2023年的约83万架次到2030年增加至100万架次。

第二节　双枢纽机场的战略安排

一、双枢纽机场是城市群发展的必然

随着经济发展和居民收入水平提高，旅客对航空出行的需求越来越大。2019年美国人均乘机次数达到2.6次，日本达到1.03次，2019年部分国家人均乘机次数如表4-7所示。城市群由于其高度发达的经济和巨大体量的人口，航空运输需求集中，全球主要城市群已经形成了由多座机场组成的机场群，共同协作承担城市群航空出行需求。

2019年部分国家人均乘机次数 表4-7

国家	陆地面积（万平方公里）	人口（万人）	人均乘机次数（次）
日本	37.8	12,615	1.03
中国	960	141,178	0.46
美国	937	33,100	2.8
法国	55	6,527	2.75
英国	24.4	6,789	3.83
韩国	10	5,127	2.4

注：人均乘机次数根据国际航空运输协会（IATA）及国际机场理事会（ACI World）相关报告整理；由于数据来源和统计口径不同，各国陆地面积和人口数据可能存在一定误差。

从全球来看，诸多超过1,000万人口的特大城市均设有两座或多座机场，其中，纽约、伦敦、巴黎等特大城市更是"一市多场"运营模式的典范，"一市两场"或"一市多场"成为特大城市运行的常态。不同功能、不同规模的机场分布于城市群的各区域并形成机场群，与城市群相互作用、联动发展，成为城市群对外交流合作的重要通道，支撑城市群更全面、更深入地融入全球产业分工，机场群和城市群相伴相生、协同发展成为全球经济发展的显著特征与重要趋势。

东京湾区在经济和人口不断集聚发展过程中，逐渐形成了由羽田国际机场和成田国际机场共同组成的双枢纽机场格局。羽田国际机场于1931年8月建成投入使用，选址于东京都最南端紧邻东京湾的大田区人造岛，距东京都中心17公里，其跑道长300米、宽15米，是日本第一座民航机场。1939年，羽田国际机场第一跑道扩建至800米长，同年，800米长的第二跑道也开始使用。第二次世界大战后，日本经济迅速发展，民航业也高速发展，羽田国际机场作为当时东京地区唯一的民用运输机场在此期间也快速扩张，成为日本最大的民用机场。经历了多次扩建，2023年羽田国际机场占地面积约1,522公顷，拥有3座航站楼、232个停机位，共设置4条跑道，均为60米宽，长度分别为3,360米、3,000米、2,500米和2,500米。

20世纪60年代，受益于"开放日本国民自由出境政策"的实施以及1964年东京奥运会对日本经济的促进以及带来的国际影响，日本民航需求急速增长。但伴随着喷气式民航客机的广泛应用，民航客机起降带来的噪声问题越来越严重，处于市中心的羽田国际机场不得不实施宵禁，不运营夜间航班。当时，国土交通省预测1970年羽田国际机场将会达到容量上限，日本政府开始谋划建设新东京国际机场。考虑到东京都的迅速重建使得用地严重短缺，西侧横田空域已完全被军用机场占用，而东京湾内受限于当时填海造陆的工程技术并不足以供机场使用，日本政府只得考虑将新机场建在东京市郊的千叶县。1966年，成田国际机场建设方案公之于众，1978年第一条跑道完工，机场投入使用。至此，羽田国际机场和成田国际机场成为东京湾区两座国际枢纽机场。

成田国际机场最初目标是建成5条跑道，但由于征地困难，机场扩建受阻，直到2002年才完成第二跑道。2023年机场占地面积约10.6平方公里，拥有3座航站楼、171个停机位，建成两条远距离平行跑道，宽60米，长度分别是4,000米和2,500米，为4F级国际机场、国际航空枢纽、日本国家中心机场，无论在面积、起降航班或旅客流量上，均为日本民航机场之最。

截至2019年，羽田国际机场共入驻41家航空公司，开通90座城市、193条客货运航线，日均起降628架次，年旅客吞吐量8,692.03万人次，位列世界第五；货邮吞吐量120.71万吨，排名日本第二。成田国际机场共有106家航空公司入驻，开通140座城市、144条客运航线，其中，国际航线121条、国内航线23条，日均起降363架次，年旅客吞吐量4,241.39万人次，位列日本第二；货邮吞吐量206.85万吨，排名日本第一。

近年羽田国际机场和成田国际机场的旅客量、货邮量及起降量分别如表4-8、表4-9所示。

近年羽田国际机场旅客量、货邮量及起降量　　　　表4-8

类别		2011年	2014年	2015年	2016年	2017年	2018年	2019年
旅客量（万人次）	国内	5,552.98	6,216.28	6,250.05	6,363.47	6,626.83	6,692.48	6,838.28
	国际	706.86	1,058.10	1,275.45	1,517.47	1,689.50	1,796.90	1,853.75
	小计	6,259.84	7,274.38	7,525.49	7,880.95	8,316.33	8,489.37	8,692.03
货邮量（万吨）	国内	74.11	81.47	80.76	73.34	73.47	67.36	64.47
	国际	13.83	29.44	36.62	45.75	55.35	58.18	56.24
	小计	87.94	110.91	117.38	119.09	128.82	125.54	120.71
起降量（万架次）	国内	17.14	18.51	18.66	18.49	18.45	18.34	18.48
	国际	1.84	2.77	3.27	3.94	4.21	4.33	4.44
	小计	18.98	21.28	21.93	22.42	22.66	22.67	22.92

资料来源：国土交通省，《航空输送统计年报》，2020

近年成田国际机场旅客量、货邮量及起降量 表4-9

类别		2011年	2014年	2015年	2016年	2017年	2018年	2019年
旅客量（万人次）	国内	172.48	594.36	672.07	700.46	754.02	724.91	764.28
	国际	2,365.27	2,692.33	2,803.05	2,957.43	3,109.13	3,342.63	3,477.11
	小计	2,537.74	3,286.69	3,475.12	3,657.88	3,863.16	4,067.54	4,241.39
货邮量（万吨）	国内	0.91	5.98	5.25	4.68	3.17	2.21	2.32
	国际	193.62	207.52	206.98	214	228.21	212.96	204.53
	小计	194.54	213.50	212.23	218.68	231.38	215.17	206.85
起降量（万架次）	国内	1.11	2.62	2.60	2.61	2.77	2.66	2.80
	国际	8.12	8.93	9.07	9.63	9.88	10.15	10.46
	小计	9.24	11.55	11.68	12.24	12.65	12.81	13.26

资料来源：国土交通省，《航空輸送統計年報》，2020

二、差异化的功能定位

1．分工协作的发展历程

在功能分工上，日本政府在成田国际机场建设之初就确定"羽田主国内、成田主国际"，在合作与竞争中实现了有效分工与协同发展。1978年，成田国际机场开始运行后，羽田国际机场便将大部分国际业务转移至成田国际机场。这一分工模式维持了30年之久，树立了都市圈双机场模式的典范。东京湾区双机场分工模式如图4-6所示。

东京羽田国际机场运营国内业务，成田国际机场运营国际业务，虽分工明晰，但也存在以下问题：一是由于国际、国内业务被人为划分于不同的机场，难以在同一机场内实现国际与国内航班之间的中转；二是成田国际机场距离东京市中心区较远，当时主要考虑国际航线航程较长，旅客对成田国际机场地面交通

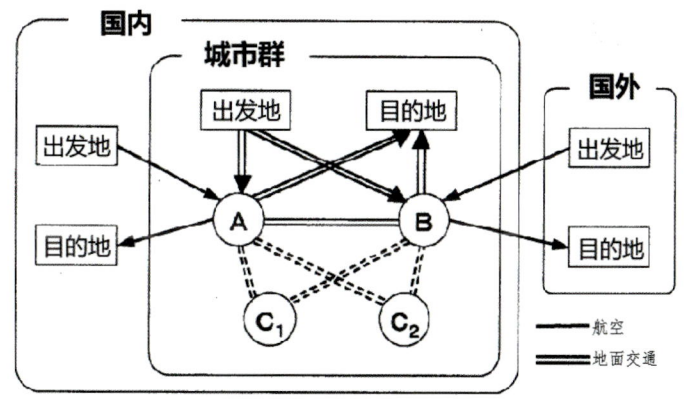

图4-6　东京湾区双机场分工模式概念图
资料来源：花岡伸也，《旅客のアクセス利便性からみた複数空港の機能分担の評価》，2001

时间较长不会太敏感，因此由成田国际机场承担国际航线。但近年来随着国际经济交流日益增多，越来越多的商务人士对成田国际机场的地面交通感到不方便，尤其是国际中短程航线，商务人士希望能够更加方便、快捷地到达东京市中心。

日本政府经过长期研究讨论，决定重新启用羽田国际机场国际航线功能，成田国际机场扩充国内业务，以缓解中转不便等问题。具体操作方式为：羽田国际机场2010年建成第四跑道后，增加的起降能力（60,000架次/年）以各半的方式分配给日间亚洲短途航线以及夜间欧美长途航线。2010年，羽田国际机场的国际旅客运输量、国际货物运输量、国际航班起降量在东京湾区的占比分别为6.05%、5.66%、3.32%，至2019年，国际业务量显著增长，占比分别达到21.17%、46.21%、19.10%，国际旅客运输量已超过东京湾区国际航空旅客市场份额的1/3。

为了适应羽田国际机场国际航线服务功能调整，羽田国际机场在航站楼功能布局上也进行了相应调整，第1航站楼为国内航线专用，主要入驻日本航空及天马航空、星悦航空等日航系航空公司；第2航站楼为国内及国际航线兼用，主要入驻全日空航空，航线以国内为主、国际为辅；第3航站楼为国际航线专用，入驻包括全日空航空、日本航空等本土航空公司在内的共38家航空公司，仅运营国际航线。

虽然羽田国际机场重新启用国际航线服务，成田国际机场增加国内航线，两大机场同时经营国际和国内业务，但是日本政府一直谨慎处理两大机场的关系，避免竞争。

第一，坚持成田国际机场的国际中转枢纽定位，在航站楼布局上优先考虑旅客中转功能。成田国际机场按照同一航空联盟集中在同一航站楼的方法，提升同联盟航空公司间的中转效率，天合联盟和星空联盟入驻第1航站楼，寰宇航空一家入驻第2航站楼，低成本航空公司入驻第3航站楼。虽然中转旅客需要进出关进行安检，但大多数在同航站楼的不同楼层间即可完成中转。成田国际机场这种航站楼布局有利于发挥"国际—国内"中转职能。而羽田国际机场航站楼布局则按航空公司划分，国内和国际航空公司分别进驻不同航站楼，国际旅客中转便利性不如成田国际机场。羽田国际机场、成田国际机场航站楼及航空公司分布如表4-10所示。

羽田国际机场、成田国际机场航站楼及航空公司分布　　　　　　　表4-10

机场	航站楼	入驻航空公司
羽田国际机场	第1国内候机楼	以日本航空为主，还入驻有天马、越洋、星悦等航空公司
	第2国内候机楼	以全日空为主，还入驻有天网、北海道、星悦等航空公司
	国际候机楼	2010年启用，除3家日本航空公司外，其余为外国航空公司
成田国际机场	第1航站楼（北侧）	入驻19家航空公司，其中天合联盟占多数
	第1航站楼（南侧）	入驻27家航空公司，其中星空联盟占多数
	第2航站楼	入驻37家航空公司，其中寰宇航空一家占多数
	第3航站楼	2015年启用，入驻5家航空公司，均为低成本航空公司

资料来源：根据羽田国际机场和成田国际机场相关资料整理而成。

第二，日本政府主要通过国际航点数量以及航班频次的差异来体现两座机场的国际航线分工。羽田国际机场通航点数量为89个，其中日本国内通航点49个、国际通航点40个，国际通航城市以亚太、欧洲、北美重点城市为主，将近一半的国际通航城市达到每日3班；成田国际机场通航141座城市，其中国际通航118座城市，国内航班航线通航23座城市，航点分布相对较广且航班频次也普遍高于羽田国际机场。羽田国际机场、成田国际机场航班频次分布如表4-11所示。

羽田国际机场、成田国际机场航班频次分布　表4-11

类别	周频次	羽田国际机场	成田国际机场
国际航线	20班次以上	14	23
	14~19班次	4	10
	7~13班次	9	40
	不足7班次	3	23
国内航线	20班次以上	34	6
	14~19班次	0	4
	7~13班次	0	8
	不足7班次	3	3

资料来源：根据羽田国际机场和成田国际机场相关资料整理而成。

羽田国际机场的国际航线开航策略可概述为"量少质精"，国际航点量少，但航班频次高。2019年，羽田国际机场40座国际通航城市中有27条航线周频达到7班次及以上。东北亚重点城市如北京、首尔、台北、香港等地区提供超过5班次/日的起降量。东南亚地区除胡志明市外，均提供1日2班次以上频次；北美航线的洛杉矶、纽约、旧金山可达到每天2班次以上，其他航点保证1日1班次以上；欧洲航点虽然仅开航慕尼黑、法兰克福、巴黎、伦敦，但频次均在1日2班次以上。另外，在时刻分配上，羽田国际机场的日间时刻主要分配给首尔、北京、台北、上海、香港等主要且邻近的东北亚城市。

而成田国际机场国际航线数量多，航线网络遍及全球主要城市。2019年，成田国际机场共开通118座的城市国际航线，运力供应集中在亚洲地区，东南亚、东北亚地区航点密集、航班频次高，而远程洲际航线则以北美地区为主，北美地区的大部分航点可提供每日至少1班次的频次，对于纽约、芝加哥、洛杉矶等城市，更能提供1日3班次以上的航班频次。而欧洲航线虽然通航城市也相当密集，但是航班频次不如北美地区，仅赫尔辛基、巴黎、莫斯科达到1日2班次，有将近1/3的航点无法提供1日1班次的周频次。

第三，羽田国际机场是日本少数可以24小时航班起降的机场之一，深夜起降的航班大多是廉价航空、国际线包机及一些货运航班。羽田国际机场三座航站楼中第3航站楼为24小时开放，其余两座航站楼的开放时间则由定期航班的起降时间而定。利用羽田国际机场24小时运营的特性，弥补成田国际机场夜间停止运行的劣势，形成全天运营的双机场协作模式。

第四，成田国际机场由于自2002年后便未新增跑道，保障能力远低于羽田国际机场，起降量仅占羽田国际机场的57%，国际业务占比虽高，但国际航线起降量提升缓慢。为了应对羽田国际机场的竞争，成田国际机场积极引入低成本航空，从2019年两大机场低成本航空旅客运输量占比来看，成田国际机场远高于羽田国际机场。2019年羽田国际机场和成田国际机场的低成本航空旅客运输量占比如图4-7所示。

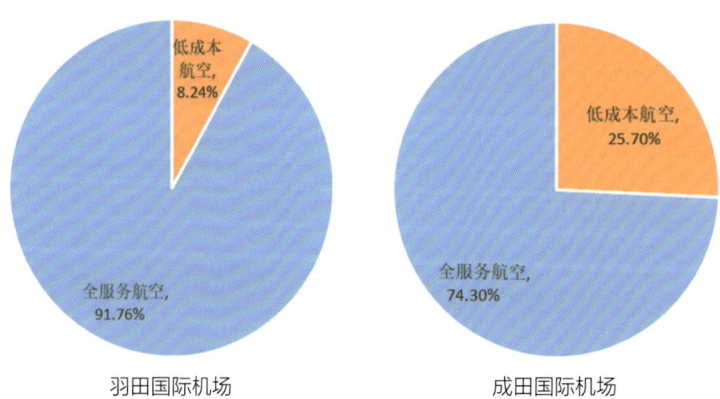

图4-7　2019年羽田国际机场和成田国际机场低成本航空旅客运输量占比

资料来源：根据羽田国际机场和成田国际机场相关资料整理而成

在此分工下，两座机场在"羽田主国内、成田主国际"的基础上，国际航线逐步优化为"羽田商务直达、成田国际中转"形式，进一步强化国际竞争力。成田国际机场开通后的30年间，羽田国际机场的主要业务均以日本国内航线为主，即使是在国际旅客航站楼启用后，国内业务量依旧达到八成左右。

2．未来计划

《日本未来的旅游展望》中提出，2030年访日外国游客人数将增加到6,000万人次。东京湾区国际枢纽机场建设的战略目标是实现国际机场起降架次达100万次，成为国际枢纽机场基地，强化东京湾区机场群的国际枢纽地位和世界影响力，增强日本的国际竞争力。日本首都圈空港机能强化技术检讨委员会提出持续优化羽田和成田两大机场的功能协同，提供多元民航服务，提升机场吸引力。东京湾区空港服务提升措施如表4-12所示。

东京湾区空港服务提升措施　　　　　　　　　　　　　　　　　表4-12

目标	措施
多元、细致的民航服务	提升中转服务效率； 满足公务航空、低成本航空等多元需求； 强化航空物流服务
机场吸引力上升	提升机场可达性； 降低机场使用费及审查相关规费； 改善航站楼的舒适性与便利性
与旅游政策合作	应对外国人的需求； 加强与航空观光旅游者的合作（访日及销售活动等）； 在机场传播日本的魅力

资料来源：国土交通省，《交通政策審議会航空分科会基本政策部会とりまとめ（案）》，2020

在功能分工上，羽田国际机场、成田国际机场将继续通过运力侧重及航空公司结构调整，不断优化自身定位，在竞争中实现差异化互补。

（1）羽田国际机场

利用其夜间起降与邻近东京中心区的优势，锚固国内航空枢纽机场地位，发挥国内航空网络骨干机场功能；就国际航线而言，白天主要满足高需求的繁忙路线，并在成田国际机场限制起降的深夜、清晨时段提供服务。由于区位原因，改扩建难度较大，未来主要通过优化飞行路线、推进空中交通系统升级、提高管制处理能力等方式，将机场年航班总量提升到44.7万架次。其中，国际航班起降量提升到9万架次，其白天的增量时刻主要用于满足以欧美及中距离亚洲商务航线需求。

（2）成田国际机场

当前由于容量限制，成田国际机场更侧重于满足日本直飞航班航线的需求，未来将新建第三跑道（C跑道）。新跑道将使机场的年航班起降量上限从30万架次增加到46万架次。扩建后将进一步完善国际航线，在亚洲和北美之间建立更多联系，积极吸收国际—国际的中转需求；利用自身发达的国际航线网络和羽田国际机场丰富的国内航空网络，增强国际—国内的中转功能。同时，成田国际机场将进一步扩大引入低成本航空公司，规划到2030年，低成本航空公司占比将超过50%，进一步形成新的分工定位。

三、机场群的协同发展机制

东京湾区包含一都七县，不同的行政区划必然形成一定的行政壁垒，如何在体制机制层面保障各机场的功能定位及服务对象，避免过度竞争？从纽约、巴黎等都市圈机场群发展来看，其大部分设立了协调管理机构，以便统一管理。东京湾区虽然没有统一协调机构，但其从体制上仍然保证了机场群的统筹规划和管理。

1. 政府层面：掌握政策制定和航权管制的职能

首先，日本政府制定机场发展政策。国土交通省设立交通政策审议会航空分科会，两大机场的职责和定位由该机构制定，其特点是在国土交通省的领导及业内学者、研究机构、机场公司以及相关行政部门的支持下开展协作，共同推进政策实施。另外，国土交通省主导构建了航空政策洽谈会，使包括地方政府、行业管理部门以及民航、铁路等运输企业、业内学者及研究机构在内的多方代表能共同参与规划的编制和交通政策的制定，在政策制定期间充分协商并达成共识，在一定程度上避免了行业内、行业之间的恶性竞争，也能提前化解部分矛盾，使东京湾区机场群的地面交通融合、空地资源协同做得更好，充分发挥机场群对城市群经济发展的动力源作用。

其次，政府掌握航权的分配。长期以来，羽田国际机场和成田国际机场的国内与国际市场分工明确，且受到高度管制。羽田国际机场是名副其实的日本国内航空枢纽，成田国际机场承担着国际航空枢纽的功能。直到2006年，由于成田国际机场的发展受限，日本政府才开始逐渐放松对羽田国际机场的国际航权管制，但步伐明显较为缓慢。2006—2019年，羽田国际机场的国际航班时刻份额由1.84%提高到18.59%；通航国家和地区数量由2006年的2个增加到2019年的21个，每年仅增加约1.5个。

在政府的调控下，两大机场逐渐形成了功能互补的发展运营模式。同时，日本国土交通省针对两大机场的职责、定位和成长战略发布了一系列调控政策，如开通羽田国际机场的商务航线和深夜、凌晨航线，建设高速铁路以缩短成田国际机场至市中心的地面交通时间等。尽管东京两大机场的管理主体和体制不尽相同，但是在政府政策强有力的调控下仍然形成了协同发展的良好互动局面。

2．机场之间：建立多方参与的沟通机制

羽田国际机场定位为"国家管理空港"，由国土交通省下属东京航空局东京机场事务所负责运营，为"政府直营"模式。具体而言，羽田国际机场属于"上下分离"模式，即机场的所有权和管理权归属国家，跑道、滑行道、停机坪和空管设施等由国家负责建设和管理，同时引入民间资本——东京国际机场航站楼公司和东京国际航空货运站公司分别对航站楼、航空货站进行运营管理。成田国际机场为"会社管理空港"，在管理体制方面属于"上下一体"模式，即所有权和经营权都归属成田国际机场株式会社。该会社由国土交通省（90%）和财务省（10%）分别持股，建设经费来自政府贷款及对民间发行债券，扩建方式以征地为主。羽田国际机场和成田国际机场的运营者如表4-13所示。

羽田国际机场和成田国际机场运营者　　　　　　　　　　　　　　表4-13

机场	运营类型	运营者
羽田国际机场	空侧运营	东京航空局
	陆侧运营	东京机场大楼株式会社运营国内航站楼 东京国际机场航厦株式会社运营国际航站楼
成田国际机场	空侧运营	成田国际机场公司
	陆侧运营	成田国际机场公司下属持股分公司

资料来源：根据羽田国际机场和成田国际机场相关资料整理而成。

根据《空港法》，机场管理人可以组织一个由机场管理人、相关行政机构、相关地方政府、学术界、旅游业相关组织、工商业相关组织以及机场管理人认为必要的其他人员所组成的理事会，共同为改善机场使用者的便利而进行必要的协商。理事会可以要求其成员以外的有关行政机构和经营者提供材料、发表意见、作出解释和提供其他必要的合作，理事会成员应尊重理事会讨论事项的协商结果。

虽然羽田和成田两大机场并非由同一主体管理，但在多方参与的沟通机制下，两大机场在基础设施建设、航线网络和航班时刻编排、空域协调和空管协作、互联互通等方面进行协调，机场发展听取了各方意见，有效推动两大机场的协同发展。

第三节　第三机场的发展

一、建设背景

近年来，一方面，由于亚洲机场竞争格局加剧，特别是随着东亚及东南亚地区民航发展迅速，除了香港、新加坡两个传统国际航空枢纽外，泰国素万那普、马来西亚吉隆坡、韩国仁川、中国上海浦东等机场

快速发展，使得成田国际机场作为"北美到亚洲"门户枢纽的地位受到动摇；另一方面，东京湾区民航需求快速增长，但羽田国际机场的可扩建空间已基本用完，成田国际机场扩建存在土地、噪声污染等问题，进展不顺，目前第三跑道仍未完成用地征收程序，严重制约了东京湾区民航的进一步发展。

根据国土交通省2010年的预测，随着民航需求快速增长，2032年东京湾区航班起降量将达到78万～94万架次；而羽田和成田两大机场的航班起降保障能力约为71万架次/年，将在2022—2027年达到饱和，无法满足未来发展需求，如图4-8所示。由于东京湾区机场难以再通过扩建达到保障能力提升的目的，急需新的发展方向，建设"第三机场"成为日本各界的共识。

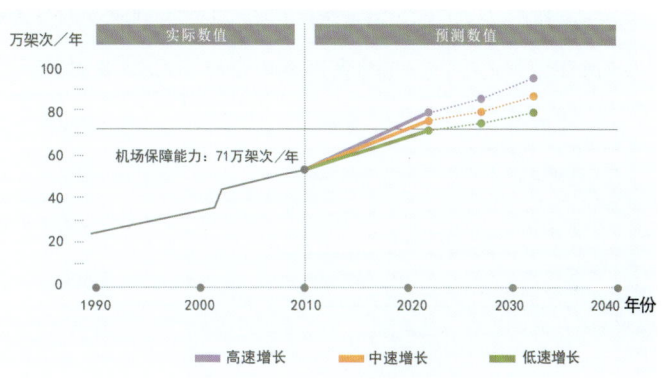

图4-8　东京航空需求预测

资料来源：东京都都市整备局，《CITY VIEW TOKYO version2.0》，2022

二、选址过程

2000年，日本成立由学术专家和相关地方政府组成的首都圈第三机场研究委员会，开始着手研究东京湾区新机场的选址，相关部门提出了十余个候选方案，其中东京湾内的7个选址是讨论焦点。这些选址均在海域内，需要通过填海或建造浮体的方式来新建机场，除了金田湾（水深50米）和川崎冲（水深29米）外，其余选址与羽田国际机场建设时的水深（18米）相差不大，如图4-9和表4-14所示。

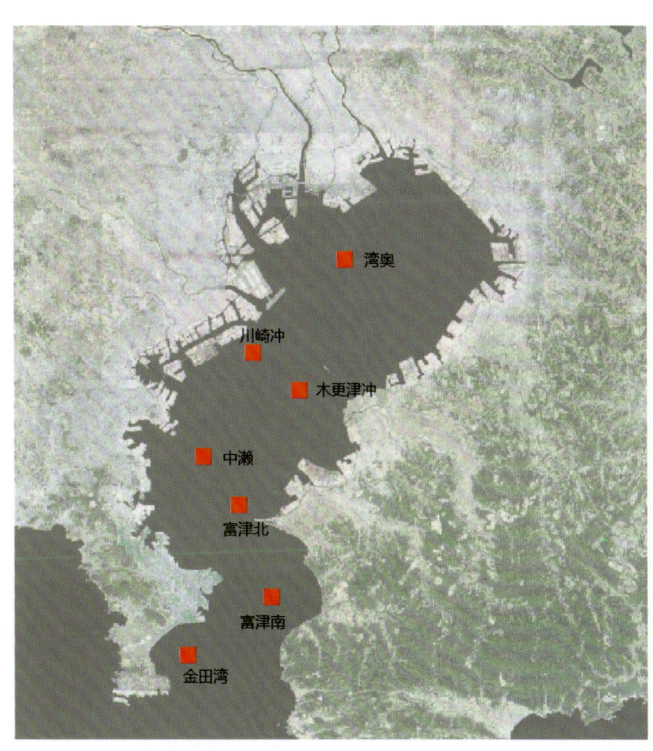

图4-9　东京湾区第三机场候选地示意图

资料来源：佐々木淳，《東京湾における諸空港構想に伴う物理環境変化》，2002

东京湾区第三机场候选地概况   表4-14

选址名称	所属地区	拟建跑道	水深（米）	建设形式
湾奥	东京	3,500米×4	16	填海
川崎冲	扇岛地区	4,000米×2，3,500米×2	29	填海
木更津冲	木更津	3,500米×2	24	填海
中濑	横滨	3,000米×1	18	填海
富津北	千叶县	3,500米×1	12	填海
富津南	千叶县	3,500米×1	13	填海
金田湾	横须贺	3,500米×1	50	浮体+防波堤

资料来源：佐々木淳，《東京湾における諸空港構想に伴う物理環境変化》，2002

　　首都圈第三机场研究委员会基于旅客需求、交通衔接条件、航线和空域、天气和陆地条件、海水情况、飞机噪声、自然环境、社会环境以及各方案的成本效益，从综合评价角度开展第三机场选址分析。研究结果显示，在东京湾内选址面临填海造地，将给海洋环境和海上运输带来较大负面影响，且与羽田国际机场服务范围重叠严重，因此不宜在东京湾海域内通过填海建设新运输机场，而应选择既有军用机场转型为民用，最终确定日本自卫队百里飞行场（茨城机场）为东京湾区第三机场。

　　茨城机场位于茨城县小美玉市，距离小美玉市中心8.5公里，距离水户市中心21.5公里，距离东京站约80公里。该机场原为日本自卫队百里飞行基地，日本政府批复军民共用方案后开展改造，主要是在原有跑道西侧新建一条长2,700米、宽45米的跑道，原有跑道为自卫队使用，新建跑道供民航使用，并建设民航航站区等。2010年3月，茨城机场开始提供民航服务，机场航站楼有2座廊桥，站坪设4个机位。

三、功能定位

　　日本政府确认继续保持以成田、羽田两大机场为主的格局，第三机场主要承接外溢的民航需求，保持东京商业活力和中心地位。在这一指导原则下，茨城机场定位为军民共用机场和低成本型机场，是东京湾区仅次于羽田国际机场、成田国际机场的第三大民用机场，肩负着东京"副"机场的使命，主要满足茨城县及周边地区的航空需求，与羽田国际机场、成田国际机场共同构成了一个提供民航运输服务的多机场体系。

　　茨城机场开通前，茨城县内大部分市区町村到机场需要90分钟以上，部分地区甚至需要120分钟；茨城机场开通后，除了北部的一部分地区外，县内绝大部分地区都被纳入机场60分钟交通圈。茨城机场开通前后区域机场可达性如图4-10所示。

　　为了打造低成本型机场，茨城机场采取各种措施降低民航各种开销，如为了弥补区位偏远、腹地市场规模小等不利因素，茨城机场制定了从设施到流程、从运行端到服务端一系列措施，推行低廉的起降费、巴士票价、停车费等优惠政策，提升对航空公司及旅客的吸引力。另外，茨城机场陆续引入日本天马航空、中国春秋航空等低成本航空公司开通航线，并在开通后的第二年被亚太航空中心（CAPA）评选为最佳低成本机场。

目前，茨城机场开设国内航线和国际航线各5条，国际航线集中在东北亚地区的热门航点，国际旅客基本来自中国。2019年，茨城机场飞机起降2,977架次，共完成旅客吞吐量76.04万人次，货邮吞吐量306.0吨。从旅客的来源看，茨城机场约80%的国内旅客来自茨城县，机场服务茨城本地的特点较为明显，与羽田国际机场和成田国际机场服务整个湾区相比存在显著差异，如图4-11所示。

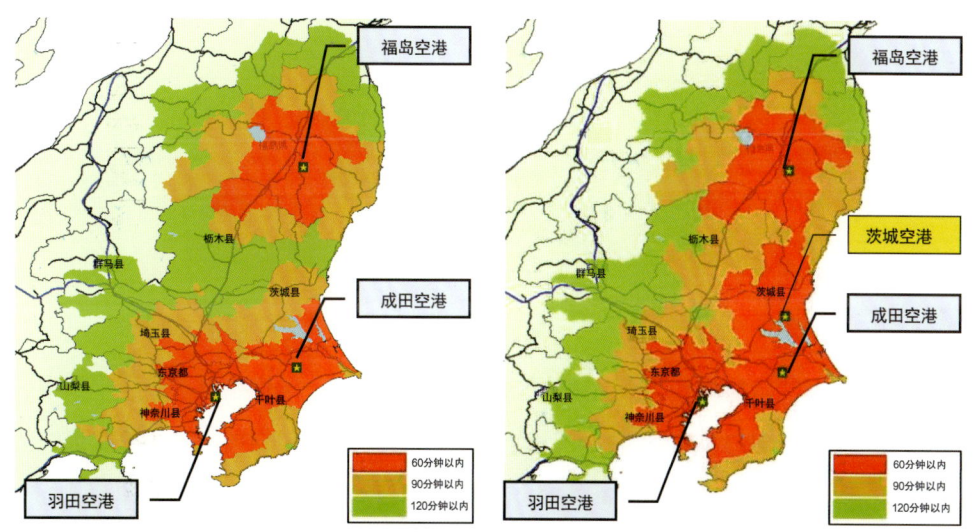

图4-10　茨城机场开通前（左图）后（右图）区域机场可达性示意图
资料来源：国土交通省，《交通政策審議会航空分科会基本政策部会とりまとめ》，2014

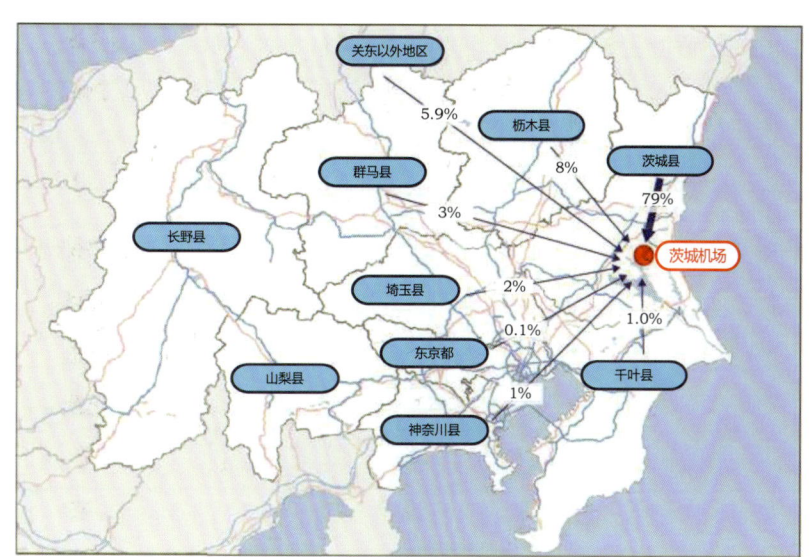

图4-11　茨城机场旅客来源地分布
资料来源：关东地方整备局，《関東ブロック新広域道路交通ビジョン》，2021

四、未来动向

茨城机场为日本在新建机场条件受限情况下进一步发展民用机场提供了样板，后续东京湾区将对现存的部分军用机场进行军民合用改造。跑道等级较高的横田飞行基地和厚木机场是主要考虑对象，以更好地疏解东京湾区核心机场的民航需求，达到机场群分工协作的目的。同时，在保持羽田、成田两大核心机场格局下，这些军用机场改造而成的中小规模机场如何寻求自身发展定位，是机场发展的一个重要问题。

另外，近年来低成本航空发展迅速，目前美国低成本航空的市场份额为27%、欧洲为24%，而日本为10%左右，中国只有1.5%。为了支撑国际旅游城市建设，东京湾区将大力发展低成本航空，加强与中国、东盟等国家和地区的国际航空网络连接，满足亚洲对低成本航空旅行日益增长的需求，提升东京湾区机场群对国际旅客的吸引力。

第四节　机场货运的发展

一、货运量

航空货运具有承运货物附加值高、快捷高效等特点，特别适用于运输生鲜产品、半导体、机械制造零部件等，随着电子商务和快递物流业快速发展，航空快件比例上升。根据国际民用航空组织的相关统计数据，1994—2006年，全球航空货运量增长2倍，其中中国呈现4倍以上的高速增长，日本则增长了约1.5倍，如图4-12所示。

东京湾区作为日本乃至全球重要的制造业加工基地，机场货运一直随着产业发展而不断增长。2019年，东京湾区机场群货运吞吐量合计约327.7万吨，约占日本全国机场货运吞吐量的61.52%。其中，国际货运吞吐量约260.7万吨，国内货运吞吐量67万吨，对外贸易运输特征显著。东京湾区各机场货运吞吐量如表4-15所示。

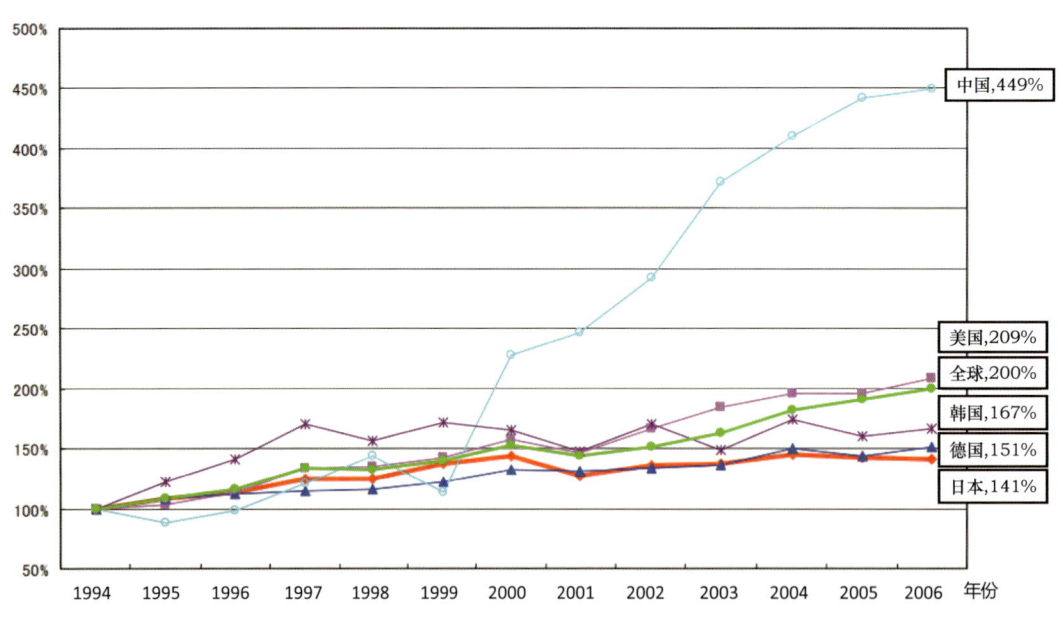

图4-12　全球航空货运实际增长率（1994—2006年）
资料来源：国土交通省，《世界の航空貨物数の推移》，2007

东京湾区各机场货运吞吐量（单位：吨）　表4-15

名称		2016年度	2017年度	2018年度	2019年度	2020年度
成田国际机场	国内线	46,791	31,654	22,144	23,171	1,555
	国际线	2,140,075	2,282,097	2,129,597	2,045,279	2,087,657
羽田国际机场	国内线	733,368	734,706	673,613	644,679	387,831
	国际线	457,540	553,519	581,757	562,353	307,062
调布飞行场	国内线	50	46	41	38	32
茨城机场	国内线	0	0	0	0	0
	国际线	309	332	306	193	0
大岛机场	国内线	11	12	12	12	12
新岛机场	国内线	27	19	14	14	13
三宅岛机场	国内线	2	0	0	0	0
八丈岛机场	国内线	1,028	1,000	868	830	431
神津岛机场	国内线	0	0	0	0	0
合计		3,379,201	3,603,385	3,408,352	3,276,569	2,784,593

资料来源：国土交通省，《令和2年航空輸送統計報告書》，2021

　　从成田国际机场和羽田国际机场的货运类型也可以看出"成田主国际、羽田主国内"的分工特征。2019年，成田国际机场国际货运吞吐量204万吨，占全国的55%，位居日本各大机场首位，而国内货运吞吐量仅约2.3万吨；羽田国际机场国内货运吞吐量64.5万吨，占全国的41%，位居日本第一，国际货运吞吐量56万吨，占全国的15%，呈现国际和国内货运业务并重的特征。2019年日本机场国际和国内货运吞吐量前十强分别如图4-13、图4-14所示。

　　在全球范围内，成田国际机场长期居第一大航空货运枢纽的地位，但随着全球产业转移及新兴机场的发展，自1996年成田国际机场货运量全球排名逐步下滑。2019年，成田国际机场货运吞吐量是206.8万吨，仅比2000年增长约10%，同期，香港国际机场增长2.1倍，如表4-16所示。

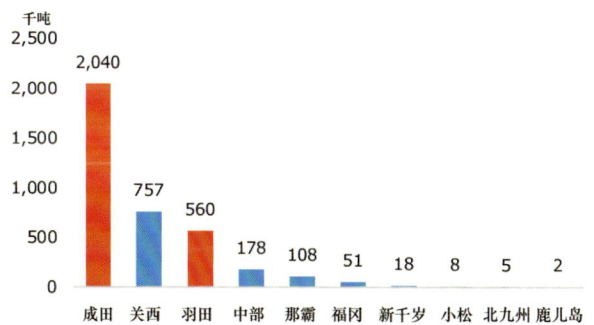

图4-13　2019年日本机场国际货运吞吐量前十强
资料来源：关东地方整备局，《関東ブロック新広域道路交通ビジョン》，2021

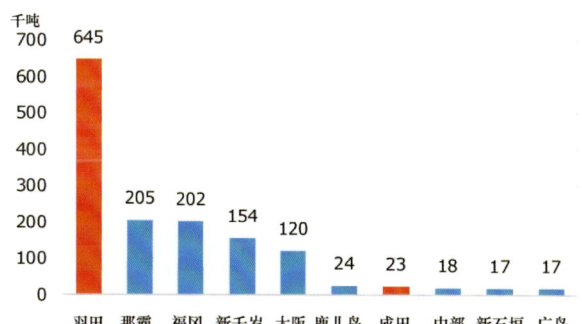

图4-14　2019年日本机场国内货运吞吐量前十强
资料来源：关东地方整备局，《関東ブロック新広域道路交通ビジョン》，2021

1990年以来全球机场货运吞吐量前10强的变化（单位：万吨）　　　　　　　表4-16

排名	2000年		2010年		2019年	
	机场	吞吐量	机场	吞吐量	机场	吞吐量
1	香港	224.0	香港	416.8	香港	480.9
2	成田	187.6	孟菲斯	391.6	孟菲斯	432.2
3	樟宜	168.2	浦东	322.7	浦东	363.4
4	安克雷奇	161.3	仁川	268.4	路易维尔	279.0
5	金浦	159.7	安克雷奇	257.8	仁川	276.4
6	法兰克福	152.3	法兰克福	247.5	安克雷奇	274.5
7	希思罗	130.0	戴高乐	239.9	迪拜	251.4
8	迈阿密	129.7	迪拜	227.0	哈马德	221.5
9	肯尼迪	127.7	成田	216.7	桃园	218.2
10	斯希普霍尔	122.2	路易维尔	216.6	成田	206.8

资料来源：根据相关公开资料整理而成。

二、货物类型及分布

东京湾区制造业发达，集中了奥林巴斯、尼康、索尼、三菱、佳能、富士通、川崎重工等世界500强企业，囊括了钢铁、有色、冶金、炼油、石化、机械、电子、汽车等产业。这些制造产品较多出口欧美和东南亚地区，市场销售及服务对时效性要求较高，成品及配件运输多通过快捷、安全的航空运输完成。机场国际货物运输可帮助企业缩短运输时间、降低物流成本、提高市场竞争力，有力支撑了东京湾区制造业的发展。

成田国际机场作为东京湾区主要国际货运枢纽机场，承担了湾区78.5%的国际货物进出口。从商品种类来看，进出口货物中机械设备类商品最多，其中出口占比超过67%，如图4-15所示。从货物分布看，东京

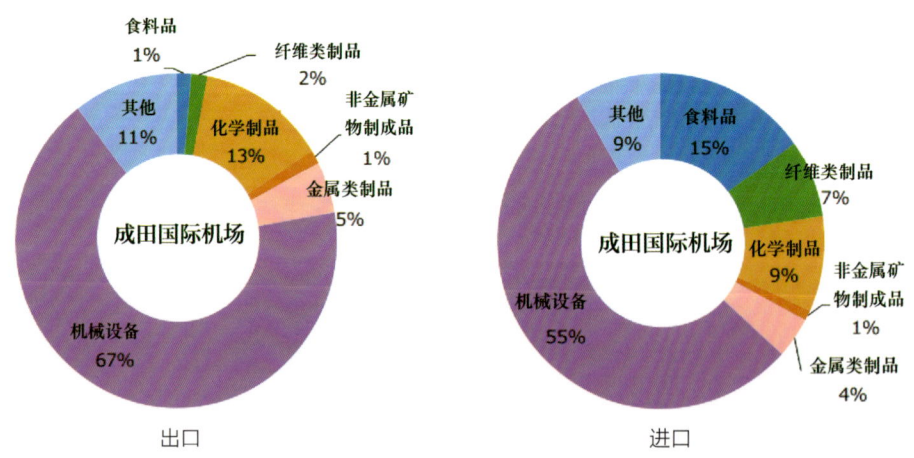

图4-15　成田国际机场国际货运商品种类

资料来源：关东地方整备局，《関東ブロック新広域道路交通ビジョン》，2021

都、神奈川县、千叶县作为湾区最重要的工业聚集地，其进出口货物占比达到54%；除此之外，东京湾区以外地区进出口货物占比也达到31.7%，如图4-16所示。

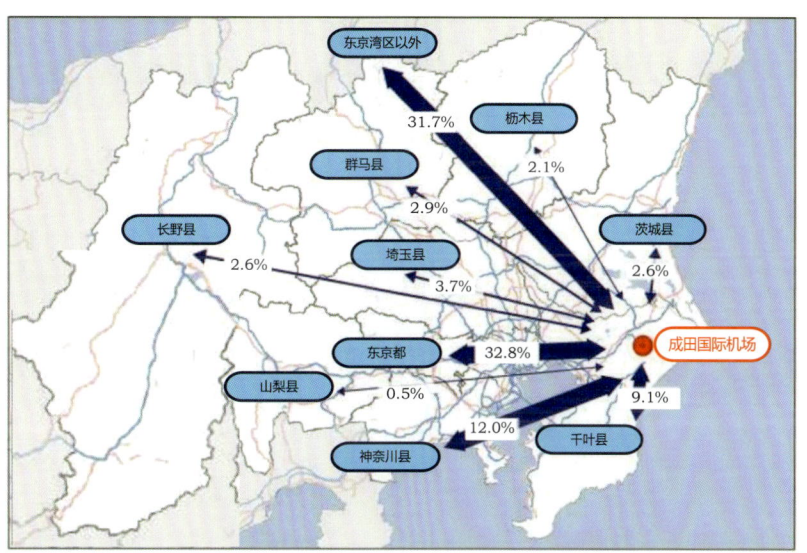

图4-16　成田机场进出口国际货运量分布情况
资料来源：关东地方整备局，《関東ブロック新広域道路交通ビジョン》，2021

　　羽田国际机场作为东京湾区次要国际货运枢纽机场，承担了湾区21.5%的国际货物进出口。从商品种类来看，进出口货物中机械设备类商品最多，其中，出口占比超过58%，如图4-17所示。从货物分布看，东京都、神奈川县、千叶县三地进出口货物占比达到44.7%，东京湾区以外地区进出口货物占比达到45.5%。无论是商品种类还是货物分布，羽田国际机场与成田国际机场呈现出较高的相似性，如图4-18所示。

　　从国内货物运输看，羽田国际机场承担了湾区96.6%的国内货物运输。从羽田国际机场国内货物类型来看，发送货物以快递、精密机械、书籍及印刷品、医疗器械等为主，到达货物以快递、书籍及印刷品、日用品、水产品等为主，如图4-19所示。从羽田国际机场国内货物分布来看，东京都占比达到64.9%，反映了羽田国际机场以东京都为中心运输的特征，如图4-20所示。

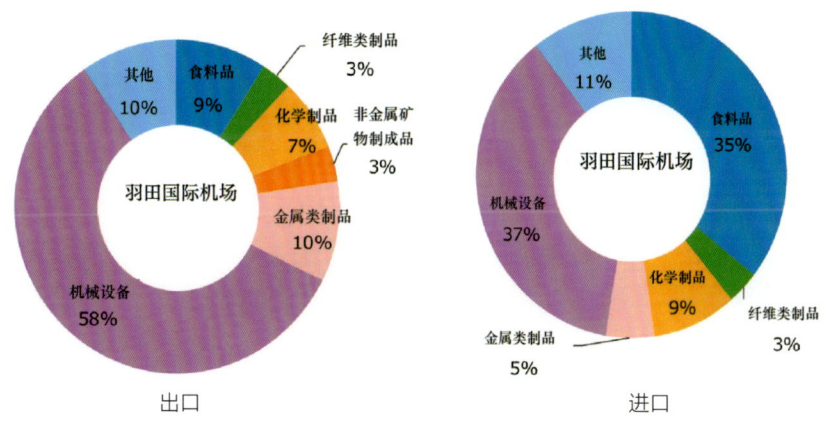

图4-17　羽田国际机场各类商品货运量
资料来源：关东地方整备局，《関東ブロック新広域道路交通ビジョン》，2021

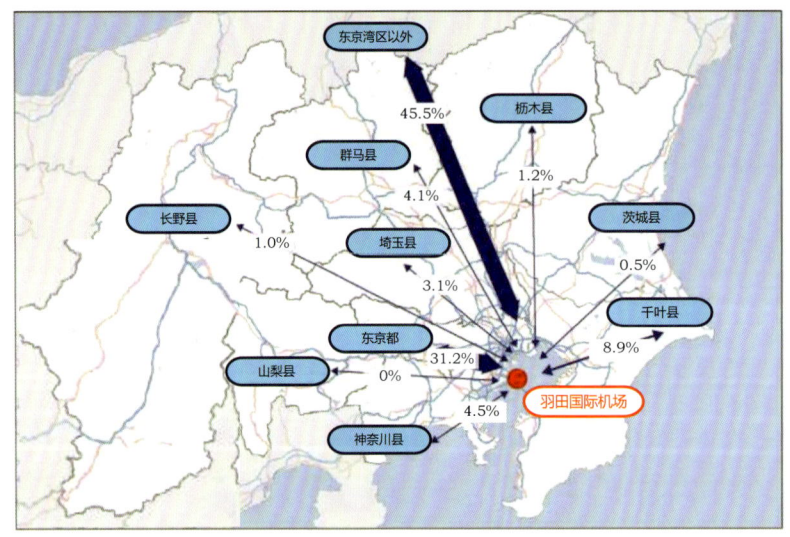

图4-18 羽田国际机场进出口货运量分布情况
资料来源：关东地方整备局，《関東ブロック新広域道路交通ビジョン》，2021

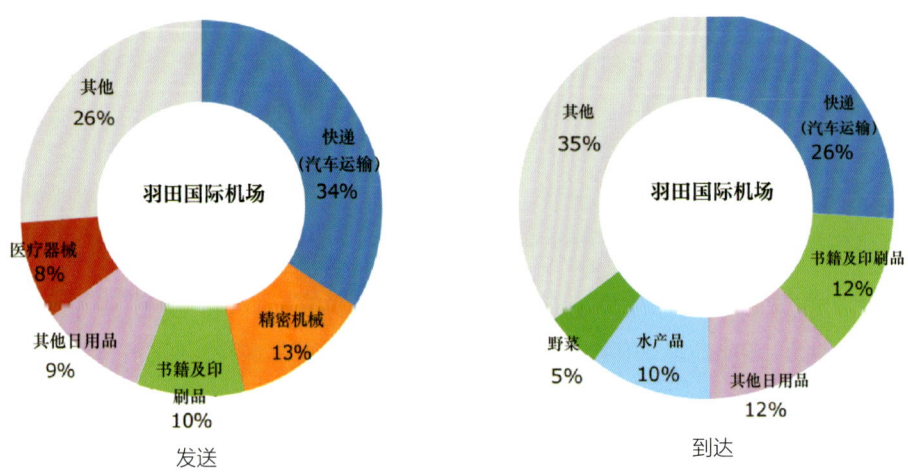

图4-19 羽田国际机场国内货运商品类型
资料来源：关东地方整备局，《関東ブロック新広域道路交通ビジョン》，2021

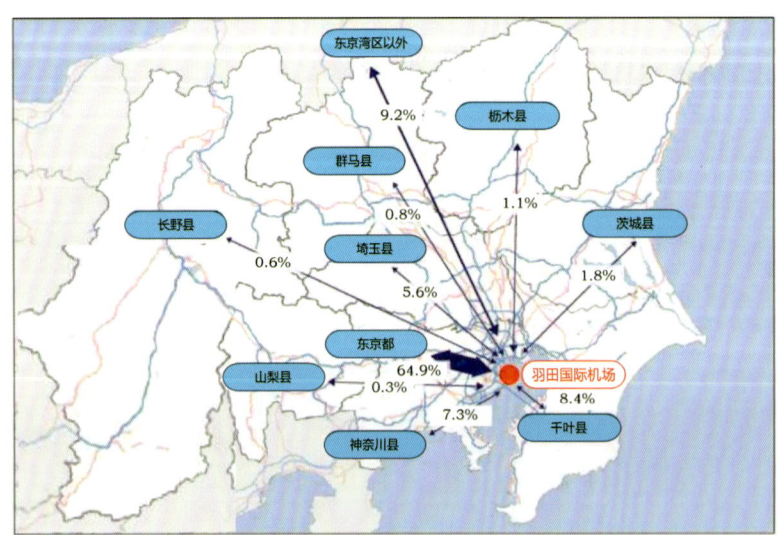

图4-20 羽田国际机场国内货运量分布情况
资料来源：关东地方整备局，《関東ブロック新広域道路交通ビジョン》，2021

三、货运配套设施

东京湾区高度重视机场货运发展，建设了一系列配套货运设施。由于航空货运具有专业化的特点，航空货运设施的布局、运行环境和效率等要求比一般货运更高。另外，航空物流涉及货主、运输企业、航空公司等各种主体，需要各主体协调合作开展各项物流作业。为此，东京湾区从机场货运两端的起讫点出发，建设完善相关配套设施。

一方面，高度重视机场配套货运设施建设。成田国际机场根据经营国际航空货物品种的特点，将周边地区物流公司分为大型综合型、特定产品型、包装型和运输型四种类型，在出境航空货物运输中起着不同作用。大型综合型企业实力强，在世界各地展开物流服务，能处理绝大多数货物；特定产品型企业专门服务特定货物，如生鲜食品、航空零部件等，特定货物总量比综合型企业少，但对提升航空货运服务价值意义重大；包装型企业以包装业务为中心，主要服务精密仪器和检查仪器等高价值货物，根据产品种类和形状进行二次包装，以满足航空运输要求；运输型企业一般是拥有发达的国内陆路运输网络的企业，为扩展事业而从事报关货物运输、特定货物运输等。机场周边地区货运企业类型如表4-17所示。

成田国际机场周边地区货运企业类型　　　　　　　　　　　　　　　表4-17

类型	企业	建设时间	用地面积 （平方米）	建筑面积 （平方米）	货物类型
大型综合型 企业	A	1997年	92,591	60,994	全部空运品
	B	1998年	14,950	17,822	电子产品—精密机械类
	C	2000年	25,949	34,767	汽车类
	D	—	—	—	电子产品，医疗用品
特定产品型 企业	E	1989年	—	—	生鲜食品
	F	1997年	—	—	免税品
	G	2005年	11,000	20,936	电子产品
	H	2003年	—	—	国际快件
	I	2003年	—	5,012	航空机械品
	J	—	—	5,183	书籍、服装
	K	—	—	—	电子产品
包装企业	L	2003年	—	—	电子产品，医疗用品
	M	2000年	4,950	3,495	精密仪器
	N	2007年	—	—	汽车类
	O	2006年	2,349	4,000	塑料树脂
运输型 企业	P	2005年	8,762	5,940	电子产品
	Q	2002年	15,092	18,565	生鲜食品以外
	R	2004年	—	—	电子产品—精密仪器

资料来源：国土交通省，《成田国際空港における貨物搬出入の円滑化に向けた課題の発生原因及び課題解決に向けた指針》。

　　另一方面，重视货源地配套设施建设。1976年，东京都制定关于东京都流通业务的设施的基本方针，对市内物流设施有严格要求，建筑物内要有可供货物装卸空间和搬运的通道，商业区要备有公用的货物装卸、搬运设施等。目前，东京湾区主要货源地拥有航空物流仓库、经营性仓库、货主自有仓库、多租户仓库等类型丰富的货运设施，有效提升了物流效率，实现物流配送中心的现代化。东京湾区货运设施类型及分布情况如图4-21所示。

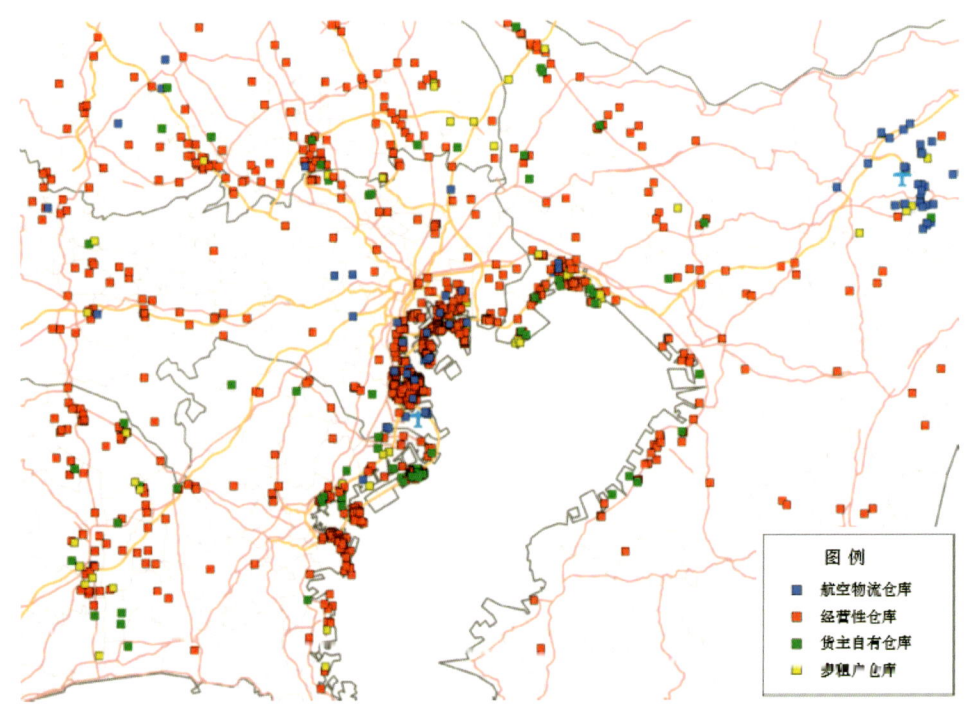

图4-21　东京湾区货运设施类型及分布情况

资料来源：国土交通省，《成田国際空港における貨物搬出入の円滑化に向けた課題の発生原因及び課題解決に向けた指針》

第五节　机场接驳交通

　　便捷、高效的交通接驳系统是发挥机场服务功能、提升城市竞争力的重要支撑，世界级机场皆有与之相匹配的综合交通衔接体系。东京主要机场提供了轨道交通、公交巴士、私家车等多元化交通服务，轨道交通和公交巴士不仅线路多、班次密，而且上客点与主要社区联系方便、易搭乘，有力提升了旅客往返机场的便利性。

一、羽田国际机场

　　道路交通方面，羽田国际机场主要通过两条高（快）速路和两条城市道路与外部联系。两条高（快）速路为首都高速1号羽田线和首都高速湾岸线，前者沿机场西侧经过，后者直接接入航站楼，有利于机场与京滨工业带沿线地区便捷联系。两条城市道路是国道357号（东京湾岸道路）和东京都道311号环状8号线，东京湾岸道路在机场内部分布在首都高速湾岸线两侧，联系东京区部和羽田国际机场航站楼；东京都道311号环状8号线始于羽田国际机场，与首都高速湾岸线和东京湾岸道路相接，再向西由天空桥站附近跨越海老取川地区，联系东京区部南部地区。地面机场巴士系统主要由京滨急行巴士、羽田京急巴士和东京机场交通3家公司运营，服务东京都、神奈川、埼玉和千叶的大部分地区及茨城、栃木、群马、山梨和静冈部分重要地区，机场巴士路线如图4-22所示，巴士线路概况如表4-18所示。

图4-22 羽田国际机场巴士路线示意图

资料来源：http://jichang.checi.cn/yutian/?eqid=d29f5d190001f7850000000264992e9f

羽田国际机场往来市区巴士线路概况　　　　　　　　　　　　　　　　表4-18

目的地	时间（分钟）	目的地	时间（分钟）
东京	25～45	池袋地区	35～80
涩谷区	30～70	台场	15～45
新宿地区	35～75	东京迪士尼度假区	25～60

资料来源：http://jichang.checi.cn/yutian/?eqid=d29f5d190001f7850000000264992e9f

　　轨道交通方面，羽田国际机场到东京市区的轨道交通线路有京急空港线和东京单轨电车线。东京单轨电车线起点为山手线滨松町站，终点为羽田国际机场，全长17.8公里，是羽田国际机场直达东京市中心的线路，运营普通列车、区间快速、机场快速三种车次，其中普通列车全程需要24分钟，机场快速全程需要18分钟。京急电铁（京急线）是一条从京急本线的蒲田站到羽田国际机场第1、第2航站楼站的线路，长6.5公里，通过京急本线和山手线将机场与中心城区联系起来。京急本线直通列车通过都营地铁浅草线，经过京成押上线、京成本线，可通往北总铁道北总线、京成成田机场线、京成东成田线及芝山铁道线，发挥羽田国际机场联外铁路的作用，实现羽田国际机场与更广区域的铁路接驳服务，运营普通、机场急行、特急、快特、机场快特五种类型车次，如图4-23所示。

　　在机场内部交通联系上，羽田国际机场中转客流在第1、第2、第3三座航站楼之间可选择轨道交通、巴士等交通方式。轨道交通方面，东京单轨电车在三座航站楼均设置站点，京急空港线设置"第1、第2航站楼站"和"第3航站楼站"两个站点；巴士方面，羽田国际机场开通了免费摆渡车，在三座航站楼之间穿楼；另外，第1和第2航站楼间建设了地下连接通道，两座航站楼之间步行可达，如图4-24所示。

东京湾区一都七县主要城市节点基本能在3小时内通过轨道交通抵达羽田国际机场，其中东京区部和京滨工业带区域因处于京急线系统和单轨羽田线覆盖范围，基本可在1.5小时内抵达羽田国际机场。即使拥有发达的轨道交通系统，但中远距离出行缺乏高速轨道交通线路，整体服务水平较低。羽田国际机场交通可达性如图4-25所示。

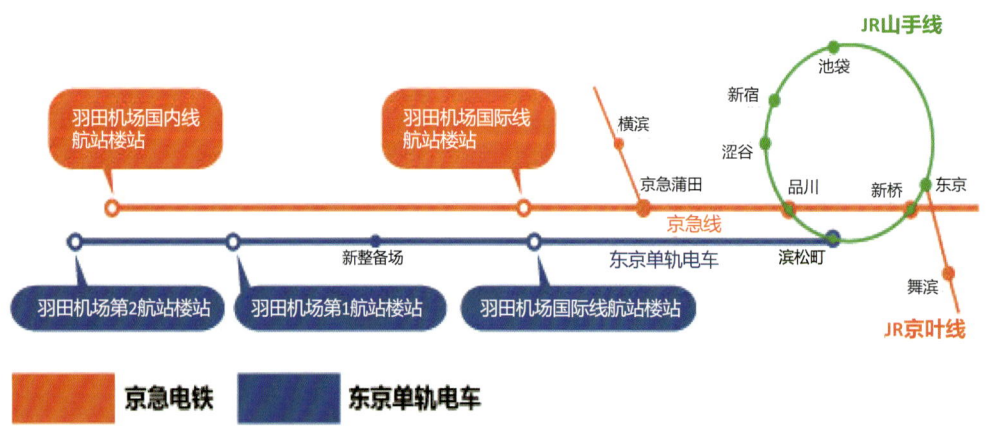

图4-23　羽田国际机场对外轨道交通线路图

资料来源：https://www.anneijun.com/japan-knowledge-tokyo-transport-system？p=94205

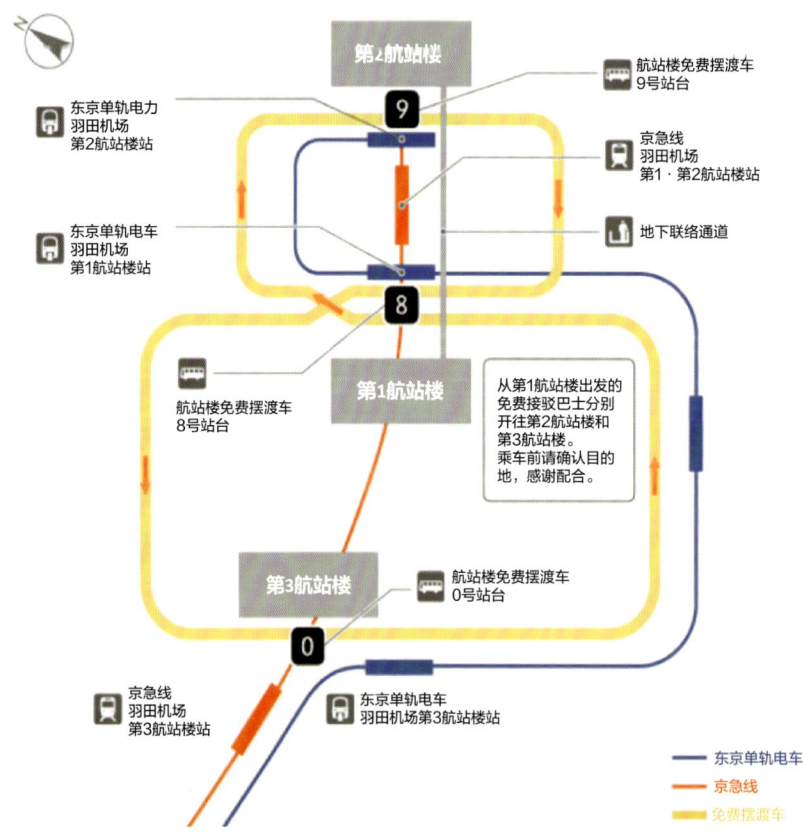

图4-24　羽田国际机场航站楼间接驳交通示意图

资料来源：https://www.anneijun.com/japan-knowledge-tokyo-transport-system?p=94205

　　2009年，羽田国际机场轨道交通接驳比例达到57%，巴士接驳比例达到23%，以轨道交通为主体的公共交通在旅客分担率中占绝对优势，个体交通方式（包括私家车、出租车和租赁汽车等）分担率仅占15%左右，如图4-26所示。与世界其他大型机场相比，羽田国际机场轨道交通接驳分担率处于领先水平。

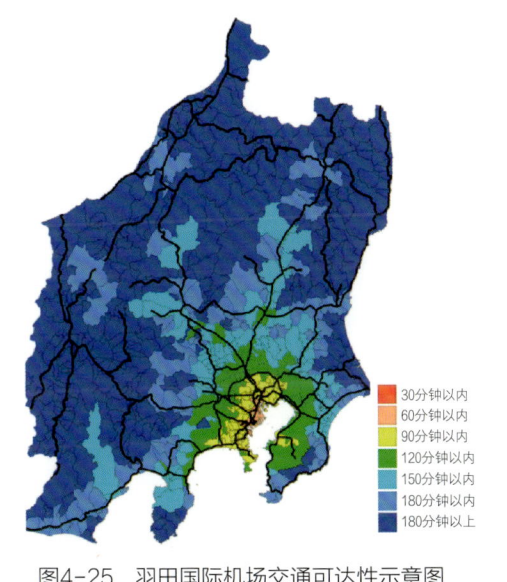

图4-25　羽田国际机场交通可达性示意图

资料来源：首都圈广域地方计画协议会，《首都圈广域地方计画基本的な考え方参考资料》

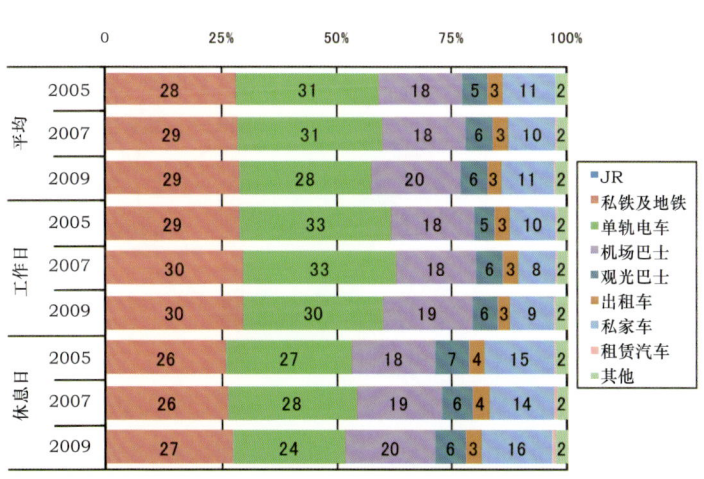

图4-26　羽田国际机场交通接驳分担率

资料来源：国土交通省，《数字でみる航空》，2020

二、成田国际机场

　　道路交通方面，成田国际机场对外道路主要包括新空港高速公路和295号国道。其中，新空港高速公路接入东京湾区高速公路网络，通过立交与东关高速公路转换，可快速联系市中心；295号国道则可服务沿线地区。成田国际机场到东京市区的巴士主要有东京穿梭巴士、THE ACCESS、成田穿梭巴士、有乐町穿梭巴士、利木津巴士等，一天合计有超过160个班次从机场来往市中心，深夜和凌晨也有班次服务，如表4-19所示。

成田国际机场往来市区巴士　　　　　　　　　　　　　　　　　　　　　　　表4-19

线路名	时间（分钟）	线路名	时间（分钟）
东京穿梭巴士	60	有乐町穿梭巴士	70
THE ACCESS	65	利木津巴士	60～145
成田穿梭巴士	75		

资料来源：根据成田国际机场相关资料整理而成。

　　轨道交通方面，成田国际机场到市区的轨道交通线路有京成本线、JR总武本线和成田机场线（又名成田Sky Access线），均在第1航站楼和第2航站楼分别设置了站点，如图4-27所示。京成本线从京成上野站到成田机场站，全长69.3公里；JR总武本线从东京站到佐仓站之后直通进入JR成田线，然后抵达成田国际机场，全长79.2公里；成田机场线是一条连接东京都与成田国际机场的轨道快线，全长51.4公里，最高时速160公里。

　　依托以上线路，成田国际机场到市区的轨道交通列车主要有京成Skyliner、成田特快和Access特急。其中，Skyliner为特级列车，到都心环线日暮里站仅需36分钟，如图4-28所示；Access特急以120公里的时速运行，到都心环线日暮里站耗时50分钟；成田特快到东京站最快也是50分钟，如图4-29所示。

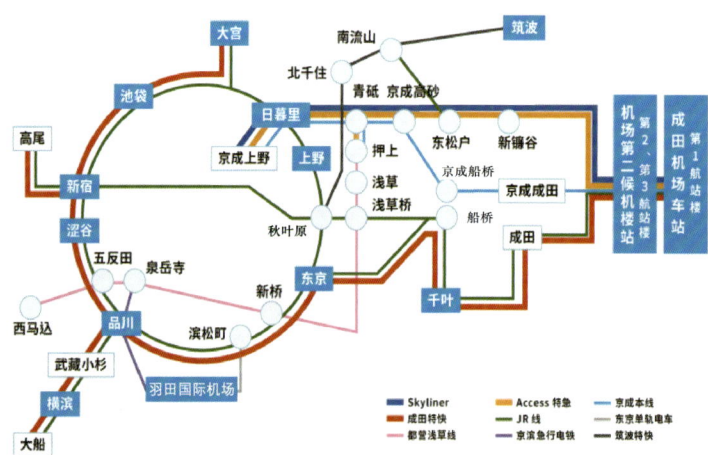

图4-27　成田国际机场往来市区轨道交通线路图
资料来源：https://www.narita-airport.jp/zh-sc/access/train

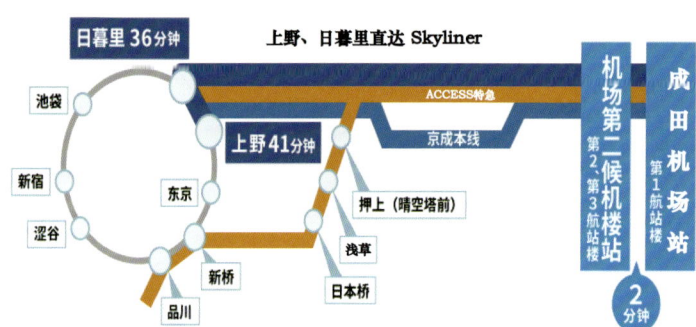

图4-28　京成Skyliner电车可达性示意图
资料来源：https://www.narita-airport.jp/zh-sc/access/train

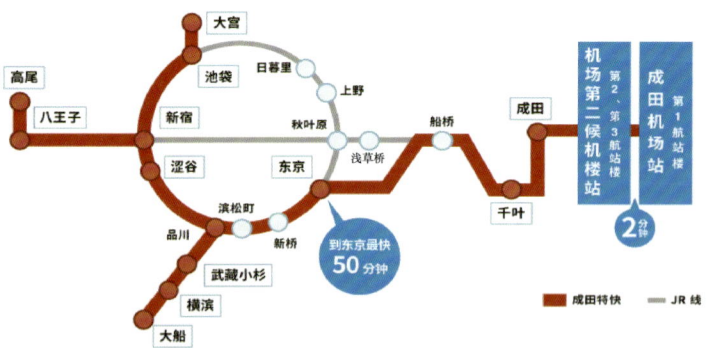

图4-29　成田特快可达性示意图
注：图中时间是机场第2航站楼站发车的所需最快时间；另外，成田特快在某些时间段停靠站不同。
资料来源：https://www.narita-airport.jp/zh-sc/access/train

　　机场内部交通方面，除了可通过轨道交通穿梭于第1航站楼和第2航站楼之间外，成田国际机场还开行了联络巴士，主要有两种类型，分别为循环于所有航站楼之间的巴士和穿梭于第2航站楼与第3航站楼之间的巴士。此外，第2航站楼与第3航站楼之间可以通过连接通道步行往来，步行时间约15分钟。成田国际机场航站楼间接驳交通情况如图4-30所示。

　　与羽田国际机场相似，东京湾区"一都七县"主要城市节点基本能在3小时内通过轨道交通抵达成田国际机场，但东京都、神奈川县等人口密集地区虽120~150分钟可达，但服务仍然不足与其他世界级机场仍存在一定差距。成田国际机场交通可达性如图4-31所示，世界大都市机场轨道交通接驳设施及至市中心时间如表4-20所示。

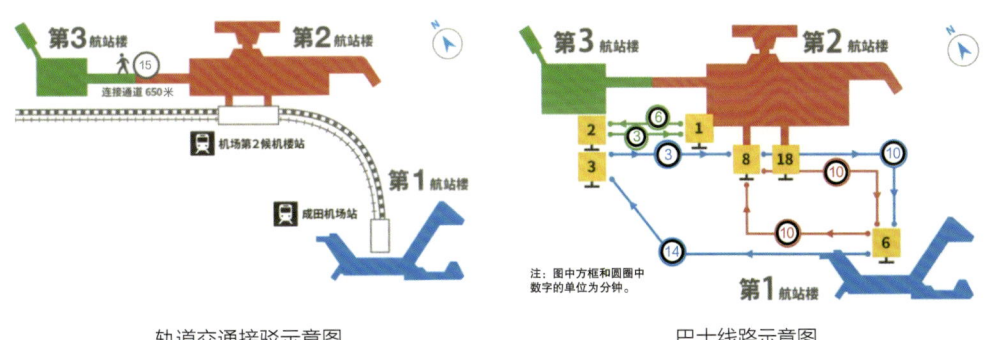

轨道交通接驳示意图　　　　　　　　　　　巴士线路示意图

图4-30　成田国际机场航站楼间接驳交通示意图
资料来源：https://www.narita-airport.jp/zh-sc/access/shuttlebus

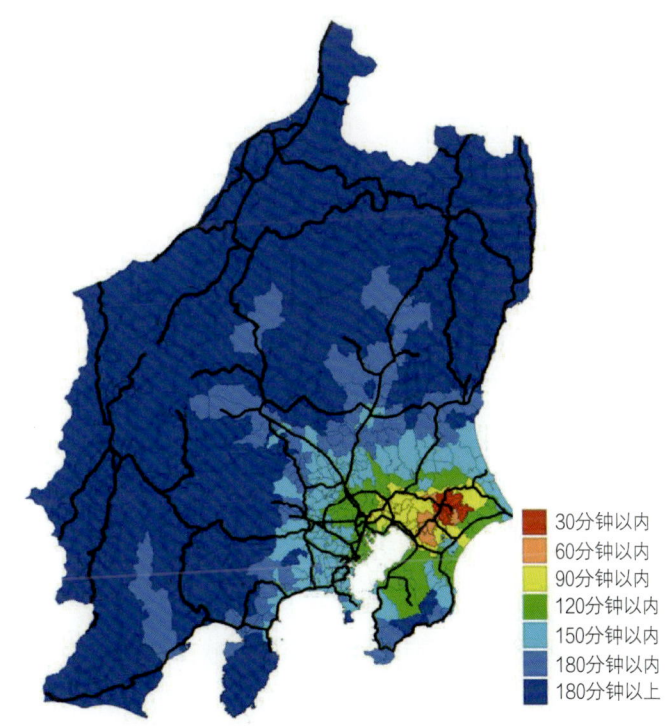

30分钟以内
60分钟以内
90分钟以内
120分钟以内
150分钟以内
180分钟以内
180分钟以上

图4-31　成田国际机场交通可达性示意图
资料来源：首都圈广域地方计画协议会，《首都圈広域地
方計画基本的な考え方参考資料》

世界大都市机场轨道交通接驳设施及至市中心时间 表4-20

机场名称	与市中心距离（公里）	轨道交通	采用轨道交通至市中心最短时间（分钟）
亚特兰大国际机场	11	亚特兰大都会区捷运（MARTA金线）	20
伦敦希思罗国际机场	24	机场快捷列车、机场轨道快线、地铁	15
巴黎戴高乐国际机场	25	区域快铁（RER）、高速列车（TGV）	25
上海浦东国际机场	40	磁悬浮、地铁2号线	60
香港国际机场	34	机场快线	50
新加坡樟宜国际机场	17	地铁	27

资料来源：刘龙胜等，《轨道上的世界——东京都市圈城市和交通研究》，人民交通出版社，2013.

2009年，成田国际机场轨道交通接驳比例为15%，机场巴士和观光巴士合计为41%，个体交通方式（包括私家车、出租车和租赁汽车等）分担率约占30%，如图4-32所示。与羽田国际机场相比，其轨道交通分担率仍然较低，可能与机场距离市中心较远、轨道交通线路覆盖范围不足等因素有关。

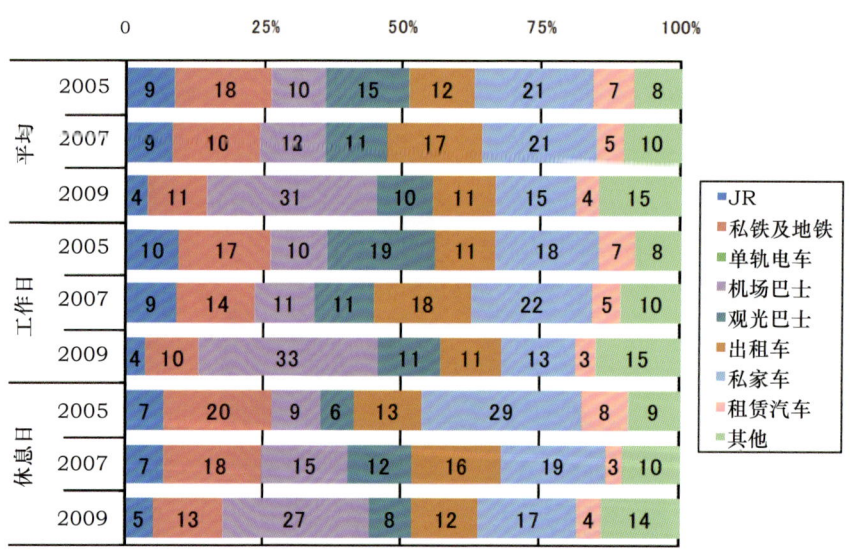

图4-32 成田国际机场交通接驳分担率
资料来源：国土交通省，《数字でみる航空》，2020

三、茨城机场

茨城机场定位为本地服务机场、旅客服务以周边为主，因此交通接驳服务以短途道路交通为主。对不同区域的旅客提供不同类型的交通服务，如对于人口密集的区域，提供每日10班以上的公交服务；对需求较少的区域，提供预约共乘出租车以及每日4班以下的公交服务，如表4-21所示。

茨城机场地面交通服务频次　　　　　　表4-21

交通方式	设施	方向	班次
巴士	1号站台	石冈、小川	每天往返16班
		鉾田	每天往返1班
	2号站台	水户	每天11班（高速公路6班+普通公路5班）
		常陆太田市	每天1班
	3号站台	东京	3班
	4号站台	筑波	每天往返3班
出租车	出租车站台	水户、石冈	不定期
同乘出租车	同乘出租车站台	筑波、霞浦、土浦、神栖、鹿屿、潮来	预约制

资料来源：根据茨城机场相关资料整理而成。

第六节　对粤港澳大湾区的启示

目前粤港澳大湾区拥有七座运输机场。其中，三座国际航空枢纽分别为香港赤鱲角国际机场、广州白云国际机场和深圳宝安国际机场；两座干线机场为澳门国际机场和珠海金湾机场；两座支线机场为佛山沙堤机场和惠州平潭机场，且均为军民合用机场。

（1）积极提升国际航空门户枢纽地位，打造世界级机场群

东京湾区以国际航空枢纽建设为目标，持续推进羽田国际机场和成田国际机场建设，满足城市群的各种功能和活动需求，提高了区域的对外开放程度，促进了产业结构调整与优化，形成了机场群和城市群联动发展的战略态势，不断提升东京湾区的国际竞争力和吸引力。粤港澳大湾区作为中国经济发展的重要引擎，是中国对外开放的前沿，也是全球资本、技术、人才等高端要素汇聚的热土，要在全球经济竞争中赢得先机，积极提升国际航空门户枢纽地位、打造世界级机场群是关键举措。

粤港澳大湾区具备建设世界级城市群和世界机场群联动发展的基础。2019年，粤港澳大湾区以不到全国0.6%的国土面积，集聚了全国约5%的人口总量，并创造了全国约12%的经济总量；机场群旅客吞吐量合计2.2亿人次，货邮吞吐量811.5万吨，分别占全国的15.6%和37%；拥有三大世界级机场，其中香港国际机场旅客吞吐量7,154万人次、货邮吞吐量481万吨，分别居全球第8位和第1位；广州白云国际机场旅客吞吐量7,338万人次、货邮吞吐量192万吨，分别居全球第11位和第16位；深圳宝安国际机场旅客吞吐量5,294万人次、货邮吞吐量128万吨，分别居全球第26位和第23位。

粤港澳大湾区三大机场应不断提升国际航线网络服务广度和密度，完善航线网络结构，在基础设施、航线航班资源、时刻容量、业务流程、服务水平等方面应给予主基地航空公司全方位支持，加强机场和航空公司之间的合作，共同促进国际航空枢纽的成长，打造粤港澳大湾区"世界级机场群"。

（2）不宜过于纠结单座"国际机场"定位的准确性，应以城市功能为基础确定机场的发展方向

当前中国机场发展体制下，每座机场均需要独立编制总体规划，明确机场的发展定位和发展规模。实践中，由于地方政府的发展诉求等原因，时常存在同一个区域有多座机场要发展成为"国际航空枢纽"的问题。长期一段时间内，在粤港澳大湾区拥有香港国际机场、广州白云国际机场的前提下，各界对深圳是否有必要建设国际枢纽机场存在不同声音。

实际上，在探讨机场发展定位时，不宜过于纠结单座机场"国际航空枢纽"定位的准确性，每座城市都有其独特的功能和定位，这些功能和定位决定了城市对航空运输的需求和特点。机场的发展定位需要综合考虑城市的地理位置、经济发展水平、人口规模、产业结构等因素，如对于经济发达、人口密集、产业多元化的城市，其机场可能需要承担更多的国际航班任务，以满足城市对外经济、文化交流的需求；而对于旅游资源丰富的城市，其机场则可能更注重国际旅游航线的开发。因此，同一个区域完全可以根据实际需要布局若干国际机场。

对于深圳而言，"国际创新中心"的定位、庞大的人口基数必然要求有国际化机场作为支撑，在具体策略上，可以以"功能定位同质化、细分领域差异化"为思路，推进国际航空枢纽建设。"功能定位同质化"的含义是深圳宝安国际机场与香港国际机场、广州白云国际机场均定位为国际枢纽机场，在大的发展方向上是一致的；"细分领域差异化"是指国际枢纽机场在航线网络、服务对象等领域差异化发展，深圳宝安国际机场重点布局与全球创新型城市、欧美热点城市及"一带一路"国家重点城市的国际航线，优先发展本地需求较为旺盛的点对点国际航线，做强国际商务航线，增强对本地客源的国际出行需求保障能力，尽量与香港国际机场、广州白云国际机场的国际航线不重复。

（3）进一步加强机场之间的分工与协作，推进粤港澳大湾区机场群的错位发展和良性互动

城市群是以分工、协作、共享为特征的城市发展命运共同体，机场群也不是区域内多座机场的简单集合，而是以协同运行和差异化发展为主要特征的多机场体系。东京羽田国际机场和成田国际机场在功能分工上既有国内服务和国际服务的专业化分工，又有干线航线和支线航线的层级分工，还有客运和货运的专业化分工，有效避免了同质化竞争。粤港澳大湾区在半径90公里的区域内已建成7座民用运输机场，机场之间的竞争关系强于合作关系，机场群还未形成良好的竞合关系。推进机场之间错位发展和良性互动，成为粤港澳大湾区机场群发展的关键内容。

首先，差异化定位，细分市场。香港国际机场可以利用自身优势，专注拓展国际业务；广州白云国际机场及深圳宝安国际机场则以拓展重要国际城市航线为主；珠海、澳门等中小型机场以服务本地区客流为主，可大力发展低成本航空，与主要机场错位发展。其次，加强国际航空货运分工。深圳经济外向度高，外贸出口总额占全国的近1/7，与香港国际机场、广州白云国际机场相比，拥有发展国际航空货运得天独厚的条件，可大力建设华南地区航空货运中心。最后，加强机场之间的合作。粤港澳大湾区机场群在流量管理、管制运行、复杂天气保障等方面，建立统一联动的空管运行模式，争取空域资源进一步释放和使用效率的提高；机场之间建立快速、便捷的交通联系，广州白云国际机场及深圳宝安国际机场可以汇集内地人流、物流，运送至香港国际机场，由香港国际机场来承担国际航空运输，而海外的旅客和货物抵达香港国际机场后，同样可以经广州白云国际机场及深圳宝安国际机场分流至内地，实现航空旅客和货物在不同机

场之间转换，充分发挥各机场优势，实现机场群整体效益最大化。

（4）慎重决策新建大型民用机场，重点完善中小型民用机场和通用航空起降点的布局

随着粤港澳大湾区航空需求不断增长，不少目光仍聚焦在大型机场的建设上，如广州计划建设第二机场，是一个4F级别的机场，将和广州白云国际机场、深圳宝安国际机场同等级，是广州国际航空枢纽的重要组成部分；惠州机场拟作为深圳第二机场，服务深圳都市圈东部地区面向国际、国内的航空客货运和商务通用航空运输，打造又一座年旅客吞吐量达到千万级的大型机场。笔者认为，粤港澳大湾区在半径90公里的区域内已经布局了7座民用运输机场，在城市群机场过密的情况下，不宜过度追求机场数量和规模，建设过多大型机场有可能因区域航空运输需求不足而导致市场竞争激烈、航线运营难以维持，且在粤港澳大湾区民用机场空域受限的情况下，新机场的航班起降能力也将受到较大制约。

东京湾区与粤港澳大湾区的面积接近，构建了由2座核心机场、1座次级机场和6座支线机场组成的机场群体系，较好地满足了东京湾区发展需要，未来仍然保持以羽田国际机场、成田国际机场为主的格局，通过外围军用机场军民共用改造增加小型机场。从全球范围看，世界级都市圈也均建设有较为完善的中小型机场，如大巴黎机场群拥有三十几座通用机场，纽约机场群拥有二十几座通用机场，伦敦城市机场以出色的环境、优越的区位成为伦敦机场体系的重要补充。

因此，在粤港澳大湾区已经拥有三大核心机场的基础上，应重点完善中小机场的布局，立足深圳医疗救护、应急救援、空中观光、短途运输等多元化飞行需求，构建多层次、高品质的通用航空综合服务体系。在低空经济大力发展的背景下，培育低空物流、城市和城际空中交通、低空文旅、农林植保、巡视巡检等应用场景构建多层次、高品质的通用机场，要建设低空飞行起降平台、航空器充（换）电设施、中转站、货物装卸、乘客候乘、电池存储等基础设施，为低空经济发展筑牢底座。通过通航机场及低空飞行设施建设，进一步完善粤港澳大湾区机场群体系，提高区域的竞争力和吸引力。

（5）加强交通接驳系统建设，提升机场与区域的可达性

高速铁路、城市轨道交通、高速公路等多种交通方式汇集于机场，打造以机场为核心的综合交通枢纽，实现不同交通方式快速、便捷换乘，可有效延伸机场群市场辐射范围，拓展机场客源。羽田国际机场和成田国际机场均建设了轨道交通，采用快、慢混合运营方式，提高东京湾区各区域至机场的可达性，有效提升机场的服务效能。

从机场群交通接驳效能角度，轨道交通在跨区域、长途出行方面具有明显优势。粤港澳大湾区核心机场可以依托发达的高速铁路网络，打造空地一体化综合交通枢纽，构建"空铁联运"模式，采取自动化辅助的垂直换乘、就近设置值机托运柜台等方式，实现机场与铁路的便利换乘，辐射周边中小城市。例如，惠州市通过赣深高铁—深茂铁路、深慧城际线—深大城际线的网络化运营或同站换乘，基本能够实现30～60分钟到达深圳宝安国际机场，可充分发挥区域枢纽机场的航线、价格等优势，更好地服务中小城市居民。未来，可进一步推动机场与铁路共同协调、优化航线结构、定制列车班次，形成线路及换乘时间更为合理的票务联程。

在粤港澳大湾区核心机场联络上，加强机场之间快速交通网络的建设，使得中转旅客在区域内的机场间得到快速流通，进一步发挥香港国际机场拥有丰富的国际航线网络、广州白云国际机场和深圳宝安国际

机场拥有丰富的国内航线网络的优势，形成有效分工与合作，支撑整个粤港澳大湾区机场群一体化发展。

（6）构建一体化机场群沟通管理机制，加强对机场群发展的统筹

东京湾区各机场由不同主体负责经营管理，采取了多元化管理模式，但机场群规划建设由首都圈整备委员会决定，并上报国土交通省，是一种中央政府统管模式，从体制上保证了机场群规划和管理的统筹。世界其他一流湾区中，纽约湾区机场群由纽约—新泽西港务局负责管理，旧金山湾区机场群由旧金山机场管理委员会负责管理，是一种政府跨区域统管模式。

当前，粤港澳大湾区机场群已建立机场会议和运管委等沟通协调机制。在粤港澳合作框架下，广州、深圳、香港、珠海和澳门五大机场定期召开机场联席会议，但由于定位分工、产权归属、运行标准、利益主体等多方面的原因，沟通协调较为困难，合作进展缓慢。2022年，中国民用航空中南地区管理局成立了珠三角运行协调管理委员会，将广州、深圳、珠海三个机场运管委协同作为大湾区协同运行的前期试点，但未将港澳机场纳入。

在现有机场群协同管理模式的基础上，应进一步探索大湾区机场群的创新管理模式，建立健全大湾区机场群的协调管理体制机制，推动大湾区机场群的协同发展。例如，中央政府牵头建立粤港澳大湾区运管委机制，将大湾区范围所有民用机场全部纳入，围绕基础设施建设、航线网络规划、航班时刻编排、强化互联互通等业务场景，加强横向协同，进一步完善协同机制和运行规则；建立粤港澳大湾区机场群发展常态化评估机制，定期评估机场群协同水平、运行效能等，研讨机场群发展面临的问题及对策；机场参与区域综合交通发展规划和政策制定，使大湾区机场群能有效、积极地融入现代综合交通运输体系，更好地实现地面交通融合，充分发挥其对城市群经济发展的动力源作用。

第五章

东京湾区
轨道交通

东京湾区是世界上轨道交通最发达的地区之一，其轨道交通系统由新干线、JR、地铁、轻轨、有轨电车等构成。轨道交通以东京为中心向外围放射，引导了外围新市镇的发展和人口的有机疏散，并围绕轨道交通站点建设城市次中心和城市节点，促进了东京湾区高效的土地利用。得益于发达的轨道交通，东京市区一般不会发生明显的交通堵塞，各种公共交通工具方便快捷、换乘便利、准确高效，方便了城市居民生活。

第一节　轨道交通分类

东京湾区形成了以JR、私铁和地铁三大轨道交通系统为主，以AGT（自动导向交通）、单轨交通、有轨电车等中低运量轨道交通系统为补充的多层次轨道交通体系。根据学术习惯，按照服务功能将轨道交通系统分为5类，如表5-1所示。

东京湾区轨道交通分类　　　　　　　　　　　　表5-1

类型	功能	运营时速（公里）	列车类型
JR新干线	承担东京湾区与全国其他都市圈的快速交通联系	135～240	高速铁路
JR普通线路	服务于东京湾区通勤通学交通	50～90	城际列车、快速列车
私铁			
地铁	服务于城市中心地区的交通出行	20～40	地铁
其他轨道交通	服务于外围城市的线路	20～30	有轨电车、单轨线路等

资料来源：根据《东京都市圈轨道交通发展对上海大都市圈的启示》等资料整理而成。

①JR新干线：JR新干线是日本的高速铁路系统，连接日本的主要城市，以高速列车服务为特征。

②JR普通铁路：JR曾经是日本的国有铁路，民营化后成为JR集团。JR普通铁路负责长途客运和城市近郊通勤客运。它是一个庞大的铁路网络，连接日本的主要城市和地区。

③私铁（私营铁路）：私铁是由民间资本负责建设并运营管理的铁道线路，根据经营规模，私铁可以分为"大手私铁""准大手私铁"以及"中小私铁"三类。

④地铁（地下铁）：地铁是服务于城市内部的轨道交通系统，包括东京地铁和都营地铁等，是东京湾区核心城市内的主要公共交通方式之一。

⑤其他轨道交通：除了上述类型外，还有其他一些小规模的轨道交通系统，这些系统可能根据地区需求运营模式有所不同。

以上轨道交通系统共同构成了东京湾区复杂而高效的公共交通网络，满足了不同城市和地区的运输需求。

第二节　轨道交通线网布局及客流特征

一、线网布局

东京湾区轨道交通网络以东京站、秋叶原站、品川站、新宿站和上野站为辐射中心，呈典型"环+放射状"结构。其中，环线是指区部JR山手环线和区部外围由武藏野线、南武线和鹤见线组成的不完全环线；放射性骨干线中JR线路18条，私铁线路11条，以通勤快线为主。

1. JR新干线

JR新干线是日本的高速铁路系统，全国共有9条线路，总长度约540公里，设计最高时速为260公里，连接了日本大多数重要都市。东京湾区拥有东北新干线、东海道新干线、上越新干线三条线路，以东京站为起点，分别辐射日本东北地区、西南地区和西北地区。东北新干线在终点新青森与北海道新干线衔接，并分别在福岛、盛冈与山形新干线和秋田新干线（均为迷你新干线）衔接；东海道新干线在终点新大阪与山阳新干线衔接；上越新干线东京站至大宫站与东北新干线共用轨道，并在高崎站分为两条线路，一条至新潟（本线），另一条至上越妙高与北陆新干线衔接，如图5-1所示。

东北新干线全长674.9公里，设站23座；上越新干线全长269.5公里，设站12座，这两条线路均由东日本旅客铁道株式会社（JR东日本）经营。东海道新干线全长515.4公里，设站17座，由东海旅客铁道株式会社（JR东海）经营。东京湾区现状新干线基本情况如表5-2所示。

东京湾区现状新干线基本情况一览表　　　　　　　　　　表5-2

线路名称	起点	终点	实际距离（公里）	站点数量（座）	运营主体
东北新干线	东京	新青森	674.9	23	JR东日本
东海道新干线	东京	新大阪	515.4	17	JR东海
上越新干线	东京	新潟	269.5	12	JR东日本

资料来源：根据百度百科资料整理。

在东京湾区范围内，新干线平均站间距30～50公里，运营时速135～240公里，线网密度1.5公里每百平方公里。新干线系统将东京湾区与其他两大都市圈（京阪神都市圈、名古屋都市圈）紧密联系起来，形成2～3小时交通圈，支撑形成了以东京为核心、辐射全国、联通各地的国土开发空间格局，强化东京湾区对日本经济社会发展的引领作用。

2. JR普通线路

JR普通线路主要联系东京湾区内部城市，提供中短途的城际客运和通勤通学客运服务，由东日本旅客铁道株式会社管理运营。东京湾区JR普通线路系统呈双环放射结构，其中双环是指区部JR山手环线和区部外围由武藏野线、南武线和鹤见线组成的不完全环线，放射线路由区部向周边地区呈放射状分布，主要包括东海道线、京滨东北线、横须贺线、中央本线、东北本线、埼京线、常磐线、总武线和京叶线等。

图5-1　日本新干线网络布局示意图
资料来源：国土交通省，《全国の新幹線鉄道網の現状》，2023

东京湾区JR普通线路布局如图5-2所示。

3．私铁

私铁系统主要是在JR线路未覆盖区域承担与区部间的客流运输功能，由众多私营铁路公司运营管理。私铁系统主要由放射骨干线路及其支线组成，其中放射线路以JR山手线枢纽站点为起点向四周辐射。东京湾区范围内私营轨道交通企业17家，管辖线路66条（1,213公里），其中8家大手私铁共辖56条线路，1家准大手私铁辖1条线路，8家中小私铁共辖9条线路，如图5-3所示。

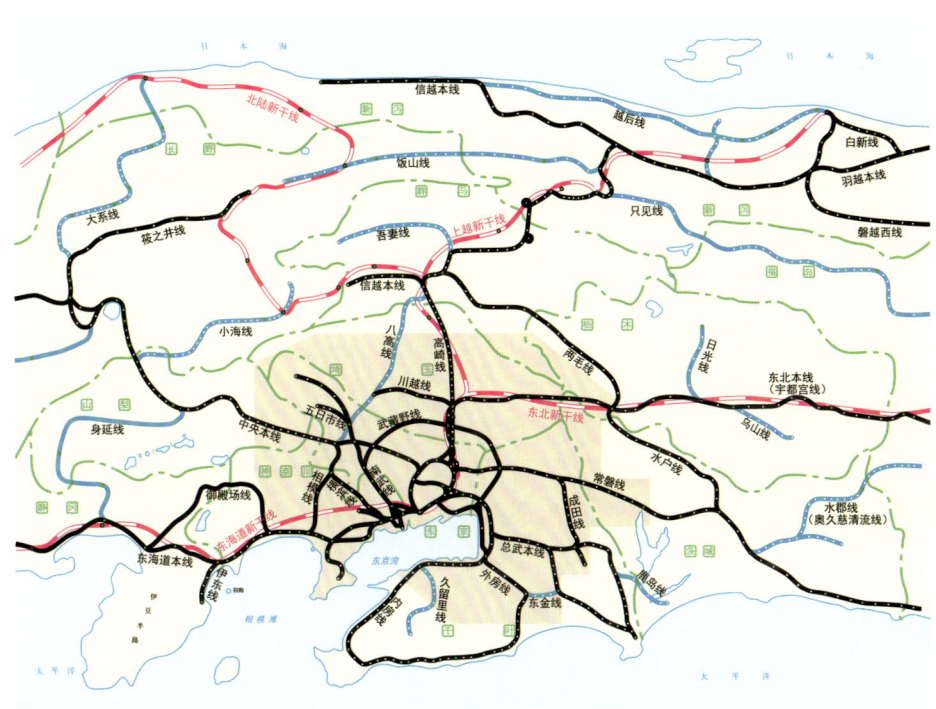

图5-2　东京湾区JR普通线路布局图
资料来源：JR东日本关东/甲信越地区路线图，2024

图5-3　以JR山手线站点为起点放射状私铁线路图
资料来源：刘龙胜等，《轨道上的世界——东京都市圈城市和交通研究》，人民交通出版社，2013

4. 地铁

　　东京湾区的地铁主要包括东京区部地铁系统和横滨市营地铁两大部分。其中，东京区部地铁系统经过近90年的发展，目前已形成13条线路（301.8公里）的网络，整体呈现由东南海滨中心向北、向西扇形扩散。

东京区部地铁系统有两家主体运营，其中东京地下铁株式会社拥有9条线路，都营地下铁株式会社拥有4条线路。东京区部地铁线路皆与JR山手线接驳换乘，其中与JR、私铁共同形成了几个大型枢纽车站（如池袋站、新宿站、涩谷站等），如图5-4所示。

横滨市营地铁是横滨市交通局经营的地铁系统，是关东地区唯一的市营地铁。横滨市地铁主要服务横滨市市区和周边区域，包括2条线路、40个车站，线路总长53.4公里。

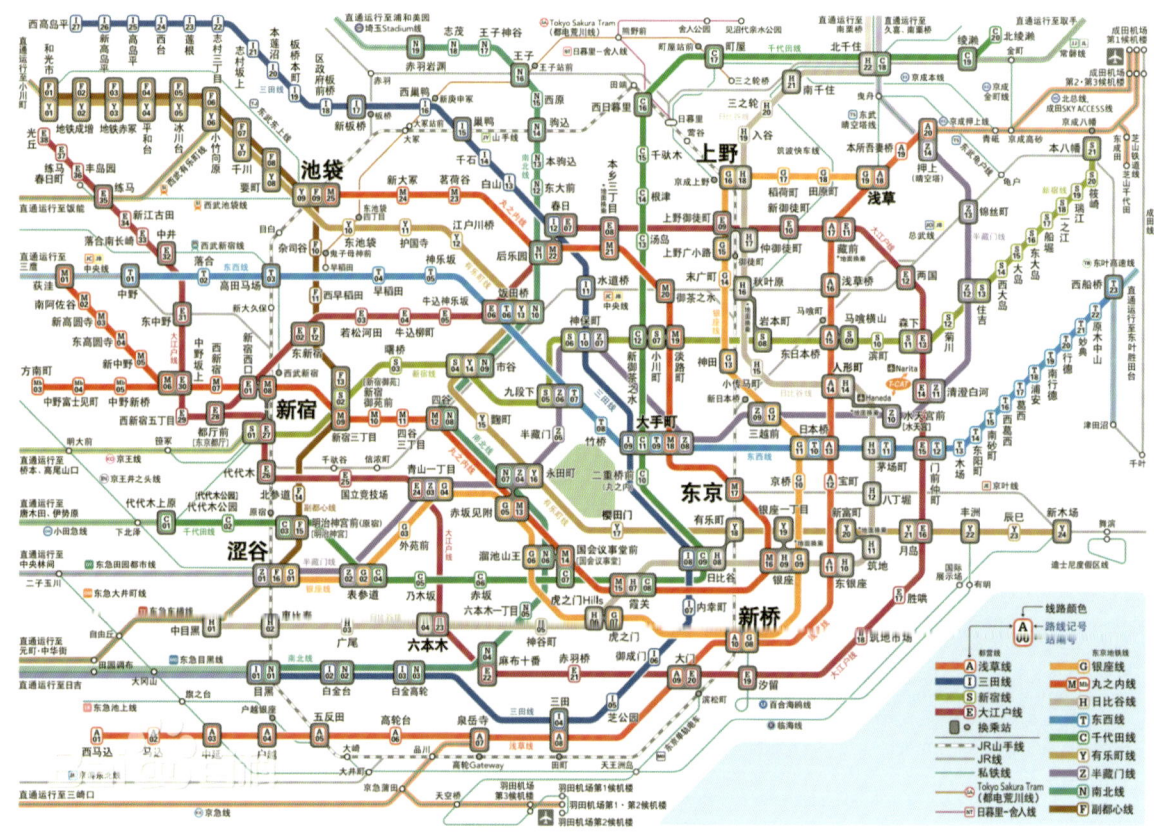

图5-4　东京区部地铁线路网

资料来源：维基百科，《东京地下铁及都营地下铁》，2023

5．其他轨道交通

东京湾区范围内除JR、私铁和地铁外，还有AGT、跨座式单轨、悬挂式单轨、有轨电车等形式的轨道交通线路，总里程超过330公里。

二、网络规模

东京湾区在多中心、网络化的结构下，轨道交通线网的密度由中心城向外逐步递减。东京区部的轨道交通包括JR普通线路、私铁、地铁，线网密度一般在1公里每平方公里以上。外围区域以私铁和JR线路为主，东京湾区为支撑网络化的格局，也在不断加密外围轨道交通线网密度，线网密度一般也保持在0.1公里每平方公里左右，保障核心区外围城镇节点内部以及节点之间有较为便利的联系。东京湾区轨道交通网络规模如表5-3所示。

东京湾区轨道交通网络规模一览表（单位：公里）   表5-3

地域	JR新干线	JR普通线路	私铁	地铁	其他	合计
东京都	35	319	371	306	79	1,110
神奈川县	75	412	305	53	17	862
埼玉县	105	293	371	1	13	783
千叶县	0	611	327	10	24	972
茨城县	10	286	175	0	0	471
山梨县	0	191	26	0	0	217
栃木县	105	226	204	0	0	535
群马县	110	214	169	0	0	493
东京湾区（合计）	440	2,552	1,948	370	133	5,443

三、客流特征

日本国土交通省每5年开展一次大都市交通调查，调查范围为首都圈、中京圈和近畿圈，其中首都圈的范围是东京湾区"一都七县"，包括东京都、埼玉县、千叶县、神奈川县、茨城县、栃木县、群马县和山梨县；调查内容主要是轨道交通、巴士等公共交通工具的使用情况，为提高公共交通的便利性、改善交通服务等提供基础资料。

1. 出行总量和出行率

轨道交通是东京湾区交通系统中最核心的部分，和其他世界大都市相比，东京湾区旅客出行明显更依赖轨道交通。根据历年调查，东京湾区轨道交通客运量一直在稳步上升，1970—2009年，年客运量由80亿人次增长到约145亿人次，2019年达到159.03亿人次（不计新干线客流），日均客运量约4,357万人次，人均轨道交通出行次数约为1次/日。1970—2009年东京湾区铁路客运量变化情况如图5-5所示。

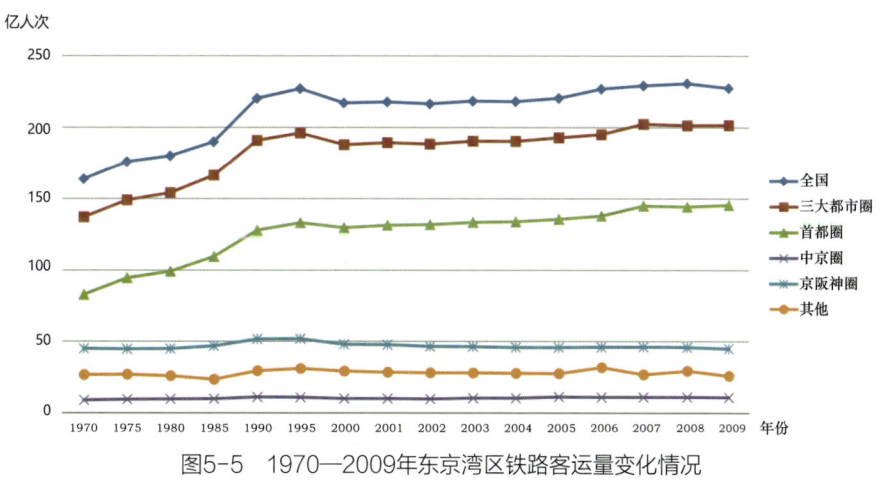

图5-5 1970—2009年东京湾区铁路客运量变化情况

资料来源：国土交通省，《数值见铁道》，2013

2024年6月，粤港澳大湾区核心城市广州、深圳、香港地铁日均客运量分别为857万人次、796万人次、458万人次，人均轨道交通出行次数分别为0.45、0.42、0.61，与东京湾区还存在不小差距。粤港澳大湾区核心城市与东京湾区轨道交通出行次数对比如表5-4所示。

粤港澳大湾区核心城市与东京湾区轨道交通出行次数对比　　　　　　　表5-4

地域	常住人口（万人）	轨道交通运营里程（公里）	日均轨道交通客流量（万人次）	人均轨道交通出行次数（次/日）
广州	1,882.7	653	857	0.45
深圳	1,779	567.1	741	0.42
香港	753	245.3	460	0.61
东京湾区	4,428	5,003（不含新干线）	4,357	0.98

2．出行目的

在东京湾区地铁出行中，通勤、通学及回家出行占比约80%，私事和业务出行占比约20%。其中，东京都23区、东京都心和副都心相较于其他地区，由于经济活跃、居民消费能力强，私人目的和业务目的的出行占比更大，为22%~27%。城市地铁出行以通勤、通学占主导，反映了城市居民出行需求的稳定性和规律性，同时也要求城市轨道交通规划更加注重满足市民的日常出行需求。东京湾区轨道交通出行目的构成如图5-6所示。

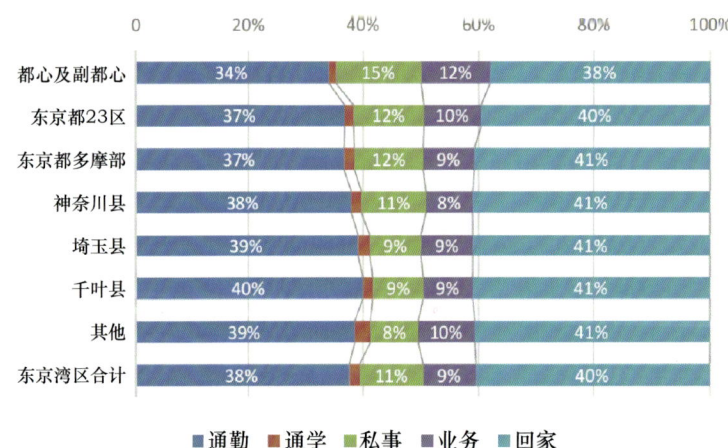

图5-6　东京湾区轨道交通出行目的构成示意图
资料来源：国土交通省，《平成29年度大都市交通センサス分析調査報告書》，2018

3．空间分布

东京湾区的通勤、通学交通具有强大的向心性，外围地区与东京区部之间轨道交通客流较大。2015年，每天至东京都23区的轨道交通定期票旅客流量达514万人次/日，其中神奈川县为89.4万人次/日，埼玉县为82.7万人次/日，千叶县为68.5万人次/日，东京都多摩部为61.9万人次/日，分别占各地区轨道交通出行总量的43.2%、59.2%、58.1%和61%。与2010年相比，多摩部、埼玉县、千叶县前往区部的定期票旅客有所增加，神奈川县、茨城县则呈现减少的趋势。以东京都23区为终点的通勤、通学旅客流量如图5-7所示。

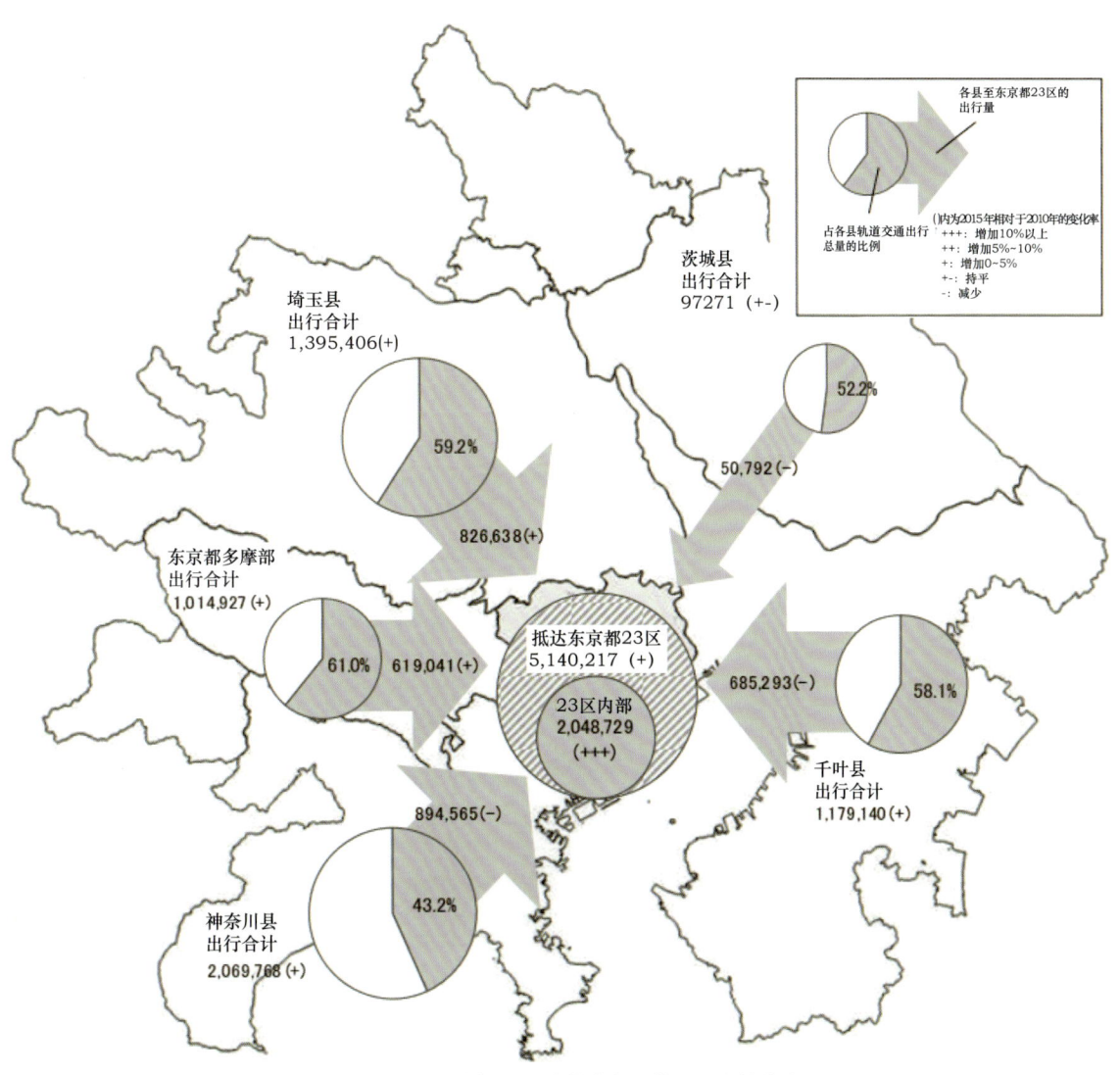

图5-7　以东京都23区为终点的通勤、通学旅客流量图

资料来源：国土交通省，《平成29年度大都市交通センサス分析調査報告書》，2018

　　东京湾区大规模、向心性、潮汐式的通勤交通，导致早晚高峰放射性轨道交通线路客流量过大，处于严重拥堵状态，被称为"通勤地狱"，这是东京长期以来未能解决的"城市病"。造成这种局面的根源是东京湾区虽然在空间布局结构上是多中心，但就交通需求特性而言，实质上是一个以东京都特别是中心三区（即中央区、港区和千代田区）为中心的单中心城市。因此，在城市副中心营造职住平衡的用地形态和生活模式是东京未来的努力方向，也是我们必须引以为戒的教训。东京湾区轨道交通线路全日运输能力如图5-8所示，轨道交通线路全日断面客流量如图5-9所示。

4. 时间分布

　　国土交通省大都市交通调查统计了全天各时刻的铁路利用人数，包括轨道交通列车上的乘客人数、轨道交通车站内的乘客人数以及前往轨道交通车站途中的乘客人数。调查结果显示，铁路利用人数分布呈现明显的早晚高峰特征，早上8时铁路利用人数达到240万人，其中在轨道交通列车上的人数约135万人，如图5-10所示。

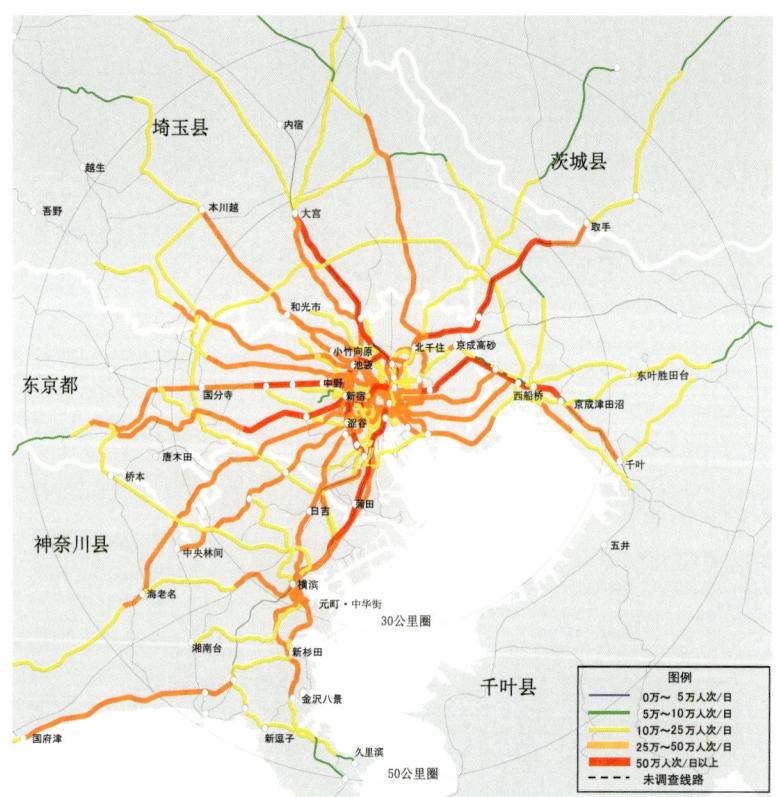

图5-8　轨道交通线路全日运输能力

资料来源：国土交通省，《平成29年度大都市交通センサス首都圏报告書》，2018

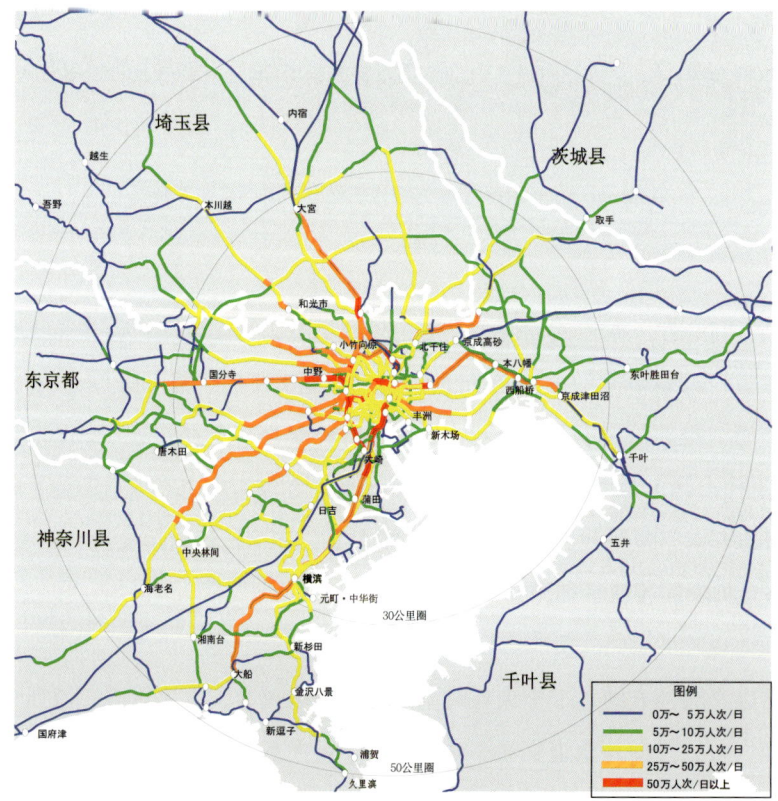

图5-9　轨道交通线路全日断面客流量

资料来源：国土交通省，《平成29年度大都市交通センサス首都圏报告書》，2018

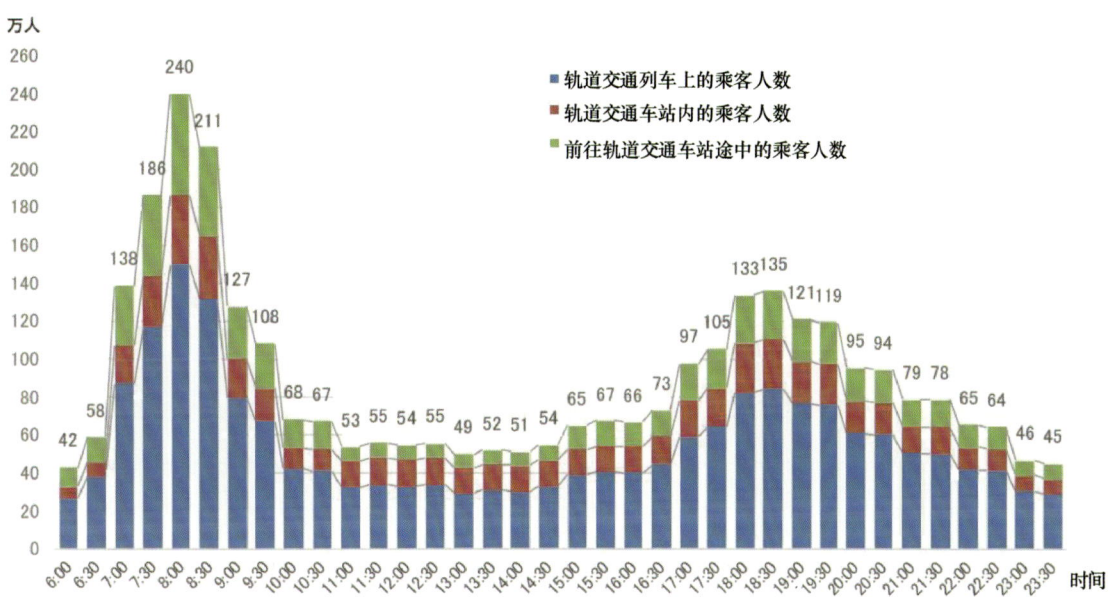

图5-10　铁路利用人数时刻分布

资料来源：国土交通省，《平成29年度大都市交通センサス分析调查报告书》，2018

5．出行时长

2015年，东京湾区轨道交通乘客平均出行时长70分钟。与1970年相比，东京湾区通勤、通学的平均出行时长增加了近20分钟，且一直呈增长趋势；通学与通勤出行时长相比较，通学的时长多10分钟左右，如图5-11所示；按地域划分，2015年相比于2010年，除埼玉县东北部、中部等少数地区轨道交通出行时长有所减少外，其余各地区出行时长变化不大，如表5-5所示。

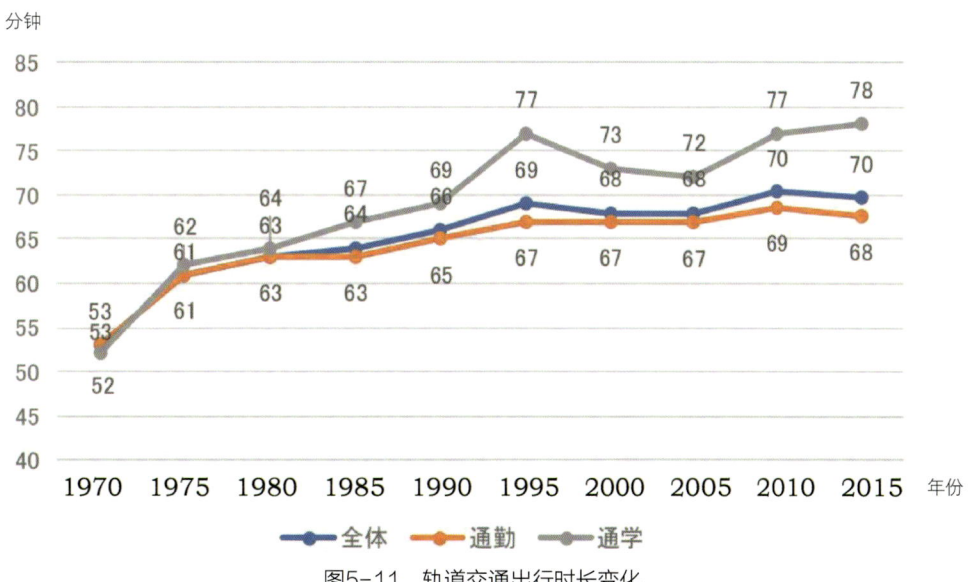

图5-11　轨道交通出行时长变化

资料来源：国土交通省，《平成29年度大都市交通センサス分析调查报告书》，2018

各地区轨道交通出行时长（单位：分钟）　　　　　　　　　　　　　　　　　表5-5

地区		2005年	2010年	2015年
东京都	都心三区	43.1	43.5	43.8
	副都心三区	47.2	47.4	48.4
	23区东部	54.1	55.9	56.5
	23区东北部	54.4	56.0	56.6
	23区西北部	57.6	60.3	60.6
	西部23区	54.3	56.0	56.8
	23区南部	50.9	51.0	51.1
	多摩东部	68.3	70.7	71.3
	多摩南部	75.7	79.4	78.3
	多摩西部	75.6	85.9	83.1
神奈川县	横滨市	66.5	68.4	69.0
	川崎市	61.3	62.3	62.2
	相模原市	77.3	80.9	78.8
	神奈川县东南部	77.6	81.5	79.2
	神奈川县中部	80.2	81.1	79.7
	神奈川县西南部	84.2	86.4	84.7
埼玉县	埼玉市	69.6	72.2	72.5
	埼玉县中南部	62.7	64.6	64.7
	埼玉县东南部	75.1	74.8	76.6
	埼玉县东北部	81.2	86.2	78.6
	埼玉县中部	76.0	82.3	76.7
	埼玉县西北部	86.1	99.7	96.0
	埼玉县西南部	79.8	82.6	83.4
千叶县	千叶市	73.8	79.1	76.2
	千叶县南部	88.9	91.6	84.1
	千叶县东部	97.1	104.5	103.7
	千叶县东北部	88.1	88.2	85.5
	千叶县西部	68.0	69.5	70.1
	千叶县西北部	73.7	75.0	73.6
茨城县	茨城县南部	91.2	97.1	90.6
	茨城县西部	107.5	105.9	102.8
东京湾区		66.9	68.7	67.7

资料来源：国土交通省，《平成29年度大都市交通センサス分析調査報告書》，2018

6．出行距离

2015年，东京湾区居民轨道交通平均出行距离约22.3公里。从各地区的情况看，距离东京核心区越近，轨道交通出行距离越短；距离东京核心区越远，则轨道交通出行距离越长，如东京都心和副都心的轨道交通出行距离为10～11.8公里，多摩和横滨等地区为20～30公里，而埼玉县东北部、千叶县东北部等地区达到30～40公里，千叶县东部、茨城县西部甚至超过50公里。与2010年相比较，大部分地区的轨道交通平均乘车距离都在缩短。东京湾区轨道交通平均乘车距离如表5-6所示。

按地区划分的平均乘车距离（单位：公里）　　　　　　　　表5-6

地区	2005年	2010年	2015年	2015年与2010年比值
都心三区	11.8	10.8	10.0	0.93
副都心三区	11.8	11.9	11.8	0.99
23区东部	14.7	14.9	14.7	0.99
23区东北部	14.5	14.8	14.9	1.01
23区西北部	16.2	16.7	16.5	0.99
西部23区	14.3	14.7	14.6	0.99
23区南部	13.9	13.3	12.8	0.96
多摩东部	22.2	22.9	22.5	0.98
多摩南部	27.2	27.7	27.2	0.98
多摩西部	26.4	32.5	28.9	0.89
横滨市	23.8	24.5	23.2	0.95
川崎市	18.5	18.7	18.1	0.97
相模原市	28.9	29.9	28.2	0.94
神奈川县东南部	34.5	38.0	33.9	0.89
神奈川县中部	29.9	30.4	28.2	0.93
神奈川县西南部	42.8	43.5	38.2	0.88
埼玉市	24.8	25.8	24.3	0.94
埼玉县中南部	19.2	19.5	18.8	0.96
埼玉县东南部	28.7	27.7	27.8	1.00
埼玉县东北部	38.5	40.8	35.6	0.87
埼玉县中部	32.9	36.6	31.3	0.86
埼玉县西北部	44.3	54.8	47.4	0.86
埼玉县西南部	30.0	31.7	30.9	0.97
千叶市	31.0	34.7	29.4	0.85
千叶县南部	41.2	44.2	36.2	0.82
千叶县东部	52.7	57.3	51.7	0.90
千叶县东北部	41.1	41.4	35.9	0.87
千叶县西部	24.3	24.8	24.0	0.97
千叶县西北部	29.9	30.1	28.0	0.93

续表

地区	2005年	2010年	2015年	2015年与2010年比值
茨城县南部	46.6	51.3	43.7	0.85
茨城县西部	57.5	57.4	55.1	0.96
东京湾区合计	23.6	24.1	22.3	0.93

资料来源：国土交通省，《平成29年度大都市交通センサス分析調査報告書》，2018

从通勤和通学来看，2015年通勤出行距离与东京湾区平均出行距离基本一致，通学平均出行距离为28公里，比平均值大；对比2005年、2010年，通勤出行距离略有减小，但通学出行距离一直在持续增加，如图5-12所示。目前，我国超大城市如北京的居民平均通勤出行距离约为11.9公里，上海约为9.1公里，深圳约为8公里，与东京湾区相比较要短得多，这表明我国城市当前的职住更平衡，需要在未来的城市规划建设中继续保持组团式空间结构，各组团功能相对完整，尽可能实现组团内部的职住平衡。

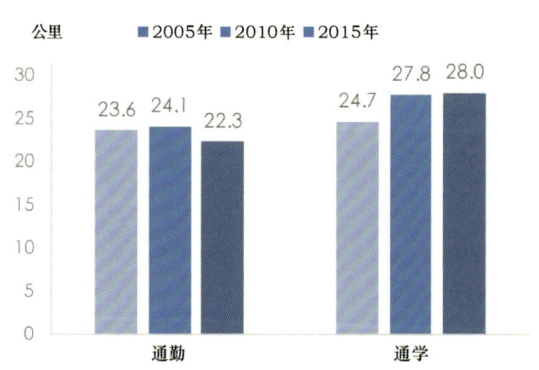

图5-12　平均轨道交通乘车距离
资料来源：国土交通省，《平成29年度大都市交通センサス分析調査報告書》，2018

7. 接驳交通方式

从接驳交通方式看，步行是东京湾区轨道交通接驳最主要的方式，平均占比达到68%；自行车次之，约占接驳方式的17%；公交占10%；私家车、摩托车及其他占5%。对于不同的接驳服务距离，接驳交通方式的选择也不同，接驳距离不足1公里时，步行的选择比例高达95%；接驳距离为1~2公里时，自行车的选择比例显著提高至17%，步行降低至75%；接驳距离在2公里以上时，步行方式选择比例显著下降，地面公交和私家车接驳比例提高，其中步行占比34%，自行车占比28%，地面公交占比25%，私家车占比11%，摩托车及其他交通方式占比2%，如图5-13所示。

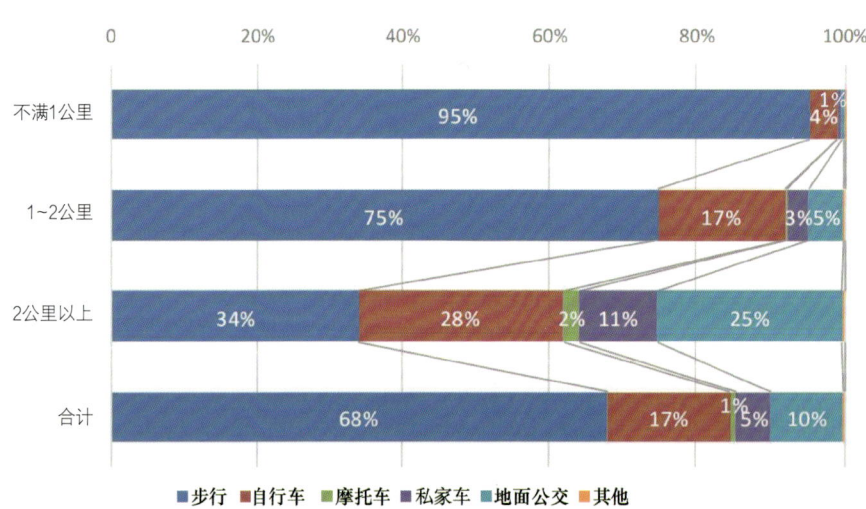

图5-13　轨道交通接驳方式构成示意图
资料来源：国土交通省，《平成29年度大都市交通センサス分析調査報告書》，2018

从1980年以后接驳交通方式分担率的变化来看，1980—1995年，步行和地面公交的比例减小，自行车和私家车的比例增加。2005年以后，步行的比例逐步增加，自行车、地面公交的比例在减小。东京湾区历年轨道交通接驳方式变化情况如图5-14所示。

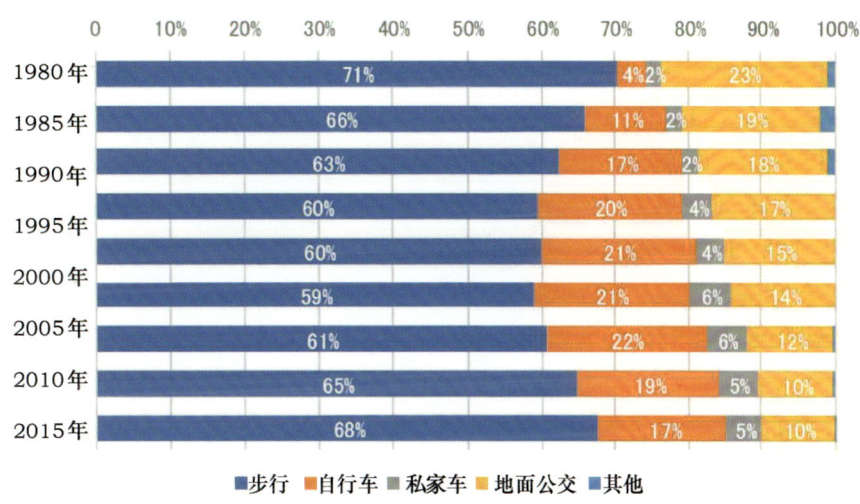

图5-14　历年轨道交通接驳方式变化情况示意图

资料来源：国土交通省，《平成29年度大都市交通センサス分析調査報告書》，2018

8. 轨道交通车站换乘

东京湾区轨道交通全面实现互联互通，形成了一个有机衔接的发达的轨道交通网络，换乘便捷，通达性强。大量快线和地铁线路在市中心交会，形成诸多的多线换乘枢纽。据统计，山手线沿线76座轨道交通车站中34座为换乘站，其中10座为4线换乘站、3座为5线换乘站。从换乘距离来看，东京湾区内换乘平均水平距离为192米，主要集中在150～200米；平均垂直距离为14.3米，主要集中在10～15米。东京湾区轨道交通枢纽的水平换乘距离和垂直换乘距离如图5-15所示。

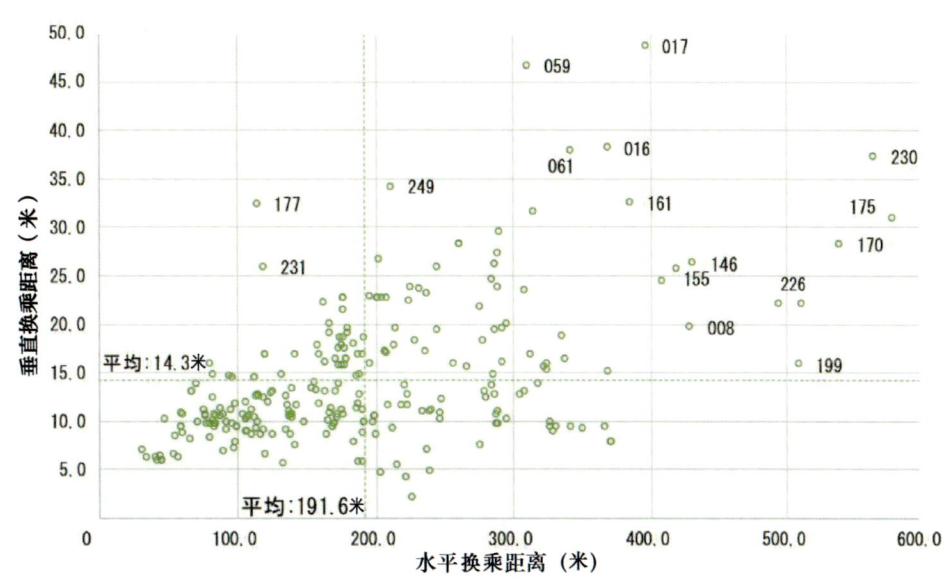

图5-15　东京湾区轨道枢纽的水平换乘距离和垂直换乘距离

资料来源：国土交通省，《平成29年度大都市交通センサス分析調査報告書》，2018

从换乘时间来看，东京都市圈轨道交通平均换乘时间为4.3分钟，其中水平换乘时间占 69.0%，垂直换乘时间占 25.1%，等待时间约占5.8%，各车站换乘时间如图5-16所示。

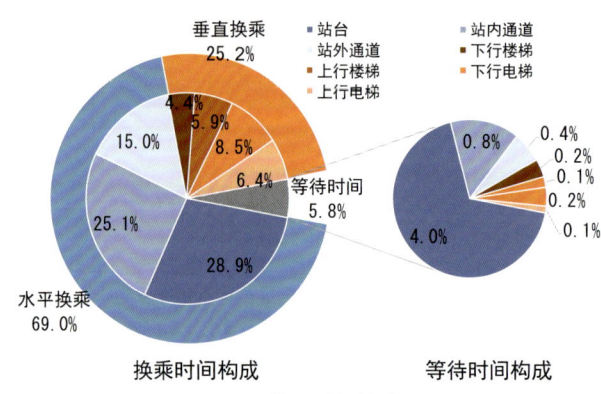

图5-16　换乘时间构成

资料来源：国土交通省，《平成29年度大都市交通センサス分析调查报告书》，2018

第三节　轨道交通与城市一体化开发

公共交通导向开发（Transit Oriented Development，TOD）即在以公交枢纽为中心、步行10分钟以内距离的区域集聚工作、商业、居住等多种功能的城市发展模式，可有效解决城市化发展中因出现市区蔓延、中心区衰落、过度依赖私家车等问题，是一项重要的城市发展策略。

日本大城市虽然没有运用TOD这一词汇，却以实际行动对TOD理念进行了实践和诠释。从轨道交通建设之初，日本就推动轨道交通与城市一体化开发，经过上百年的发展，逐步形成自身特色。城市开发效益与轨道交通开发紧密联系，也使得交通与其他用地实现无缝衔接，成为土地高效利用、功能配置合理、交通便捷舒适、出行方式零换乘、市场驱动主导的一体化范例。

一、多空间尺度的TOD规划体系

日本形成宏观、中观、微观三个层面的规划体系，有效保障了TOD的成功。

1.宏观层面：轨道交通引导城市空间发展

从东京湾区空间发展历程看，总体上经历了"圈层发展"到"主副轴带动"，再到"多中心网络化"城市群空间格局的演变过程。"圈层发展"至"主副轴带动"时期，轨道交通由中心城向外辐射，构建中心城与卫星城之间的直接联系通道，支撑中心城人口、岗位的外移；"多中心网络化"发展时期，放射状的轨道交通线路沿线逐步形成城市与人口的聚集，引导东京湾区形成区域网络化、多中心的格局。可以看出，轨道交通在湾区城市空间发展过程中起到了重要的引领作用。东京都和各县在本辖区城市发展规划中也落实了TOD理念。

　　1982年编制的《东京都长期计划》提出："为了让东京成为适宜居住的城市，其城市结构必须从一元集中型向工作和居住相互均衡的多元型转变"。针对多元的"元"这个概念，《东京都长期计划》提出"交通的连接节点，预计将会进行大规模的未用地开发和二次开发，是对将来的城市建设存在极大可能性的地域。它不仅要成为业务功能的中心，还必须成为能够维持文化、信息、交通等多方面建设的东京市活跃与发展中心，同时是能够拉近工作与居住地的据点"。实际是通过建设副都心，引导区部由东京都心的高度聚集结构向区部多中心结构转变。

　　经过多年的发展，目前东京区部依托JR山手线沿线综合交通枢纽打造了"一核七心"的城市结构，其中"一核"是指东京都心，"七心"是指七个副都心：池袋、新宿、涩谷、大崎、上野—浅草、锦系町—龟户、临海，如图5-17所示。副都心基本位于JR山手线与放射状轨道交通线路的交会处，充分利用了交通枢纽对商务及人流的聚集效应，如图5-18所示。东京区部副都心是多功能高度复合的商务区域，在满足商务活动的同时还具有商业、文化、娱乐、居住等其他功能。这些地区也成为东京目前经济最为繁荣、土地价值最高的地区，以综合交通枢纽引导城市功能布局是东京城市发展过程中的一大显著特点。

图5-17　东京区部"一核七心"的城市结构示意图
资料来源：刘龙胜等，《轨道上的世界——东京都市圈城市和交通研究》，人民交通出版社，2013

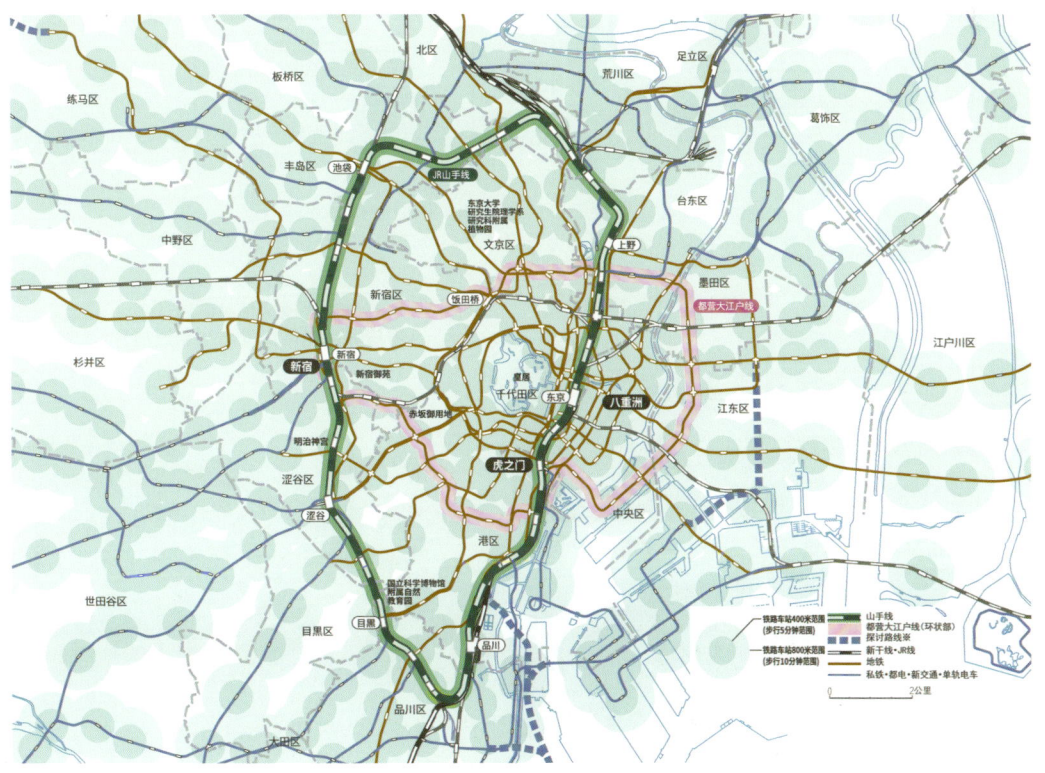

图5-18　东京区部轨道交通线网布局示意图
资料来源：东京都政府，《东京都市白皮书（2015年度）》，2015

　　《山梨县城市总体规划（2020年）》结合新建磁悬浮车站规划1处区域交流据点，结合轨道交通站点规划
2处区域据点和8处地区据点，如图5-19所示；根据据点区位和等级，明确了各据点的发展方向和土地利用
方针，并围绕轨道交通站点推进道路、公园等基础设施，实现城市功能集聚，图5-20所示为甲府站周边地
区发展指引。另外，山梨县政府围绕新据点制定了《山梨县巴士交通网络再生计划》，致力于构建便利的巴
士交通网络，推进轨道交通与地面公交的一体化，促进城市和交通融合发展。

　　《栃木县都市计划（2024年）》提出了构建"多核网络型"城市结构，"多核"是结合轨道交通划分广域
基地、地域基地、生活基地等不同类型的城市地区，根据每个地区的规模和作用，配置不同的城市服务功
能和生活服务功能，并依此开展土地利用规划；"网络型"是通过公共交通连接各基地，优化步行空间和自

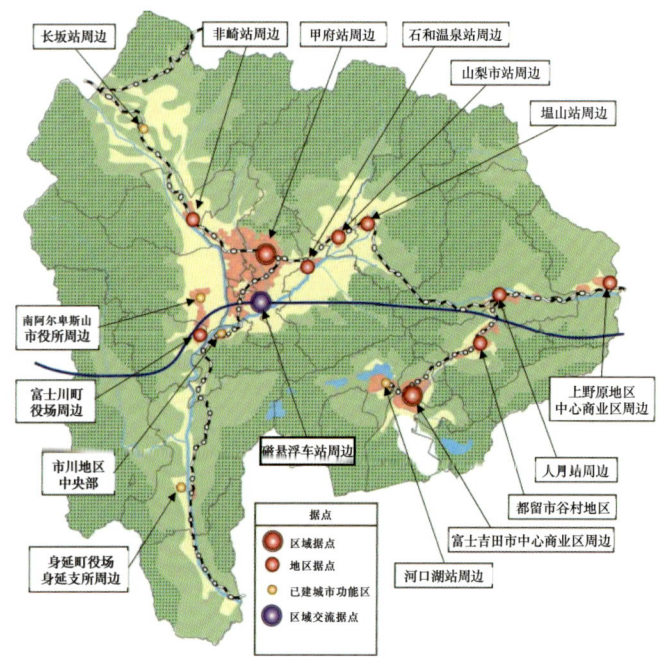

图5-19　《山梨县城市总体规划》据点分布示意图
资料来源：山梨县政府，《山梨県都市計画マスタープラン》，2021

图5-20　甲府站周边地区发展指引
资料来源：山梨县政府，《山梨県都市計画マスタープラン》，2021

行车的使用环境，实现人们的自由移动，促进公共交通的利用，形成令人安心、舒适的日常生活空间。栃木县多核网络型城市结构如图5-21所示，城市节点划分及服务设施配置指引如表5-7所示。

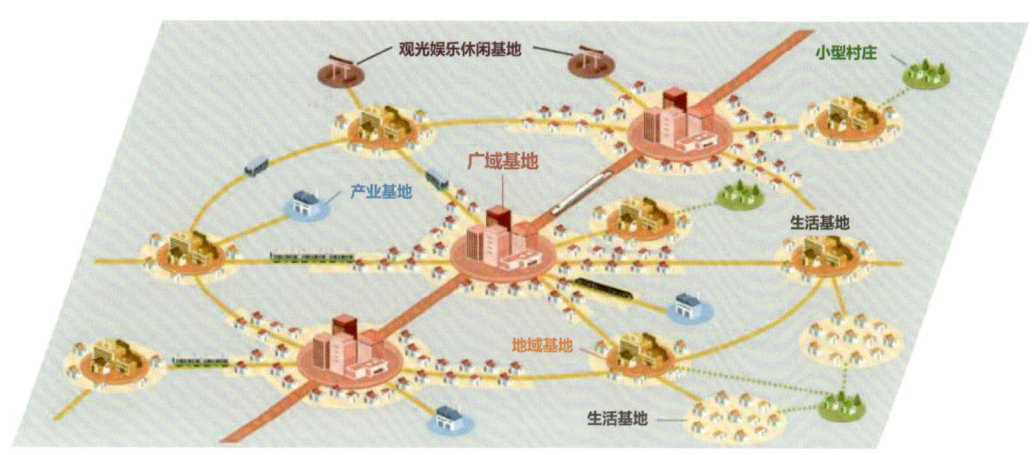

图5-21 栃木县多核网络型城市结构示意图
资料来源：栃木县政府，《栃木県の都市計画》，2024

栃木县网络型城市节点划分及服务设施配置指引 表5-7

分类	地区特点	服务设施配置示例
广域基地	城市中心、火车站等地区，存在广域公共交通枢纽，城市功能高度多样	国家/县行政机关、市政府、商业设施总店、购物中心、综合医院、老年服务住宅、大学、高中、初中、小学、幼儿园、托儿所、车站、文化中心、巴士总站等
地域基地	市政府、町公所、支所、火车站等地区，城市功能已经聚集到一定程度	都道府县等派出机构、市政府、镇政府、邮局、银行、超市、医院、日间服务中心、高中、初中、小学、托儿所、图书馆、车站等
生活基地	社区中心，周边以低层住宅区和农田混合地区为主	城市分支机构、邮局、小型超市、便利店、商店、诊所、小学、社区中心、公交车站、轨道交通站点、中转中心等
小型村庄	包括多个分散村庄的区域	医疗所、邮局、购物、公共交通、物流、小学等

资料来源：栃木县政府，《栃木県の都市計画》，2024

2. 中观层面：轨道交通和沿线土地一体化开发

轨道交通的运营效益与沿线开发情况是密不可分的。若郊区仅开发住宅区，则人流一般在早晨上班时流向市中心方向，而在傍晚回家时则流向郊区方向，这种偏向一个方向的交通需求意味着其相反方向将会空载运行，对于轨道交通经营是极其低效的。因此，在郊区不仅要建住宅，还要开发工业园区、研究所、大学等，这样才能够激发与市中心方向相反的通勤需求；而对于休息日，在市中心枢纽站开发商业设施会激发前往市中心的交通需求。另外，通过在郊区开发休闲乐园、体育娱乐设施，也能够激发去往郊区的交通需求。轨道交通与沿线土地一体化开发确保轨道交通运营效益，有效带动周边区域的均衡发展，创造更多就业机会，成为地区的经济中心。可以说，将轨道交通与沿线土地开发协同是日本各类铁路公司实现土地开发效益和社会价值最大化的重要手段。

　　1924年，关西的阪神电铁以一体化的形式在甲子园开发了棒球场、休闲乐园、郊区住宅区，并于1933年在大阪、梅田枢纽站开设了阪神百货市场。之后东京的民营公司也引进这一商业模式，1934年在涩谷站开设了东横百货店，1953年在多摩川开设了二子玉川游乐园。

　　20世纪50—60年代，东京经济开始飞速发展，城市住房紧缺问题越来越严重。政府和企业大力建设郊区新城为新迁人口提供住宅及相关生活设施，多摩新城、千叶新城、筑波科学城、多摩田园都市新城是典型的新城。这些新城建设均开展轨道交通和沿线土地一体化开发，实现了新城和轨道交通建设运营的协调发展。以千叶新城与北总线一体化开发为例，依托北总线站点，千叶新城主要分为六大区域，即西白井站区、白井站区、小室站区、千叶新城中央站区、印西牧原站区和印旛日本医大站区，根据各片区自身条件及分阶段开发计划，分别建设住宅、公益设施、商业商务、公园绿地和其他都市基础设施，打造一个集居住、工作、上学和休闲娱乐等各种功能于一体的复合城市。通过数十年的建设，郊区农田成功转型为人气街区，有效促进了经济发展。千叶新城与北总线轨道交通站点位置关系如图5-22所示。

　　如今，东京湾区在轨道交通车站周围集聚商业、文化、医疗等生活功能，并在沿线跨区域的市町村之间建设区域中心医院、大型商业设施、文化礼堂等城市功能设施，已经成为轨道交通沿线城市建设的一项制度。轨道交通沿线城市功能发展指引如图5-23所示。

图5-22　千叶新城与北总线轨道交通站点位置关系图
资料来源：刘龙胜等，《轨道上的世界——东京都市圈城市和交通研究》，2013

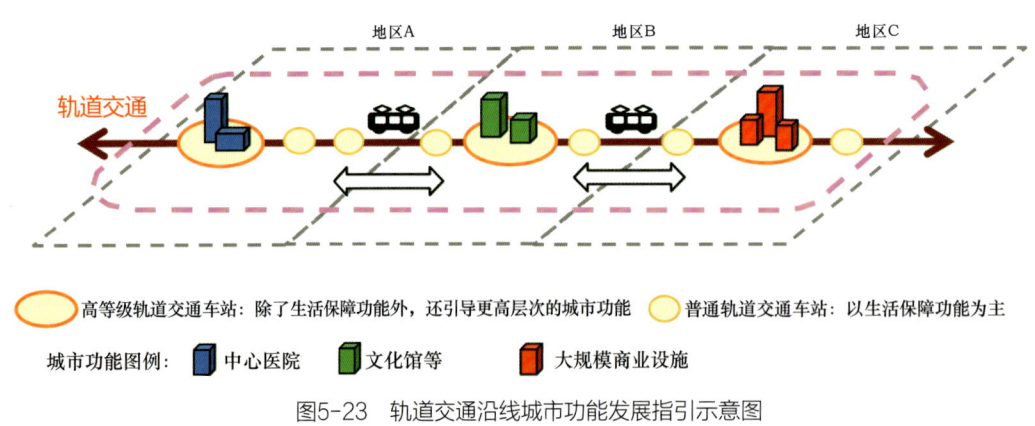

图5-23　轨道交通沿线城市功能发展指引示意图
资料来源：国土交通省，《鉄道沿線まちづくりガイドライン（第一版）》，2015

3．微观层面：轨道交通站点与城市一体化开发

在车站空间布局上，日本大量采用车站建筑及站城一体模式，轨道交通站点一般具有综合功能，不少与百货大楼、宾馆等一体化建设。围绕车站开展城市开发，并建设景观良好的步行系统以连接车站与附近的居住区和就业区，居民步行和乘公共汽车到轨道交通车站都很方便。这种用地布局在吸引远距离出行选择轨道交通的同时，还有效降低了机动车交通量。

东京站是多条轨道交通线路的起点，是东京市的主要车站之一，客流量接近200万人次/日。其站点综合开发范围包括车站周边的丸之内及八重洲片区，打造了网络化的地下步行系统，实现了轨道交通站点之间、站点与周边建筑间的直接连通，既承担了庞大的通勤客流在站内疏散、转换的需求，也满足了站点周边客群购物休闲、生活服务、旅游等多样化的活动需求。东京站的地下空间在东、南、西、北4个方向分别向外延伸了1.4公里、1.2公里、1.6公里、1.7公里，与大量建筑的地下空间紧密联系。以该站为中心半径500米左右范围内的地下空间网络最为发达。

新宿站是有8条线路的大型换乘中心，地下一层是小田急各站停车线路，又通过站台的中央通道、北通道和高架南通道联络车站东、西两侧；地下二层是京王线；地下三层是丸之内地铁线；地下四层是JR新宿站；地下五层是京王新线、地铁都营新宿线；地上一层是小田急快车线、山手线、中央线；二层以上是百货店、食品店、饭店、书店等。

涩谷站位于东京都涩谷区，为JR东日本、东京地铁、东京急行电铁及京王电铁的站点，日均服务旅客达242万人次，是东京最繁忙的车站之一。该站在涩谷站中心地区建设检讨委员会的统一协调下实施TOD综合再开发，并与街区建设、道路重建、社区治理有机结合，在车站周边形成了餐饮、百货、会议中心、智创中心、影视娱乐等功能复合的多产业集群。为便于将各街区有机连接、有利于各轨道交通线路间的便捷换乘，该站充分利用地形高差，打造了城市垂直交通核，构建了便捷联系的、具有立体多层活动空间的交通动线，实现了车站与周边商业的顺畅衔接。该站在地下商业与轨道交通站点之间设置了通高的开敞空间，解决了防灾、排烟和采光等问题，使两者有机融合，成为东京市最具活力的城市中心之一。

二、完善的TOD政策体系

日本在土地征收、用地规划和资金扶持等方面，构建了有利于实施TOD的政策保障体系。

1．铁路公司拥有土地开发权

由于铁路建设投资规模大，日本铁路公司先要进行适宜规模的沿线土地开发，获得相应的开发收益，进而将其利润再投资到土地开发与铁路建设上，这对铁路经营的可持续性是非常重要的。东京湾区市郊铁路基本都是私铁（民营铁路公司），其通常是轨道交通的建设主体，也是实施轨道交通TOD开发的主体，一般都是多元化经营。

例如，小田急以新宿为起点的营业线路只有120.5公里，仅靠旅客票款收入无法弥补铁路建设的巨额投资，于是积极进行沿线土地开发，在创业之初就收购土地然后分割销售，并于1958年前后开始在铁路沿线建设高层大型居住区；1964年开始从事铁路沿线土地买卖、公寓建设销售、中介、租赁，并在沿线以外地区从事不动产开发，还从事建筑工程、观光旅游（包括旅游专线、索道、宾馆、家庭乐园、健身乐园、网

球园），经营巴士、出租车、饮食店等。私铁的多元化经营，小田急不是特例，西武铁道、东急电铁的多元经营也各有特色。日本15家大型私铁公司多数以大城市圈为基地，积极推动了住宅、观光地、车站周边的城市开发，在铁路沿线建设了众多常被称为"私铁之街"的住宅区。私铁公司为了吸引居民，不仅把住宅区建设得环境舒适，而且提供市民需要的公共交通、购物、娱乐、休闲等设施，完善了城市功能。

私铁公司通常在修建线路前以低价购入大量土地，从而成为站点周边城市更新区域内份额最大的土地产权所有者，在建设运营线路的同时对站点及其沿线物业进行一体化综合开发。其中，日本东急集团是铁路建设与站点周边土地一体化开发相结合的典范。由东急2022年年报数据可知，其运营总里程为104.9公里，沿线拥有492平方公里土地，总规模在日本所有私铁中位居第一。2022年东急非交通运输的运营收入占80%以上，由此可知，东急除了核心的交通事业外，更重要的是站点周边的不动产事业和负责实际运营的生活服务业。

2．鼓励TOD的城市规划政策

东京TOD模式离不开城市规划激励制度的不断完善。在土地政策上，日本出台了《关于大城市居住区开发和轨道交通整备一体推进的特别措施法》和《都市再开发法》，规定都道府县应系统编制"宅铁一体化"推进计划，计划的实施和变更要报经总务大臣和国土交通大臣同意；明确了城市开发建设的主体和当地政府，一同进行开发区域周边用地收购和获取、轨道交通项目用地整理及轨道交通建设工作，保障轨道交通沿线土地供应政策。一系列法规体系使日本轨道交通站点与周边协同发展建设能够顺利推进，逐步形成土地储备—增值收益—轨道交通建设的良性循环机制。

在开发指标上，1961年、1963年出台的特定街区制度及容积地区制度及1970年修订的《建筑基准法》中的综合设计制度，对提供公共空间等改善城市公共环境的建设项目给予容积率奖励。20世纪80年代后期，日本开展国有铁路民营化改革，政府制定再开发地区规划制度，采取容积率奖励等激励措施推进原日本国铁所持附属土地进行大规模再开发。2000年后，铁路站点再开发已经成为日本一项重要的城市再生计划。2002年颁布的《都市再生特别措施法》确立了特定街区制度和特殊容积率适用地区制度。2013年修订的《都市计划法》确定了以轨道交通枢纽站点为核心的都市再生特别地区。这些政策通过容积率奖励及转移等激励机制大大提高了轨道交通站域的开发强度。

3．合理的资金支持办法

日本相关法律法规要求国家及地方政府为TOD项目提供必要的资金保障，包括直接出资补助、提供贷款便利、发行地方债等。在长期实践中，日本轨道交通站点与周边建筑连通时，车站的建设费用一般并不由铁路公司承担，而是由建筑开发商来负担，这种做法背后有着深刻的经济与城市发展逻辑。

从经济角度来看，建筑开发商承担车站建设费用的模式是一种双赢策略。从开发商的角度看，通过与轨道交通站点直接连通，其开发项目能够获得显著的交通便利性优势，从而吸引更多购房者或租户，提高项目的市场竞争力和销售价格。这种增值效应足以覆盖甚至超过车站建设的投资成本，为开发商带来长期回报。从铁路公司的角度看，这种模式减轻了其财务负担，使其能更专注于提升轨道交通服务的质量和效率，铁路公司可以通过与多家开发商合作，实现车站及周边设施的共同开发，进而分享由此带来的商业收益，形成良性循环。

从城市发展来看，该模式能够促进土地资源的集约利用，优化城市空间结构，提升公共交通的使用率，有助于实现城市的高效利用和可持续发展。政府往往鼓励这种合作模式，如为轨道交通建设提供高额补贴和贷款，额度可达建设成本的1/3～1/2，并通过法律（如《铁道整备基金法》）明确补贴政策。

三、政府和民间一体化的TOD实施机制

参与轨道交通沿线用地开发的主体有沿线市町村、都道府县、铁路运营商，利益主体众多、协调难度极大，各权属单位之间的合作是实现轨道交通站点与周边协同发展的前提和基础。为了使参与铁路沿线城市建设的众多主体能够统一目标，日本构建了多元主体参与的办法，在实施过程中集思广益，对不同意见不采用敌对态度或激烈争论来解决，不独断专行，而是搜集更多信息，通过不断比较作出选择和判断，尽量求同存异，寻找解决问题的最好途径。

2015年，日本大城市战略委员会出台的《铁路沿线城市建设指导方针（第一版）》是一个具有代表性的操作指南。该指南提出"政府和民间一体化的铁路沿线城市建设合作制度"，对保障TOD成功实施具有重要意义。

1．合作机制

日本将参与轨道交通沿线用地开发规划的主体纳入合作机制，包括沿线市町村、都道府县、铁路运营商、二级交通运营商（公共汽车运营商等）、当地居民、当地商会、开发商、国家相关部门以及相关专家、学者等，此外，也考虑公共设施管理部门、医疗保健部门等地方公共团体的参与。根据各主体的特征和利益诉求，确定其职责分工。不同维度、不同视角的诉求、案例和专题研究，能有效地推动达成协同的总体目标，更好地开展TOD规划实施工作。轨道交通沿线城市开发主体及职责分工如表5-8所示。

轨道交通沿线城市开发主体及职责分工一览表　　　　　　　　　　　　表5-8

主体	职责
沿线市町村	制定旨在分担和协调高级城市功能的选址合理计划等，实施公共设施重组和医疗福利等相关服务与措施，与其他业务实体协调，促进对当地现状的理解等
都道府县	从广域角度进行铁路沿线市镇之间的协调和建议
铁路运营商	● 张贴、发放易懂的沿线设施使用指南； ● 通过发布沿线地图等方式方便居民前往目的地； ● 改善车站等设施的环境，如配备有利于老年人使用的候车空间； ● 向铁路用户宣传等
二级交通运营商（公共汽车运营商等）	确保从车站到沿线设施的通达等
当地居民	● 在使用沿线设施时积极选择公共交通； ● 理解在大范围内高阶城市功能的分担和衔接等
当地商会	● 与沿线地方政府和铁路运营商合作，在车站和沿线设施策划与宣传活动； ● 实施促进沿线设施利用的针对当地居民的促销计划等
开发商	盘活存量园区等
国家相关部门	● 针对课题的技术建议，保证跨越多个都道府县时从广域观点出发 ● 沿线地方公共团体间的协调、建议等
专家、学者	作为第三方进行裁定

在不同的工作阶段，日本注重构建灵活的合作机制。以新宿站开发为例，东京在不同时期构建了不同的工作机制。1958年，东京整备委员会成立，作出开发新宿、涩谷和池袋3个副中心的决定；1960年，成立新宿副都心建设公社，组织民间投资，主要承担水厂搬迁和副都心道路、公园、西广场等建设工作；1968年，成立新宿新都心开发协议会，协调步行安全、立体交通、容积率控制等开发方案，保证居民权益。2018年，新宿中心面临重建，东京都、新宿区、JR东日本、小田急等多个机构进一步联合参与，进一步优化、提升新宿站及周边的城市功能和品质。尽管东京都政府、轨道交通公司、民营地产开发商在新宿站及周边建设中的利益诉求不完全一致，但在相关合作机制及法规体系的保证下，一般都会得到一个平衡多方利益的方案。

涉及跨区域协调时，建立区域合作机制。例如，2013年，所泽市、饭能市、狭山市、入间市四市以共同解决少子老龄化等为目的，共同设立了埼玉县西部地区城市建设协议会，并与西武铁路合作，签署《埼玉县西部地区城市建设协会（所泽市、饭能市、狭山市、入间市）与西武铁道株式会社关于合作的协定》，共同目标是将所辖区域打造为充满活力、安居乐业、绿意盎然、美丽宜居的城市。

2．管理制度

在日本，原本轨道交通建设和房地产开发一直作为相互独立的业务，分属运输省和建设省两个中央省厅管理。2001年1月，日本实行了中央省厅重组改革，将主管海陆空运输、铁路、港湾、气象等职能的运输省，主管道路、河川、政府大楼建造维护、住宅及都市计划等社会资本维护职能的建设省，负责进行北海道综合开发事务的行政机构北海道开发厅，以及承担自然资源管理、灾害应对和大都市圈政策制定等职能的国土厅4个省厅合并组建为国土交通省。

这一体制架构的确立使轨道交通站点及周边建筑、道路等得到统一管理，之前分散推进的各项事业及审批手续都可以实现一体化，进一步推动了站城一体化的发展。前面提到的《都市再生特别措施法》等法律都是在国土交通省的推动下制定、颁布的。

3．实施流程

铁路沿线城市建设一般包括构筑体制机制、现状调查与分析、确定共同目标、具体方案及检讨、工作分工、方案实施及扩大合作七个阶段。在实际推进过程中，也会根据实际情况对方案进行重新研究或适当扩大合作主体。整个流程是包括进度管理在内的PDCA循环过程（Plan——计划，Do——执行，Check——检查，Act——处理），如图5-24所示。

首先，在构筑合作体制的基础上开展现状调查与分析，主要对研究范围内的人口减少和老龄化的现状与未来前景进行数据分析等，与相关主体共享成果并达成一致。在工作方法上，以每座车站、以车站为中心的每个圈层等为切入点，灵活运用GIS等技术，对相关情况进行整理。

其次，确定共同的目标。在多个地方公共团体之间的广域合作中，有必要根据区域总体规划和各地方公共团体的综合规划、公共设施规划、医疗规划等，从铁路沿线的角度设定地区发展愿景，并就发展愿景达成一致。例如，横滨市和东急电铁公司成立了郊外住宅区和社区研究会，对郊外住宅区的现状问题和解决方案进行了反复探讨，并于2012年签订了关于推进"下一代郊外城市建设"的协定，并选取诺塔玛广场站作为示范地区，开展东急田园都市线沿线住宅区建设，组织居民参与策划，将讨论共识总结为2013东急

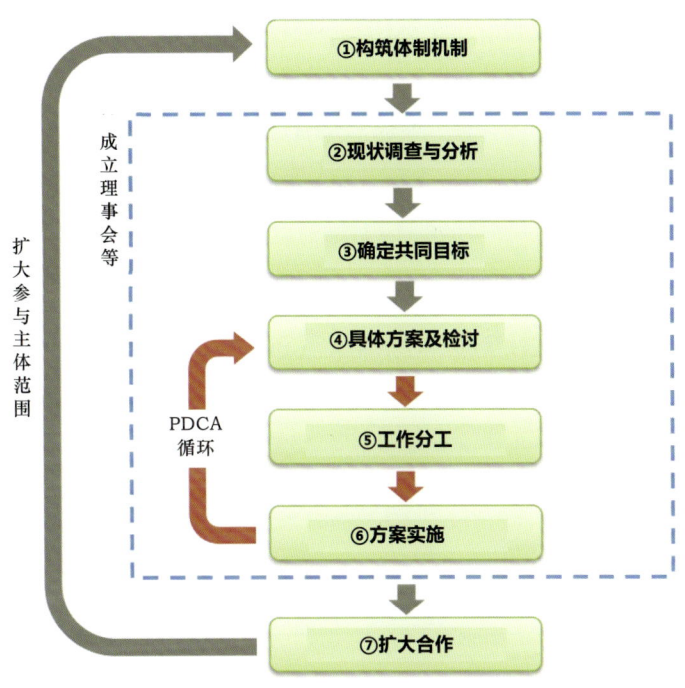

图5-24 铁路沿线城市建设流程

资料来源：国土交通省，《鉄道沿線まちづくりガイドライン（第一版）》，2015

田园城市线沿线示范地区的城市建设愿景，并以年度汇总执行计划龙头项目，切实推进项目的机制。开展具体方案及评估工作，明确工作分工及具体方案实施，并通过评估确保达到预期成效。

最后，在方案推进过程中，根据实际情况优化相关主体的职责分工，并根据需要纳入相关民营企业和当地社区组织等新的合作伙伴，以共同推动城市开发事业。

第四节 轨道交通车站综合改造

轨道交通站点作为交通网络和公共空间的节点，在提供交通服务功能的同时，也在城市建设中发挥重要作用。东京湾区的轨道交通拥有密集的网络，可靠性、安全性和便利性在全球范围内都处于较高水平，但由于建设年代久远，较多轨道交通车站存在建筑老旧、配套设施不足、周边交通拥挤、环境品质差等问题，尤其是中心城区的轨道交通车站普遍面临空间局促、用地权属复杂、维护资金不足等多种限制条件，仍有较大改进空间。

同时，日本经济、社会快速发展，也给轨道交通车站提出了新要求，包括为应对人口老龄化，轨道交通车站要更好地服务老年人，不仅需要增加坡道，还要采取防止跌落等适老化措施；国家大力推进旅游立国战略，轨道交通车站内部需要提供多国语言服务，消除外国游客的语言障碍，部分轨道交通车站过于拥挤，旅客期待提升车站容量和便利性；此外，日本是一个灾害多发的国家，轨道交通车站也需要采取措施应对灾害风险。

由于轨道交通车站综合改善是与城市开发项目统一进行的，仅靠铁路运营商难以完成，还需要与相关部门及团体合作。为此，日本建立轨道交通车站综合改善制度，在此制度下开展车站更新改造、站外交通衔接网络完善、环境改善及景观品质提升等。例如，2004年，共开展小田原站地区和京成铁路站等30个综合改善项目；2007年，共开展新宿站南口地区（东京都）等37个轨道交通车站综合整治工程。

一、综合评价

为了全面了解轨道交通车站的运行情况、评估车站存在的问题，日本建立了车站评价指标体系，从车站空间高品质和安全与安心两个维度对共计25个指标进行分析和评价。在实际开展车站改造等工作时，需要对各项指标的现状进行评价，并提出改进措施，此外车站评价还要综合考虑各车站的功能定位、乘客数量等因素，如表5-9所示。

轨道交通车站评价指标一览表　　　　　　　　　　　　　　　　表5-9

评价指标		评价要求
Ⅰ．车站空间高品质	1. 通用服务	（1）增加坡道，至少有一条路径符合无障碍标准
		（2）有防跌落措施，包括所有到发线站台门
		（3）尽量减小站台与车辆之间的台阶及缝隙
		（4）为聋哑人士报站提供文字信息等服务
		（5）为盲人在电梯操作面板、楼梯扶手上提供盲文、语音引导服务等
		（6）配备多功能洗手间
	2. 好客、易懂	（7）配置免费公共无线局域网
		（8）设置接待外国人的问讯处
		（9）提供多国语言信息发布
		（10）提供多国语言的自动售票机
		（11）设置储物柜或行李存放处
		（12）设置完善的标志指引系统
		（13）检票口附近张贴周边地区地图
		（14）出入口名称、检票口名称、目的地、旅客设施名称标注英文，并且按照无障碍建设指南规定的文字大小进行标注
		（15）电梯、厕所等设施的向导标识使用象形图
	3. 舒适，与城市融为一体	（16）在站台和检票口周围设置长椅
		（17）修建避免城市分隔的通道，并根据通道的拥挤状况进行加宽或再新建通道
		（18）建设交通接驳设施完善和环境良好的站前广场

续表

评价指标	评价要求
Ⅱ．安全与安心	（19）建筑物（含天花板等）抗震处理
	（20）车站出入口、地下通道设置挡水板、防水门等防浸水设备
	（21）建立避难体制和救护体制
	（22）轨道交通运营商参加各种协议会，如紧急整备城市重建协议会等
	（23）设置停电时用的备用发电装置
	（24）设置灾害发生时的临时滞留和等待空间
	（25）灾害发生时为包括外国人在内的所有旅客提供临时逗留及指引服务

资料来源：国土交通省，《東京圏における今後の都市鉄道のあり方について》，2016

二、改造重点

日本轨道交通车站的改造是以提高旅客的便利性为出发点，实现提高安全性和舒适性等多种目标。车站改造采用了各种各样的手法，包括：车站设施的无障碍化和站台、中央大厅的加宽等；与站前广场、衔接通道等城市建设项目同步实施；谋划车站及其周边的建设项目，不仅提高车站旅客的便利性和安全性，还可以提升街道形象和舒适性。

1．提升车站内部服务功能

站内功能提升主要由轨道交通运营商承担，主要内容是基础功能扩能，包含加装扶梯、拓宽站台、优化换乘路线、无障碍设计、优化标识系统和信息服务等。例如，2023年日本国土交通省铁道局确定的"轨道站综合改善事业事例集"的6座车站均重点对车站内部进行升级改造，包括加宽站台、扩大站厅空间、增设自动检票通道、设置安全门等，如图5-25所示。

在日本国土交通省2002年出台的《交通枢纽建设方案》中，根据车站区位和主要使用对象，将轨道交通车站分为城市近郊中心站、地区中心站、生活站、观光站、大型枢纽站、观光等复合站6类，如表5-10所示。

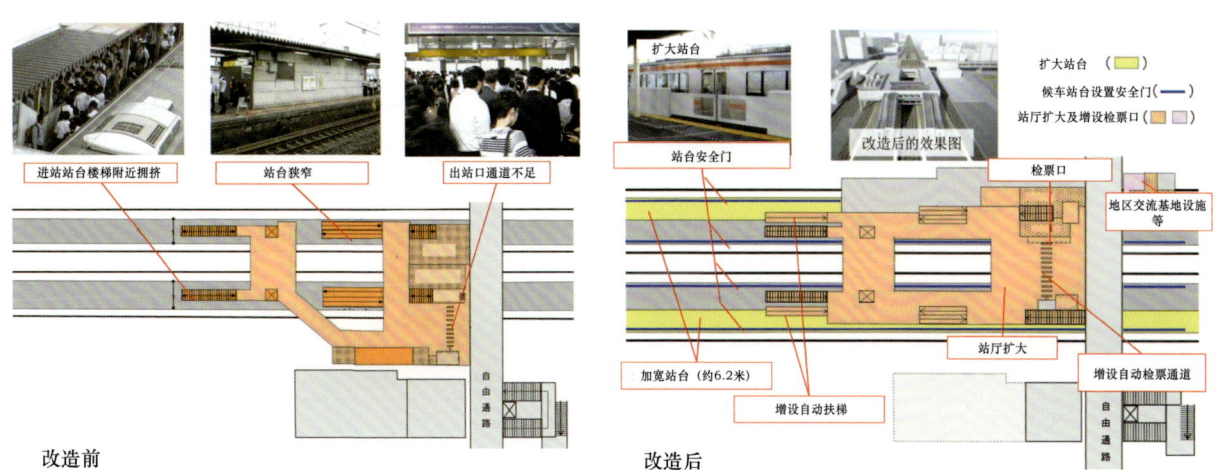

图5-25　东海道本线义谷站改造

资料来源：国土交通省，《駅まち再構築事例集》，2020

轨道交通车站分类一览表　　　　　　　　　　　　　　　　　　　　　表5-10

车站类型	区位及主要使用对象
城市近郊中心站	在大都市近郊地带，上下车人数和换乘人数比较多，包括通勤、通学、购物等多种客流
地区中心站	在地方性中心城市，车站的上下车人数和换乘人数比较多，是区域主要轨道交通车站
生活站	主要承担通勤、通学客流的车站
观光站	旅游旺季客流量集中的车站
大型枢纽站	在大都市中心区，集聚多条轨道交通线路，换乘客流和进出站客流较大，车站大楼和车站周边建筑的旅客也较多
观光等复合站	不仅服务通勤、通学客流，也服务大量观光旅客

资料来源：国土交通省，《街と一体となっただれもが利用しやすい利便性・快適性の高い駅等の交通ターミナルの整備方策》，2022

　　根据车站区位和周边土地利用情况，明确车站所属类型，分类思路如图5-26所示。考虑当前日本大规模枢纽站和观光等复合站的便利设施已经较为完善，《交通枢纽建设方案》重点提出了城市近郊中心站、地区中心站、生活站和观光站四类车站的配套设施完善建议，主要基于各类车站的客流需求规模或周边地区的土地利用，考虑在现有便利设施服务的基础上，提出不同类型车站未来重点引入的配套设施功能，如表5-11所示。

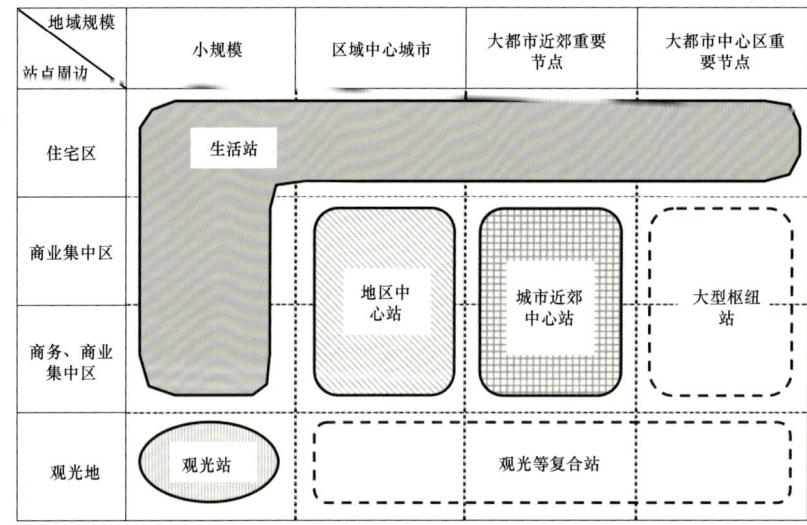

图5-26　根据区位和车站周边土地利用的车站分类思路
资料来源：国土交通省，《街と一体となっただれもが利用しやすい利便性・快適性の高い駅等の交通ターミナルの整備方策》，2022

不同类型车站的设施需求　　　　　　　　　　　　　　　　　　　　　表5-11

类别	城市近郊中心站	地区中心站	生活站	观光站
警察岗亭、避难所	○	○	○	○
行政柜台服务、还书窗口	△	○	○	—
邮局	△	○	○	△

续表

类别	城市近郊中心站	地区中心站	生活站	观光站
招聘信息	○	○	△	—
自助取款机	△	○	○	△
商务角	○	○	—	—
居民交流及活动场所（公民画廊、终身学习中心、义工中心等）	—	○	○	—
生活服务（育儿服务、代理机构、储物柜等）	—	—	○	—
活动空间（多功能空间）	△	○	△	○
沿线城市信息	○	○		○
旅游咨询中心、产品展示厅	—	—	—	○

注：○表示非常有必要性的项目；△表示有一定必要的项目；—表示无必要性。
资料来源：国土交通省，《街と一体となっただれもが利用しやすい利便性・快適性の高い駅等の交通ターミナルの整備方策》，2022

在轨道交通车站改造中，需要满足一系列规范的要求，如《铁路技术标准》规定了车站、设备、站台空间等建设要求；《公共交通工具旅客设施的移动等便利化整备指南》要求各类交通车站如机场、码头、轨道交通车站等开展无障碍化设计，满足以老年人、残障人士等各类使用者的出行需求。

2．整合周边城市空间，实现车站与城市一体化

既有车站的改造中，在交通路网以及车站占地已成为定局的情况下，为提高换乘效率和空间利用率，交通枢纽必须进一步与城市融合，使其成为结合商业和服务业的复合式城市中心。例如，JR东京站的大规模改造、地铁银座线京桥站的改造，以及两座车站之间的城市更新将两座车站连接起来，形成地上、地下网络化的公共空间，使该地区的城市面貌焕然一新。

在东京站的大规模改造中，东京站背面的八重洲口地区与车站改造一并进行，实现了站房和站前广场的整体改造，提高了交通枢纽的安全性和便利性，并提升了土地利用效率，使东京站旧貌换新颜，并成功将城市的"背面"转变为"正面"。2017年，在东京地铁银座线开通90周年之际，京桥站不仅对车站开展无障碍化改造和特定空间的室内改造，还同时进行车站邻近街区的城市更新，通过更新项目，建立了地上和地下人行网络，提高乘客便利性。此外，京桥站和八重洲口之间距离约500米，中间的街区更新仍在推进中，全部完成将形成完善的立体步行网络。

2006年，町田市制定"Grandberry Park"田园商业综合体项目，是比较有代表性的规划项目之一。该项目结合"旧车站改造+商业+公园"的一体化综合开发，通过商业和自然围合车站打造了站前田园商业综合体替代传统的站前广场的新模式，是日本最新的站城一体TOD城市综合更新改造项目之一。改造项目为访客及周边居民提供了一个全新概念的社区友好型都市生活中心，开业12天来访人数就超过100万人次。改造后追南町田车站的出入口布置如图5-27所示，改造后追南町田车站的中央商业园区如图5-28所示。

3．车站与周边交通一体化

一方面，轨道交通车站引入多种交通方式，形成了交通枢纽，需要将地铁、城际铁路、公共汽车、出

图5-27　改造后追南町田车站的出入口布置示意图
资料来源：https://www.sohu.com/a/451931302_802361

图5-28　改造后追南町田车站的中央商业园区
资料来源：https://www.sohu.com/a/451931302_802361

租车等不同交通方式进行整合，使乘客能够便利地换乘其他交通工具。另一方面，轨道交通车站出入口与周边建筑便利衔接，必须考虑车站与建筑的通道。

例如，京急电铁金泽八景站综合改善工程包括车站二层连廊建设工程、车站出入口台阶加宽工程、周边衔接道路建设提升工程、车站前广场提升工程（巴士总站、出租车站等）、公园建设工程等，根据相关部门责任分工，对项目工作内容进行分工，同时政府依据各部分工程费用提供经费补助。改造前，京急电铁与金泽海滨线（自动导轨运输系统，AGT）换乘不便，通过连接通道的建设使得这两条线路的换乘更加便利，如图5-29所示。

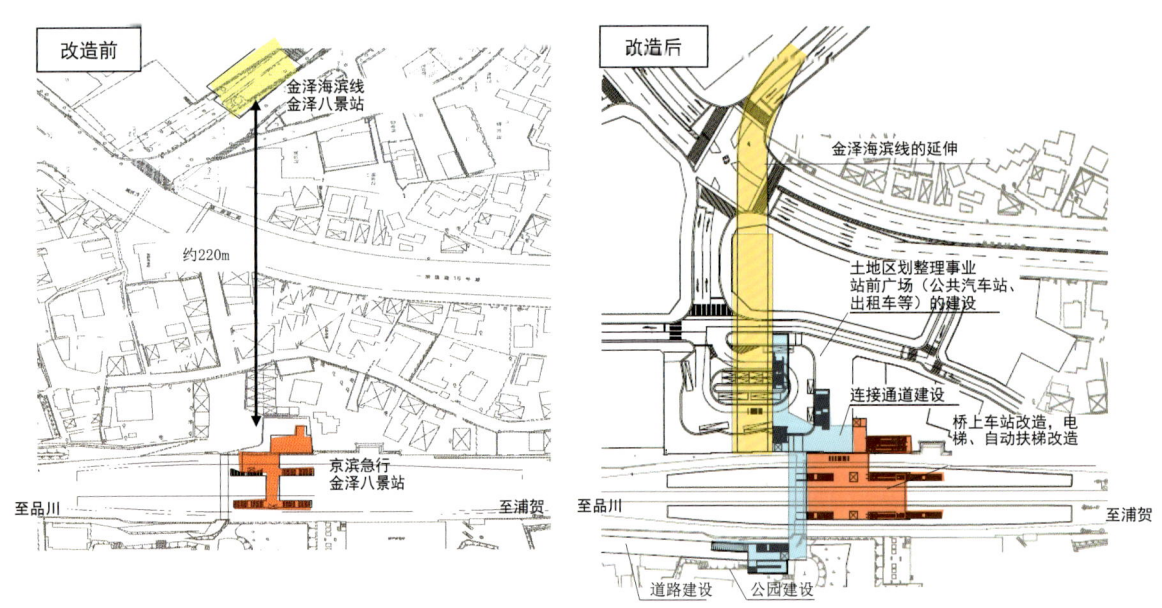

图5-29　京急电铁金泽八景站综合改善工程
资料来源：国土交通省，《駅まち再構築事例集》，2020

三、保障机制

车站和周边街区被明确划分为铁路用地、道路用地、建筑开发用地等不同类型用地，因此很难进行一体化的整体改造。为了将车站更新与城市重建项目直接联系起来，需要在技术、体制和费用方面进行多方协商和沟通。

首先，在体制机制上，每座车站在地方公共团体的主导下将相关轨道交通从业者、道路管理者、车站周边设施的管理者、相关运营商集中在一起，通过"车站城市会议"平台，共同探讨、解决与车站相关的课题。轨道交通车站综合改善参与成员如图5-30所示。

"车站城市会议"讨论的主要内容包括：掌握车站内部和车站周边一体化发展现状，评估车站功能定位和客流服务，分析未来车站周边开发情况和预测客流需求，分析车站存在的缺陷和问题，制定改善车站及周边的规划。车站综合改善项目参与方及主要职责如图5-31所示。

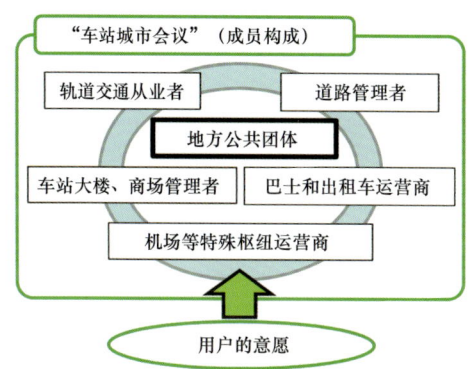

图5-30 轨道交通车站综合改善参与成员
资料来源：国土交通省，《街と一体となっただれもが利用しやすい利便性・快適性の高い駅等の交通ターミナルの整備方策》，2022

其次，在经费保障上，除了铁路运营商或城市开发商承担费用外，日本政府也提供了大量补助。在具体补助政策上，日本将车站综合改善项目划分为综合改善项目和合作开发项目两种类型。

综合改善项目的主要内容是拓宽火车站站台、完善车站大厅、修建车站与周边建筑的连接通道等，主要是为了提高用户安全性和便利性。国家提供1/5的补助，地方自治团体提供不低于1/5的补助。轨道交通车站综合改善项目补助金制度如图5-32所示。

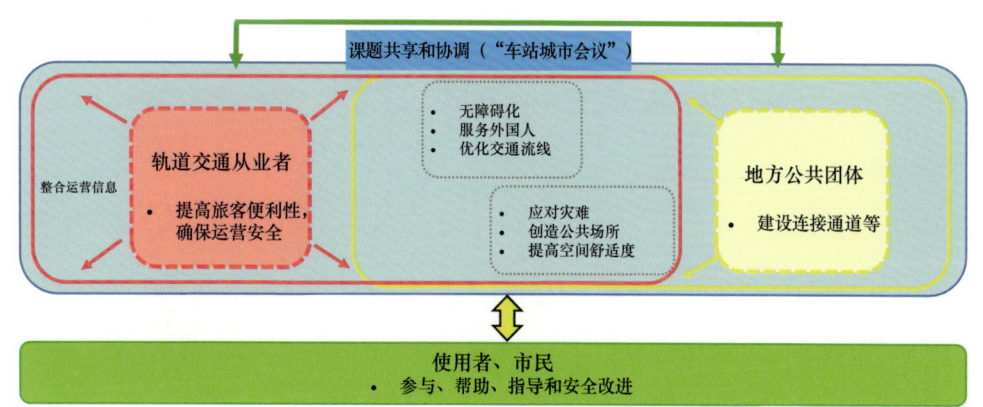

图5-31 车站综合改善项目参与方及主要职责
资料来源：国土交通省，《街と一体となっただれもが利用しやすい利便性・快適性の高い駅等の交通ターミナルの整備方策》，2022

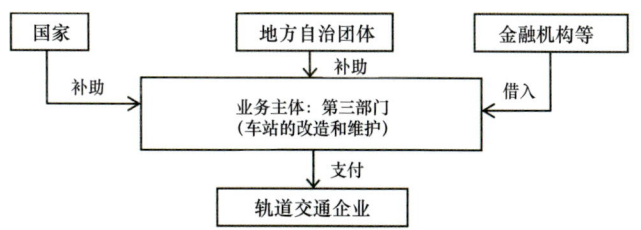

注：国家提供1/5的补助，地方自治团体提供不低于1/5的补助。
图5-32 轨道交通车站综合改善项目补助金制度
资料来源：《地域公共交通確保維持改善事業費補助金交付要綱》

合作开发项目主要是结合轨道交通车站升级周边城市空间，使之成为一个友好的、有活力的城市片区。项目主体内容是城市空间优化，次要内容是车站改造，两者相结合开展。国家提供1/3的补助，地方自治团体提供不低于1/3的补助。合作开发项目补助金制度如图5-33所示。

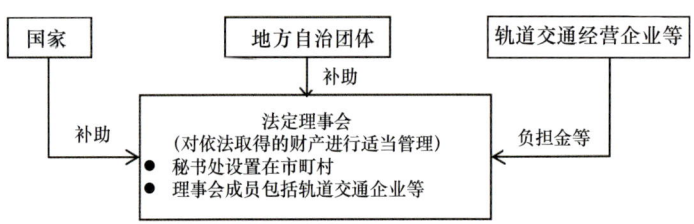

注：国家提供1/3的补助，地方自治团体提供不低于1/3的补助。

图5-33　合作开发项目补助金制度

资料来源：《地域公共交通確保維持改善事業費補助金交付要綱》

最后，在实施保障上，日本提出了多种措施确保综合改善工作有效落实，包括对现状调查和计划执行的支持、车站及周边广告收入费用的活用、对车站广场建设和车站候车厅空间扩张等公共贡献带来的容积率奖励等。例如，京桥二丁目西区第一类市区重建项目充分发挥与银座线京桥站直接相连的便利优势，建造了室内商业街和地下通道，因被评定为公共贡献获得了容积率增加等奖励，总建筑面积比重建前增加了2.4倍，成为一个新的商业、办公和文化综合体。

第五节　铁路货运的发展

一、铁路货运概况

铁路货运曾是日本内陆货物运输的主体。1950年，日本铁路货运周转量达到338亿吨公里，占全国货运周转总量的52.5%。随着日本国内道路运输的发展和世界经济环境的变化，自1965年开始，铁路货运逐步衰退，铁路货运量日渐萎缩。2016年，日本铁路货运周转量仅占全国货运总量的5%。

1. 日本铁路货运体系构成

日本铁路民营化改革前，铁路货运事业主要由日本国有铁路公社（JNR）负责管理和运营。1987年3月日本国有铁路民营化后，铁路货运经营主体实现多元化。截至2018年，日本全国共有3类、22家货运企业从事货运业务，分别为日本货运铁道株式会社（简称JR货物）、临海铁道（共10家公司）和其他私营铁路公司（共11家公司）。

JR货物在民营化改革中接管原国家铁路的货运部分，是日本最大的铁路货运公司，铁路运输网络覆盖全国，目前公司运营有75条线路，总运营里程约8,000公里，设站241座，其中货运场站45座（普通货运站23座、货运枢纽站22座）。公司没有自己的轨道交通线路，而是利用JR客运公司和其他公司的轨道进行运营；临海铁道是由原日本国家铁路公司、地方政府和相关公司共同投资成立的第三部门铁路运营商，主要负责沿海工业区的原材料和产品运输；其他私营铁路公司主要服务企业自身，是企业的专用线路，负责水泥、石灰石等企业特殊需求的运输。日本JR货物铁路网络及主要货运场站分布如图5-34所示。

从三类公司的市场份额看，按重量计，JR货物占所有铁路货运的71%；按周转量计算，JR货物的比例达到99%，这是由于JR货物拥有全国性的网络，主要从事长途运输，而临海铁道和其他私营铁路公司主要处理连接干线的短途运输。例如，JR货物集装箱的平均运输距离约为900公里，而临海铁道和其他私营铁路公司的平均运输距离仅为10公里左右。JR货物与临海铁路、其他私营铁路公司货运业绩比较如图5-35所示。

图5-34　JR货物铁路网络及主要货运场站分布图
资料来源：日本货物铁道株式会社，JR货物グループ長期ビジョン2030，2021

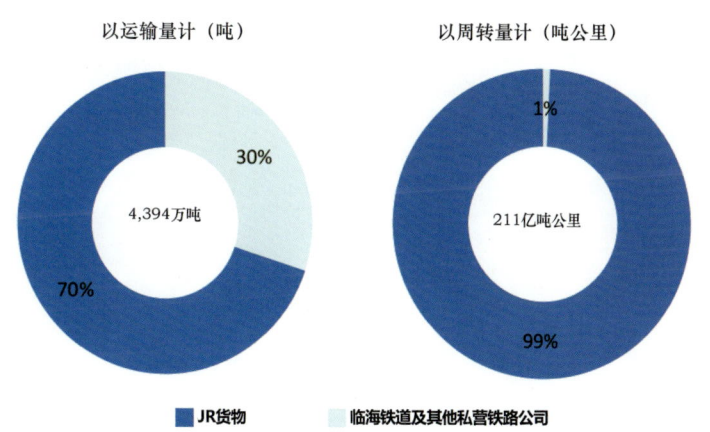

图5-35　JR货物与临海铁路、其他私营铁路公司货运业绩比较（2016年度）
资料来源：国土交通省，《貨物鉄道事業者の概況》，2023

2. 铁路货运的特点

日本铁路货运的主要特点是运输距离远、运输量大、环境影响小。

从运输距离看，货运列车平均运距超过900公里，擅长长途运输。从陆路运输方式分担情况看，货物运输距离越远，铁路货运份额越高：200公里以下，铁路所占份额仅0.2%；800～1,000公里，铁路所占份额约为30%；超过1,000公里，铁路份额达到52.1%。2020年日本陆路运输方式分担情况如图5-36所示。

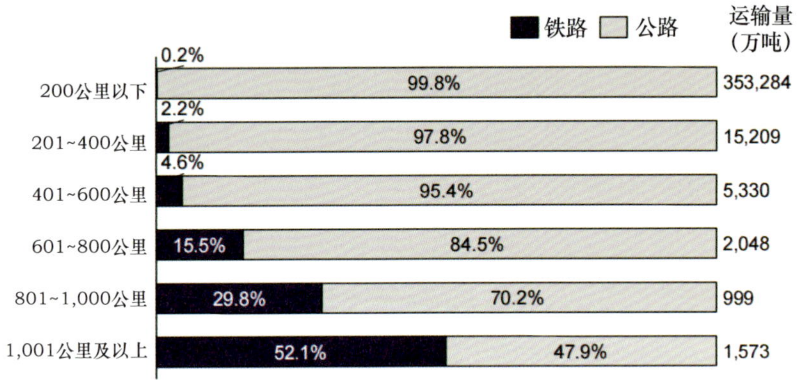

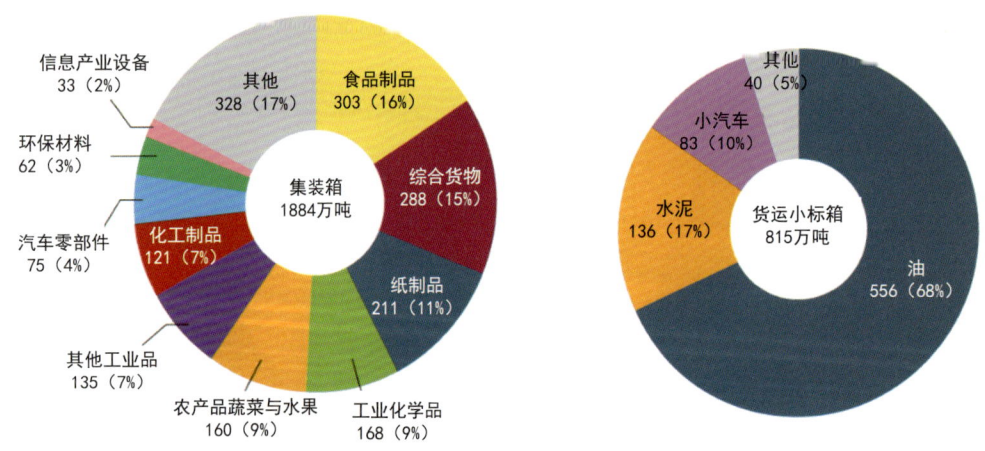

图5-36　2020年日本陆路运输方式分担情况示意图
资料来源：国土交通省，《货物铁道事业者の概況》，2023

铁路擅长运输大宗货物。2020年，JR货物集装箱运输业务占70%，在通过集装箱运输的物品中，食品所占比例最高；在非集装箱车辆运输中，主要运输货物为石油。东京都市区与福冈之间是日本货运铁路运输需求最大的路段，目前该路段每天最多运行26辆集装箱列车，可运载130个标准集装箱，同时运输货物650吨，相当于65辆大卡车的装载量。此外，在沿海地区和内陆地区之间运输石油时，一列火车可以运输超过1,000升石油。由于运输量大，铁路货运不易受到长途卡车驾驶员短缺和燃油价格上涨的影响，可降低物流成本，对于中长途运输尤其有效。JR货物运输品类及占比如图5-37所示。

图5-37　JR货物运输品类及占比示意图
资料来源：张宇，《日本JR货运铁路公司经验借鉴》，2022

从碳排放看，图5-38所示为每种运输方式承担1吨货物、行驶1公里时的二氧化碳排放量。可以看出，铁路货运的二氧化碳排放量约为货车的1/11。相同货物周转量下，铁路货运的能源消耗仅为货车的1/5。此外，铁路货运可避免道路交通拥堵，从而进一步减少二氧化碳排放。不同交通方式下运输1吨货物、行驶1公里时的二氧化碳排放量如图5-38所示。

3. 铁路货运的发展困境

铁路货运曾经是日本国内货物的主要运输方式之一。1970年，铁路货运周转量为630亿吨公里（其中JR

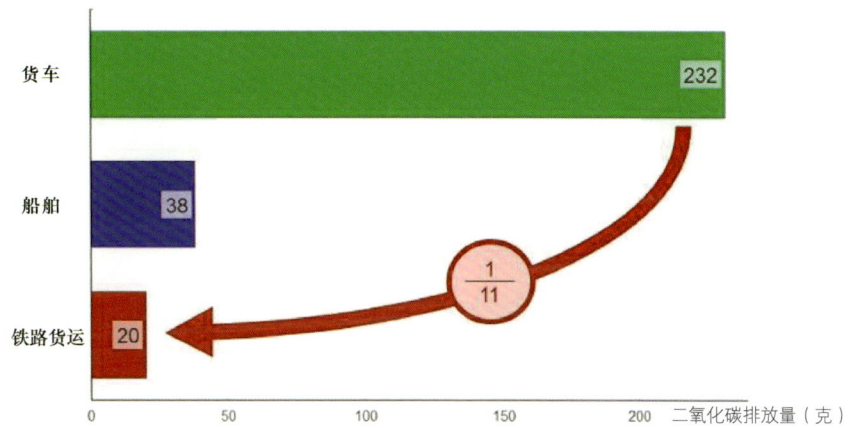

图5-38 不同交通方式运输1吨货物、行驶1公里时的二氧化碳排放量
资料来源：国土交通省，《货物铁道事业者の概况》，2023

货物为624亿吨公里）。随着20世纪60年代后高速公路的快速发展和完善，公路运输能力显著增长，大大分流了铁路货运份额。2020年，铁路货运周转量为183亿吨公里，约是1970年的30%。1949—2021年JR货物货运周转量变化情况如图5-39所示。

从铁路货运在综合交通运输中的占比看，其份额较低。2016年，以运输量计，公路占91.4%，铁路仅占0.9%；以周转量计，由于铁路和水运大多为长途运输，所占份额有所提升，公路约占50.9%，水运约占43.7%，铁路占5.1%，如图5-40所示。

从1975—2016年铁路在日本货运周转量中所占份额的变化情况来看，铁路占比自从1985年降低到5%左右后，近40年一直在这个水平上下徘徊，没有充分发挥铁路货运距离远、运输量大、环境影响小的特点和优势。铁路在日本货运周转量中所占份额的变化情况如图5-41所示。

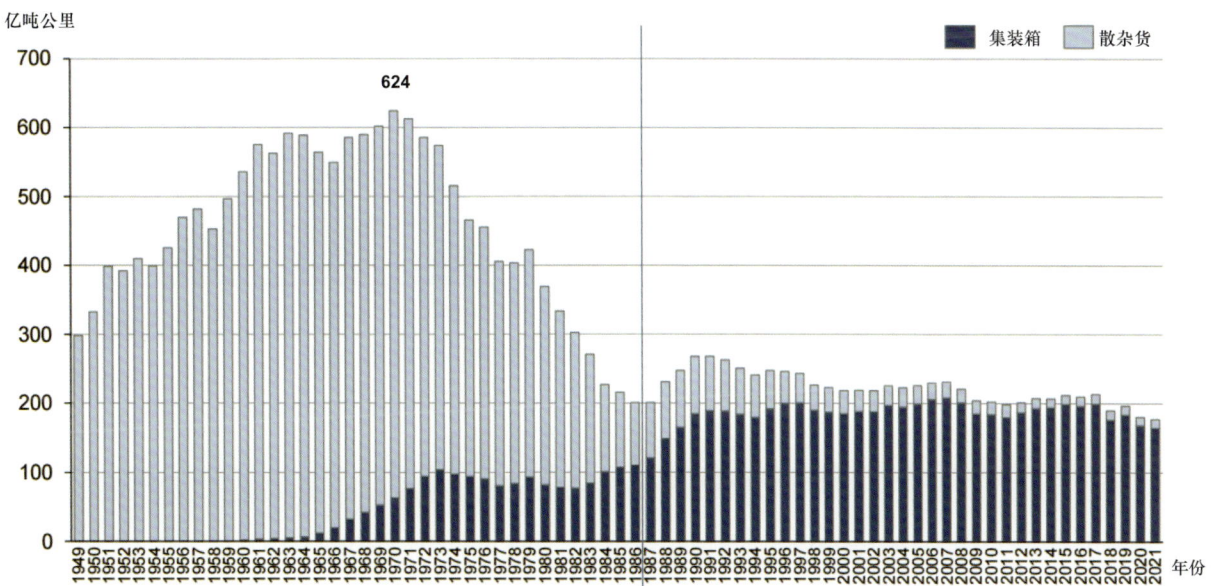

图5-39 1949—2021年JR货物货运周转量变化情况示意图
资料来源：国土交通省，《货物铁道输送の特性と国内货物输送における铁道の役割》，2023

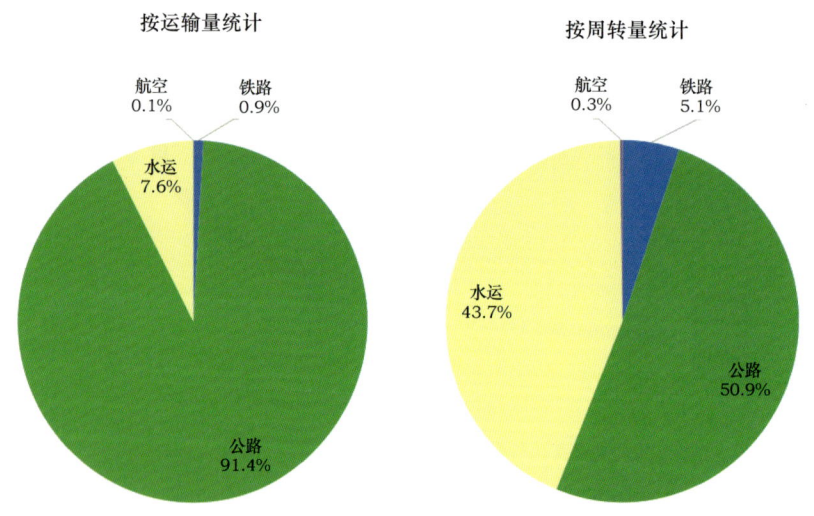

图5-40　2016年日本货运交通方式分担情况示意图

资料来源：国土交通省，《貨物鉄道輸送の特性と国内貨物輸送における鉄道の役割》，2023

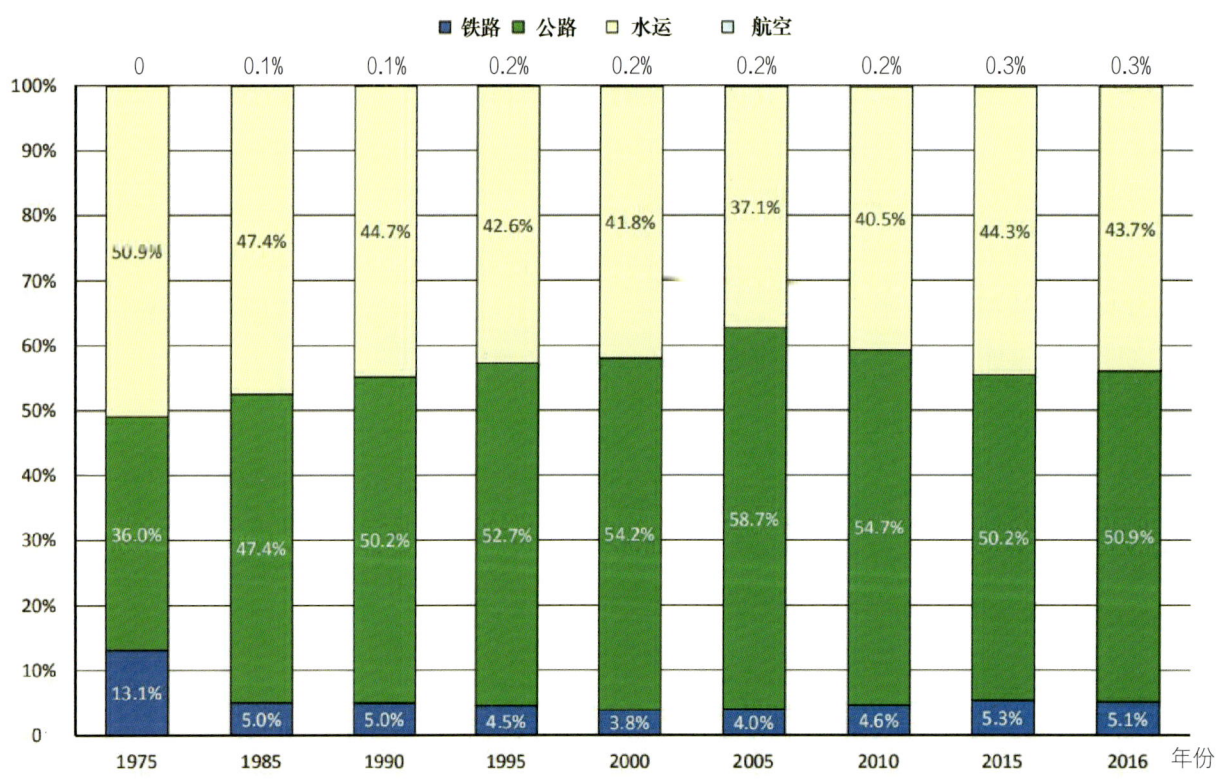

图5-41　铁路在日本货运周转量中所占份额的变化情况示意图

资料来源：国土交通省，《貨物鉄道輸送の特性と国内貨物輸送における鉄道の役割》，2023

　　虽然随着19世纪中叶高速公路的快速发展，世界各地的运输结构都发生了很大变化，但铁路货运的发展状况却不尽相同。将日本与美国进行简单对比，表5-12反映了1970—2020年美国和日本货运市场上各种运输方式周转量和份额的变化情况。可以看出，50年间日本总货运周转量基本保持稳定，其中铁路货运量和占比均猛烈下降。而美国的铁路货运市场份额虽然有一定程度下降，但货运周转量却在不断上升。

美国和日本各种运输方式货运周转量的变化

表5-12

运输方式		铁路		航空		公路		水运		管道		总计	
年份		1970	2020	1970	2020	1970	2020	1970	2020	1970	2020	1970	2020
美国	周转量（亿吨公里）	11,249	23,170	193	302	6,014	39,047	4,656	8,680	6,202	14,904	28,692	86,103
	增长	106%		56%		549%		86%		140%		200%	
	市场份额	39.2%	26.9%	—	—	21.0%	45.3%	16.2%	10%	21.9%	17.3%	100%	100%
日本	周转量（亿吨公里）	630	183	0.7	5.3	1,359	2,134	1,512	1,538	—	—	3,502	3,861
	增长	−70%		657%		57%		1.7%				10.2%	
	市场份额	18.0%	4.7%	—	0.1%	38.8%	55.3%	43.2%	39.8%			100%	100%

资料来源：根据美国交通运输部《Transportation Statistics Annual Report 2023》和日本国土交通省《交通関係統計資料2023》等整理而成。

　　2018年，美国一级铁路的系统里程还不到1960年系统里程的45%，如图5-42所示，然而同期铁路货运周转量却增加了两倍。这给我们带来一个有趣的问题：如何解释日本和美国在货运市场结构变化中存在的差异，为何日本铁路货运地位下降如此迅速？

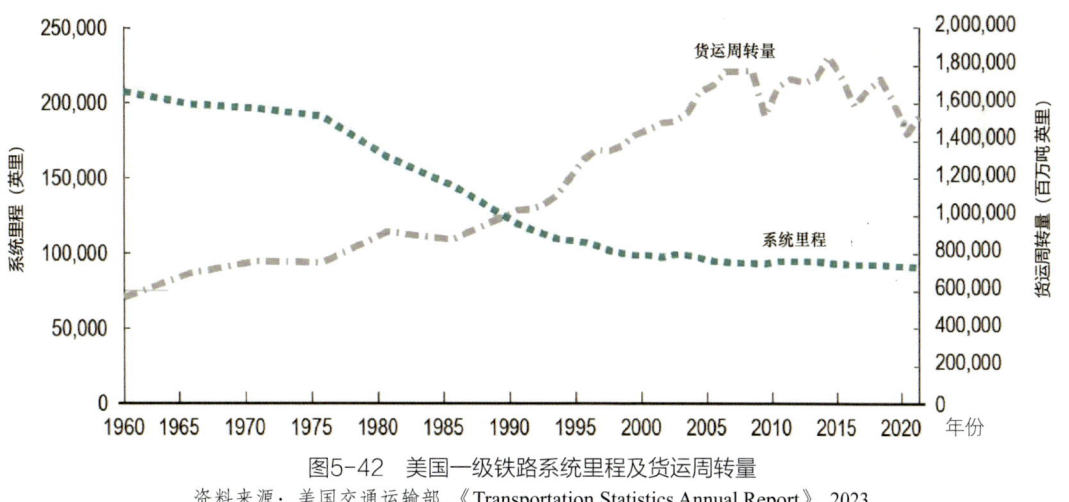

图5-42　美国一级铁路系统里程及货运周转量

资料来源：美国交通运输部，《Transportation Statistics Annual Report》，2023

二、铁路货运萎缩的主要原因

　　日本铁路货运萎缩的主要原因，一是日本国土面积较小，国内货物运输70%以上为100公里以内的短途运输，不利于充分发挥铁路长距离运输的优势；二是日本的工业区主要集中在临海地区，适用于铁路运输的大宗货物（如石油）大部分都可以选择内河航运，内河航运与铁路货运形成竞争关系；三是日本货运铁路和客运铁路大多共用轨道，而由于日本主要大城市和工业区都集中在太平洋南侧，货运需求走廊和客运需求走廊重合，为了保障东京湾区与主要城市之间繁忙的客运列车运行，货运列车大多利用客车停运后时段，班次有限，时段也不好，难以建立稳定的时间表；四是与公路运输、内河航运相比，铁路货运更容易受到地震、台风和暴雨等自然灾害的影响，服务稳定性不足，运费也不够灵活，无法根据货物运输量和使用频率制定价格标准。

三、提升铁路货运的努力

虽然铁路货运发展不理想，但日本社会各界均高度重视该事业的发展，基于减少物流碳排放和缓解卡车驾驶员短缺问题的视角，认为铁路货运是解决物流中各种问题的重要运输模式。日本《综合物流政策纲要（2021—2025年）》提出铁路货运吞吐量2025年度增加到209亿吨公里，《全球变暖对策计划》提出2030年度进一步增加到256亿吨公里。为了充分发挥铁路运输的优势，日本提出以下策略。

1. 提升铁路货运方式的竞争力

首先，JR货物加强与JR客运等公司的协调，争取在铁路线路维护时间段提高货运列车的发车班次，优化铁路运行图，充分利用现有铁路货运能力。其次，推进海铁、空铁联运，提升铁路与其他交通运输方式的衔接水平，推动各交通运输方式深度融合，提升综合运输效率，降低社会物流成本。目前，日本海铁联运运营范围仅限于东京—盛冈，主要原因是国际海上集装箱高度为40英尺，为了使其安全通过铁路隧道，需要开发配套低地板货车，购入和维护费用较高。同时，海铁联运也面临集装箱站台狭小、装卸机械不足等问题。日本政府将致力于开发低地板车辆、扩建集装箱站台、配备集装箱转运设施，为海铁联运进一步发展提供必要的支撑条件。最后，为应对日本频繁的自然灾害，应加强措施减少灾害对铁路运输的影响，提升铁路货运的韧性，控制铁路货运故障的发生。

2. 提高铁路货运企业的经营服务能力

随着社会经济不断发展，货物运输需求向多样化和高层次转变，货物位移不仅要"站到站"，而且要"门到门""货架到货架"。铁路货运单靠自身无法做到，需要其他运输方式进行衔接，为了保证货物安全及服务效率，需要有单一承运人全面负责和控制整个运输过程，以达到最大限度地提高运输可靠性、加快送达速度和降低运输成本的目的。因此，JR货物在原有铁路货运主业的基础上，还推进各种运输方式顺利合作，包括一站式地安排铁路运输和接驳车辆，并实现与第三方运输安排服务的协作；改善铁路货运电子服务系统，使托运人和卡车运营商能够明晰委托方法、收费体系等；推动铁路货运物流智能化，如JR货物推出基于智能手机的卡车驱动应用程序"T-DAP"，为卡车驾驶员提供货运站的相关信息，如火车延误、车站拥挤程度、集装箱剩余容纳能力等。

3. 优化铁路货运行业监管体系

从美国铁路货运发展经验看，第一次世界大战结束后，铁路货运受到来自高速公路和内河航运的竞争压力，叠加越来越严格的铁路监管政策，铁路行业进入了衰退期，20世纪70年代铁路几乎处于破产边缘。1980年《斯塔格斯法案》（*Staggers Rail Act*）的颁布彻底解除了对铁路货运行业的管制，推动全美铁路货运重焕生机。在很大意义上，《斯塔格斯法案》解除了政府在铁路运输领域的过度监管，铁路可以在很大程度上自行决定选择什么路线、提供什么服务以及收取什么价格，允许铁路公司根据市场需求确定费率，保障了铁路货运的持续生存。日本政府也认识到为了维持和发展全国统一的铁路货运服务，有必要建立可持续性的费用负担机制。

为了使托运人能够从众多运输工具中积极选择铁路运输，JR货物研究建立评价制度，准确地计算每辆列车的能源使用量和二氧化碳排放量，定量化衡量选择铁路货运对环境保护的贡献，测量结果与企业信用制度申请和融资政策挂钩，从而有力地激励更多托运人选择铁路货运方式。

4. 探索新干线和地铁物流模式

新干线主要从事旅客运输。近年来，日本部分地区实行了货客混装运输，包括快递、鲜鱼、水果、半导体等高附加值品种的运输，取得了较好的市场效果。未来将通过货运专用车辆实现高频率的大规模高速运输，有望引起日本物流方式的创新。为了实现这一目标，需要开展较多课题研究，如研发兼具大量运输和高速行驶的车辆，转运技术的开发和所需设施，调整列车时刻表，确保安全的方案，运营主体和费用负担等。

日本最早在东京对地铁物流开始进行试点研究，根据东京湾区地铁运行状况，货物运输可能利用的时间段为深夜非运营时段、昼间非高峰时段（10时至15时）。非运营时段采用全列组织货运，非高峰时段采用捎带方式组织货运，因此其所承载的运量有限。1994年，日本邮政通信部在东京地下建立了一个名为"Tokyo L-net"的地下物流系统，用来运送杂志、报纸和小件商品等物件。2002年，日本政府正式将地下物流定为未来10年政府重点研发的高新技术之一，基于对经济、环境以及交通模拟等方面的研究，建立一个庞大的地下物流网络通道，并在网络中设立大型地下物流园区和集散中心，从而形成一个完善的地下物流系统。在运输方式上则是以电动两用卡车作为运输工具，采用地下无人驾驶、自动导航及地面人工驾驶的方式，实现高效便捷的市内物流配送。

第六节　对粤港澳大湾区的启示

东京湾区人口密集、经济发达，对外跨区域交通、湾区内部区域性交通、核心区城市交通都采用先进的轨道交通系统，有效保障了东京湾区高效集约、绿色协调运行。粤港澳大湾区城市连绵、人口众多、经济互联，与东京湾区有一定相似性，可以学习借鉴东京湾区轨道交通的成功经验。

（1）构建多层次轨道交通系统，与多尺度区域空间相适配

形成多层次功能互补的轨道交通系统。都市区空间面积大、外围不同圈层的城镇之间距离远，若采用单一制式的城市轨道交通或铁路来联系，从运输能力、运营速度与发车频率等方面都难以满足多层次的交通联系需求。东京湾区形成了由JR国铁、私铁等组成的多层次轨道交通系统，各自发挥不同优势，分别服务不同圈层、不同区位、不同能级的交通联系需求。多层次轨道交通系统各司其职、相互衔接，充分发挥一体化轨道交通网络的综合效益。

根据轨道交通的服务范围，可以大致分为国家、湾区、核心城市三个层面的轨道交通系统。服务国家层面的轨道交通速度快、设站少，可满足全国主要城市群的快速联系，如东京湾区新干线、纽约湾区和旧金山湾区国家铁路；服务湾区层面的轨道交通速度次之、运力强，可满足湾区内部发展连绵区主要城市节

点之间的快速联系，如东京湾区的JR国铁和私铁、纽约湾区的区域铁路及旧金山湾区的BART、Caltrain和ACE；城市轨道交通站点多、发车频次高，服务核心城市内部通勤、通学交通。国际一流湾区轨道交通网络层级划分如表5-13所示。

国际一流湾区轨道交通网络层级划分 表5-13

湾区	服务范围	轨道交通类型	里程（公里）
东京湾区	国家层面	新干线	440
	湾区层面	JR国铁	2,552
		私铁	1,948
	核心城市（东京都）	东京地铁	370
纽约湾区	国家层面	国铁（Amtrak）	—
	湾区层面	区域铁路	3,429
	核心城市（纽约）	纽约地铁	394
旧金山湾区	国家层面	国铁（Amtrak）	—
	湾区层面	湾区快速轨道交通（BART）	180
		半岛通勤（Caltrain）	123
		阿尔塔蒙走廊快线（ACE）	137
	核心城市（旧金山）	旧金山城市轨道交通	282
粤港澳大湾区	国家层面	高速铁路	590
	湾区层面	城际铁路	484
	核心城市（香港、广州、深圳）	城市地铁	1,452

粤港澳大湾区人口是东京湾区的近两倍，随着区域一体化发展，会衍生出多层次出行需求，旅客更加关注"门到门"全出行链效率。推动国家铁路网、城际铁路网、城市轨道交通网"三网"融合发展，是支撑区域一体化发展的必然选择。构建多向通达的高速铁路通道，拓展提升普速铁路网，加强区域内铁路与全国铁路网的衔接连通，增强区域辐射、带动和引领能力；城际铁路网增强主要节点城市之间及与周边城市的高效连通，粤港澳大湾区要构建以广州、深圳、香港为核心，"9+2"城市1小时互相通达的高速城际铁路网络；城市轨道交通网是现代大城市公共交通网的骨干，能提升城市运输服务品质，有助于形成城市可持续发展能力，要聚焦服务城市中心区，加强与城市重要交通枢纽高效衔接，完善、优化城市轨道交通网。

（2）加强轨道交通与沿线土地协同开发，促进轨道交通站点与城市空间紧密融合

在长期发展过程中，东京湾区构建并不断完善轨道交通沿线城市开发合作制度，依托轨道交通枢纽站点形成了枢纽城市公共建筑群，成为城市主要公共活动的中心，发挥了城市交通枢纽的综合功能。通过将办公、商业、住宅等功能安排在距离轨道交通车站徒步可达的范围内，减少居民在日常生活和经济活动中对机动车的依赖，将城市服务设施聚集在车站周边，并通过人性化设计，满足人们出行便利、舒适的需求。

日本式TOD不仅局限于城市空间规划，而是由同一主体同时承担铁路建设和城市开发，从而使城市开发效益直接内涵于铁路开发之中，也使得交通与用地实现无缝衔接，创造了土地高效利用、功能配置合理、交通便捷舒适、交通方式间零换乘、市场驱动主导的优秀的交通一体化案例。

粤港澳大湾区处于高速铁路、城际铁路和城市轨道交通高速发展时期，需要高度重视轨道交通与沿线土地协同开发。一是按照区域一体化发展的要求，城际铁路采取TOD开发模式，打造"城市综合体"，拓宽、优化城市发展空间，提升区域整体竞争力，形成城际轨道交通与城市规划建设相互促进的良性循环。二是核心城市应以轨道交通快线建设为抓手，轨道交通站点周边高度集聚建设用地，实现城市空间沿轨道交通簇轴发展，促进市中心人口向外围新城疏解，推动城市结构由单中心向多中心演变。三是以轨道交通车站为中心，注入居住、商业等多种功能，强化站点的交通枢纽功能和土地功能复合利用，不断带动车站周边城市发展。

（3）构建老旧车站综合改善机制，不断优化轨道交通站内外布局及出行服务

我国第1条地铁于1969年在北京开通，20世纪末广州、深圳等城市的地铁相继开通。在地铁建设之初，我国城市化水平较低，车站主要以满足交通功能为主导，公共服务空间考虑不足，付费区内站厅至站台的联系通常由楼梯完成，地铁出入口建筑设计式样也较简单，大部分是盒子式的砖混建筑，各种设施相对较简陋。较多开通较早的轨道交通线路已出现与城市其他类型交通的协同性不足、站点用地与城市区域规划一体化融合度欠缺、车站建设标准与城市区域发展不一致、交通设施能力与激增客流需求不匹配、以人为本的人性化相关措施不明确等问题。

日本建立了轨道交通车站综合改善制度，在此制度安排下开展车站更新改造、站外交通衔接网络完善、环境改善及景观品质提升等。粤港澳大湾区核心城市应借鉴日本经验，建立轨道交通车站相关体制机制，合理考虑既有轨道交通车站的改造，使得车站功能与当前旅客需求相匹配。要加强与其他交通接驳方式的有序整合，使其分区明确、流线便捷、高效有序。应秉持以人为本的理念，优化站内外布局，如结合实际增加非付费区卫生间、母婴室等公共服务设施，确保乘客公共空间体验感、乘车和换乘体验感。增设无障碍设施，关注特殊群体的出行需求，让每一位乘客都能感受到温暖与关怀。车站装修体现城市人文情怀，体现地域性特征，形成有温度、体现城市人文的空间场所，成为"城市名片"。

（4）充分重视铁路货运发展，支持构建现代化物流体系

在日本的货运综合交通体系中，铁路货运量、货运周转量占全国的比例分别为0.9%、5%，铁路处于辅助地位，但日本仍不断提升铁路货运竞争力和地位。粤港澳大湾区与东京湾区类似，铁路货运量总体水平不高，有相当一部分大宗货物仍由公路运输，这是由于粤港澳大湾区普通铁路网密度较低，使一些本来适宜铁路运输的货物要依靠成本较高的公路运输来承担。2017年，粤港澳大湾区铁路货运发送量市场份额为1.2%、周转量份额为2.4%，不仅低于东京湾区，也低于旧金山湾区（铁路货运发送量市场份额为1.4%、周转量份额为11.6%）。从海铁联运发展来看，粤港澳大湾区海铁联运比重为3.8%，集装箱比重仅为0.9%，铁路多式联运水平仍需提高。

从粤港澳大湾区货物运输特征来看，仍有较多发展铁路货运的优势。首先，大湾区港口发达，承担了大量大宗货物运输，利用铁路运输对货物进行集散是一种天然优势，特别是近年来新能源电动汽车出口的

崛起是促进铁路运输发展的良好契机；其次，在"一带一路"倡议下，中欧班列已通达欧洲25个国家的217座城市，粤港澳大湾区是重要的货物出口地，可充分利用粤港澳大湾区具有大宗货物运输需求的契机，大力发展铁路货运，通过降低铁路货运成本提高铁路货运的可达性和发车频次，打造铁路物流智能化平台，提升铁路货运的服务水平，并通过加大宣传力度等方式，带动整体铁路货运的发展。

（5）构建多层次、多领域的沟通协调机制，"一盘棋"推进区域轨道交通的协调发展

为适应协同发展的要求，政府间的协同工作机制非常必要，如在轨道交通沿线土地开发方面，日本建立包括沿线市町村、都道府县、铁路运营商、二级交通运营商、当地居民、当地工商会、建筑开发运营商以及相关专家学者等参与的轨道交通沿线用地开发规划制度；在既有轨道交通车站综合改善上，日本建立了相关轨道交通企业、铁路车站周边的设施管理者、相关运营商共同参与的制度。

粤港澳大湾区不同制式的轨道交通系统隶属于广铁集团、广东珠三角城际轨道交通有限公司、地方政府地铁公司等多家管理机构与运营主体，要实现多层次轨道交通的高质量发展，建立多层次、多领域的协调机制非常重要。一是建立区域协调机制，主要包括国家铁路、城际铁路、城市轨道交通的建设运营主体，统筹多层次轨道交通的规划、设计与运营，确保各层次轨道交通实现一体化衔接。二是建立跨市轨道交通规划建设协调机制，负责跨市轨道交通衔接日常工作中各项事宜的协商和落实，在项目立项、工程实施和运营管理过程中，保证两地沟通协调工作顺利推进。三是构建轨道交通与沿线土地利用开发协调机制，纳入发改、规划、交通、住建、环境、开发商等相关部门，一体化推进轨道交通站点及周边地区开发，保障产业可导入、规划可落地、发展可持续。

第六章

东京湾区
道路交通

20世纪50年代中期，西方发达国家从第二次世界大战后虚弱的经济状态中恢复过来，进入了经济持续增长和社会现代化时期。随着国民收入水平的不断提高，发达国家私家车拥有量不断上升，小汽车成为主要的客运工具，公路运输需求不断增长。修建普通公路无法大幅度提高汽车运输的时效性和可靠性，而高速公路全立交、全部控制出入、双向隔离行驶，能使通行能力和运输速度大幅提升，且安全性好，能全天候运行，成为适应经济社会发展需要的必然选择。在工业化转向成熟发展阶段，大规模建设高速公路成为各国交通运输发展的共同规律。许多经济振兴的发展中国家继发达国家之后于20世纪60—70年代也开始兴建高速公路，同样产生了巨大的运输效益和社会经济效益。

日本在第二次世界大战后进入经济高速发展时期之前，首先抓了交通问题，大力修建高质量公路，发展公路运输。目前，日本的公路运输承担了客运量的60%和货运量的90%，大大超过铁路运输。尤其是修建在大城市和大型工业基地之间的高速公路，使日本从北到南的距离相当于缩短了一半，从而为活跃经济、促进城乡交流、提高人民物质文化生活发挥了巨大作用。

第一节　机动化发展

一、保有量

不同国家的机动车保有量受到其经济水平、国土面积、人口结构、交通设施以及政策法规等多个因素的综合影响。与我国的北京、上海、香港和新加坡等国际大城市及地区出台私家车限制政策不同，东京对私家车总量不设限制，从日本全国看，机动车保有量一直呈现增长状态。截至2020年11月末，日本机动车保有量达到8,271万辆，每100人拥有62辆机动车，在世界上排名第五。日本历年机动车保有量变化情况如图6-1所示。

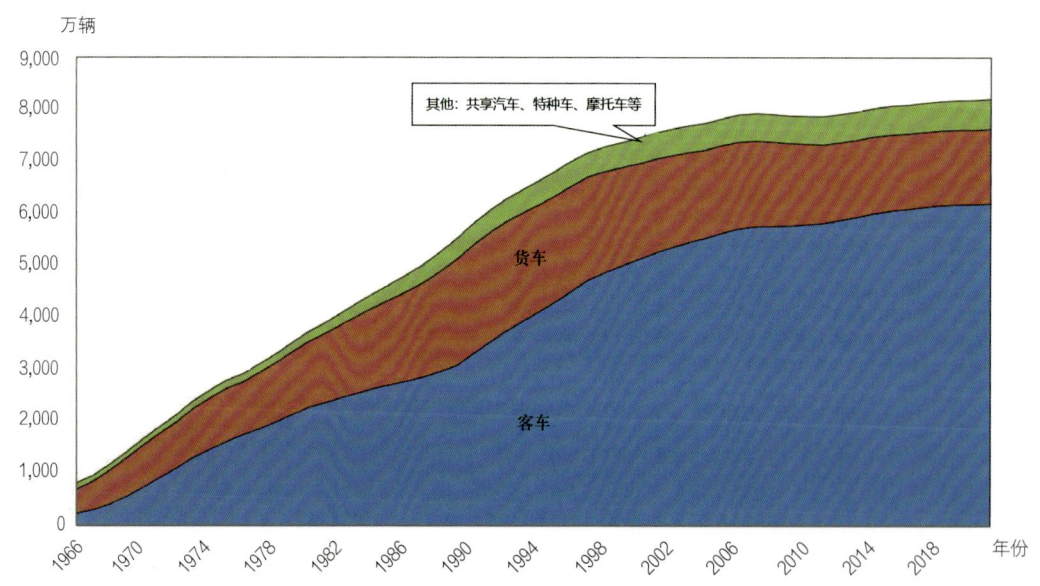

图6-1　日本历年机动车保有量变化情况
资料来源：国土交通省，《自動車保有台数の推移》，2019

私家车是机动车的主要组成部分，截至2022年3月，日本全国私家车保有量为6,166万辆，占机动车总量的80%，户均私家车保有量为1.03辆，低于美国的2.5辆、德国的1.8辆，但高于中国的0.6辆。在发达经济体中，日本户均机动车保有量相对较低，这与其狭窄的国土面积和高度发达的公共交通系统有关。日本私家车总量及户均保有量变化情况如图6-2所示。

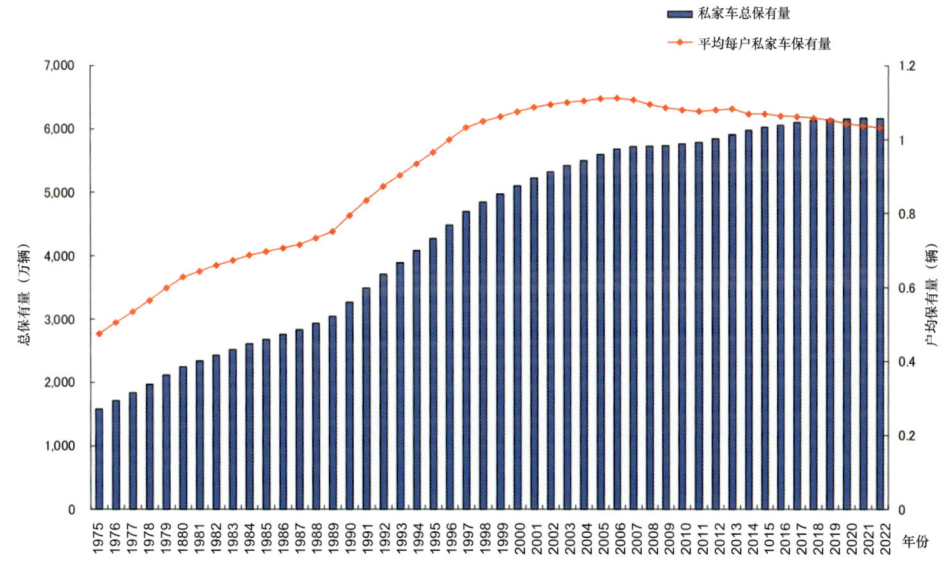

图6-2 日本私家车总量及户均保有量变化情况
资料来源：自动车检查登录情报协会，《自家用乗用車（登録車と軽自動車）の世帯当たり普及台数》，2023

2022年，东京湾区机动车保有量为2,343万辆，占日本全国机动车保有量的28.3%；同期，东京湾区人口总量占全国的35.1%。这说明，东京湾区人均机动车保有量低于全国平均水平。东京湾区机动车保有量如表6-1所示。

东京湾区机动车保有量（单位：辆） 表6-1

区域	乘用车	货车	共享汽车	特种车	二轮车	合计
东京都	3,145,807	669,999	15,403	104,811	495,120	4,431,140
神奈川县	3,072,441	571,311	11,467	87,883	323,187	4,066,289
埼玉县	3,249,422	642,476	9,873	87,178	219,846	4,208,795
千叶县	2,855,508	618,041	11,154	82,618	159,060	3,726,381
茨城县	2,004,071	488,171	6,500	50,616	102,395	2,651,753
山梨县	563,557	156,235	1,959	16,252	34,647	772,650
栃木县	1,350,055	291,051	4,204	31,526	78,541	1,755,377
群马县	1,389,208	320,440	3,571	33,282	72,796	1,819,297
东京湾区（合计）	17,630,069	3,757,724	64,131	494,166	1,485,592	23,431,682

资料来源：国土交通省，《都道府県別・車種別自動車保有台数》，2023

从私家车保有量看，东京湾区私家车总量为1,763万辆，占机动车总量的75%；从空间分布上看，人均和户均私家车保有量由都心向外围逐渐上升。东京都人均私家车保有量为0.23辆，近邻三县即神奈川县、埼玉县、千叶县分别为0.33辆、0.44辆、0.46辆，周边四县即茨城县、山梨县、栃木县、群马县分别为0.70辆、0.70辆、0.68辆、0.70辆；东京都户均私家车保有量为0.43辆，近邻三县即神奈川县、埼玉县、千叶县分别为0.69辆、0.95辆、0.96辆，周边四县即茨城县、山梨县、栃木县、群马县分别为1.56辆、1.53辆、1.58辆、1.60辆。东京湾区私家车保有量如表6-2所示。

东京湾区私家车保有量 表6-2

地区	私家车保有总量（千辆）	人口总量（万人）	家庭总数（户）	人均私家车保有量（辆）	户均私家车保有量（辆）
东京都	3,145,807	1,394.3	7,354,402	0.23	0.43
神奈川县	3,072,441	923.6	4,468,179	0.33	0.69
埼玉县	3,249,422	734	3,431,677	0.44	0.95
千叶县	2,855,508	627.5	2,986,528	0.46	0.96
茨城县	2,004,071	285.2	1,281,935	0.70	1.56
山梨县	563,557	80.5	367,594	0.70	1.53
栃木县	1,350,055	197.4	853,634	0.68	1.58
群马县	1,389,208	197.3	866,229	0.70	1.60
东京湾区（合计）	17,630,069	4,439.8	21,610,178	0.40	0.82

资料来源：国土交通省，《都道府県別·車種別自動車保有台数》，2023

东京湾区人均私家车保有量为0.4辆，户均保有量为0.82辆，低于全国0.5辆、1.1辆的平均水平，特别是在公共交通高度发达的东京都等地区，人均机动车保有量远低于全国平均水平。但城市化程度较低的地区，如周边四县（茨城县、山梨县、栃木县、群马县）人均私家车保有量为0.7辆、户均私家车保有量为1.58辆，远高于全国平均水平，居民出行对机动车的依赖程度较高。东京湾区机动车保有量情况如图6-3所示。

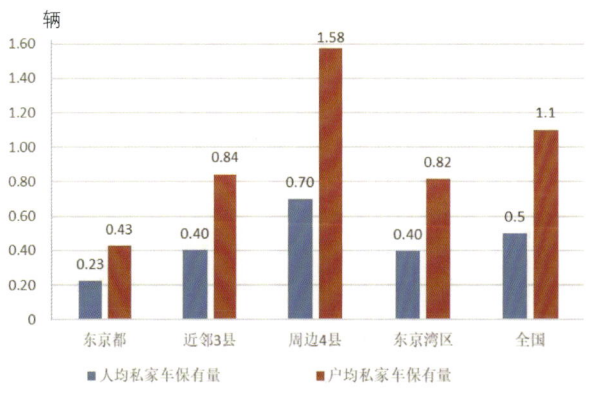

图6-3 东京湾区机动车保有量情况
资料来源：根据日本国土交通省相关资料整理而成

虽然东京都及东京区部人均私家车保有量处于较低水平，但由于人口过于集中，机动车密度仍然较高，加之经济活动活跃，道路运行仍存在较大压力。东京湾区外围地区虽然人均机动车保有量较高，但机动车密度仍然较低，加之公共交通基础设施相对薄弱，机动车保有量增长的空间仍然存在。

二、使用量

第二次世界大战后，随着日本经济迅速发展，汽车使用越来越普遍。将每日所有车辆行驶距离（VKT，单位为车公里）作为汽车使用指标，如图6-4所示，可以看出汽车使用量和GDP的增长趋势基本一致。

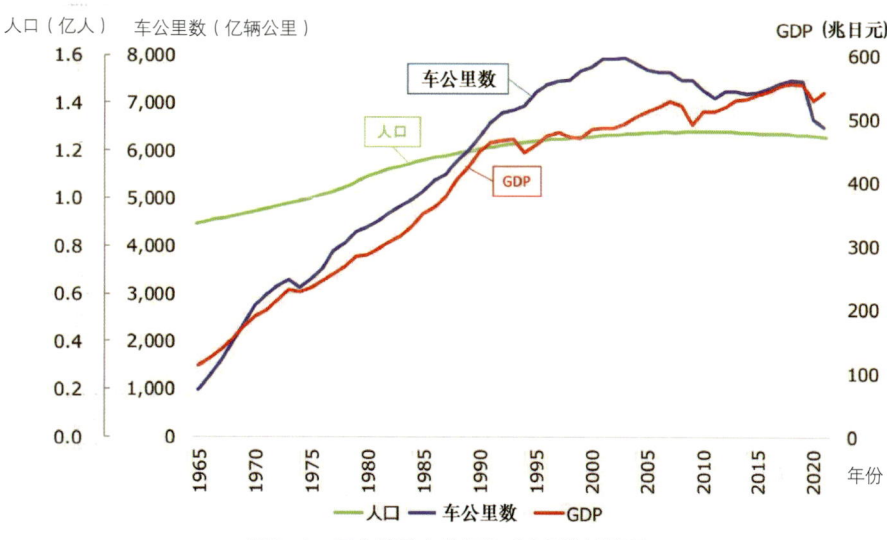

图6-4 日本机动车使用与GDP增长情况
资料来源：国土交通省，《広域道路ネットワークの現状》，2021

在旅客和货物运输方面，道路都发挥着重要作用。在旅客运输方面，出行距离越短，道路出行分担率越高，在100公里以内的出行中，道路分担率高达97%，100~300公里为77%，300~500公里为30%，500~700公里为14%，700~1,000公里为9%，1,000公里以上为4%。在货物运输方面，虽然随着运输距离增加，道路分担率逐步降低，但其衰减速度没有旅客快，在100公里以内的货物运输中，道路分担率为94%，100~300公里为73%，300~500公里为61%，500~700公里为58%，700~1,000公里为37%，1,000公里以上为35%。东京湾区道路在旅客和货物运输中的分担率如图6-5所示。

由于道路交通良好的便利性和巨大的机动车保有量，为了保障道路运行顺畅，日本不得不采取各种手段，对私家车使用进行合理引导，主要措施包括管控行驶、停车收费、有位购车。在管控行驶方面，日本会根据拥堵区域、拥堵时段变化情况对私家车进行交通管控，如东京在人口聚集的新宿区、银座区和秋叶原区划定人流量巨大路段，周六、周日和节假日，4—9月从12时至18时，10月至次年3月从12时至17时，均会禁止车辆行驶。在停车收费方面，东京停车费实行差别化管理，但总体而言十分高昂，核心中央区平均每月收费为5.2万日元（约合3,300元人民币），而边缘的荒川区、练马区收费则在1万~2万日元，高昂的停车费让很大一部分私家车车主望而却步，不得不放弃自驾车，改乘公共交通工具出行。另外，1962年，日本出台了《确保汽车保管场所法》，也就是《车库法》，要求实行"一车一位"，购车需先有位，在签署购车

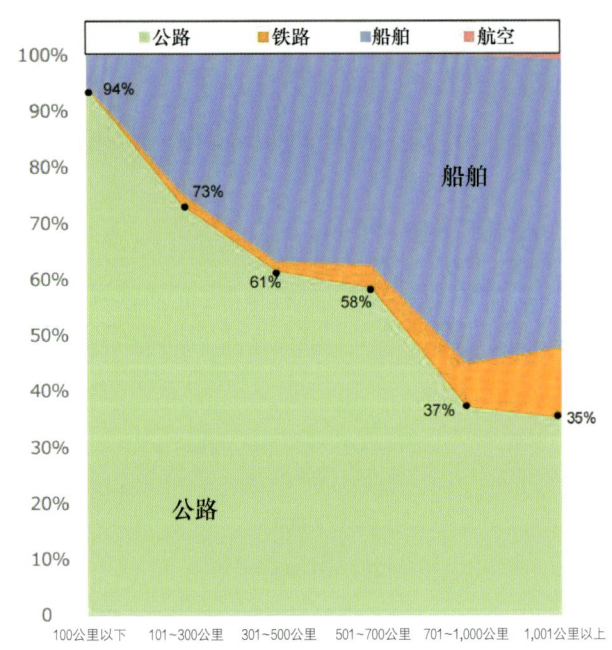

图6-5　道路在旅客（左图）和货物（右图）运输中的分担率
资料来源：国土交通省，《広域道路ネットワークの現状》，2021

合同时，必须提交由车主居住地警察署出具的停车位证明书，说明停车位的位置并绘出详细的停车位置图，且车位位置必须在距购车登记地址的2公里以内。也就是说，如果没有固定停车位就不能买车。

有位购车、高昂的停车费、严格的停车执法，构建高度发达的公共交通系统，日本多措并举，有效降低了城市中心区私家车使用量。根据2005年道路交通普查，在拥车家庭中，东京23区平日不使用私家车的比例高达68%，东京都为64%，东京都市圈为46%，高于全国34%的平均水平，形成"高保有、低使用"模式。东京拥车家庭中未使用私家车的比例如图6-6所示。

从东京湾区通勤出行来看，中心区域与外围区域的私家车使用特征有显著差异。随着与中心区距离的增加，私家车分担率逐步升高，呈现中心城区由轨道交通主导、外围地区由私家车主导的特点。在城市中心区，私家车分担率为0~10%；半径30公里范围内，私家车分担率基本在30%以下；在周边四县中，私家

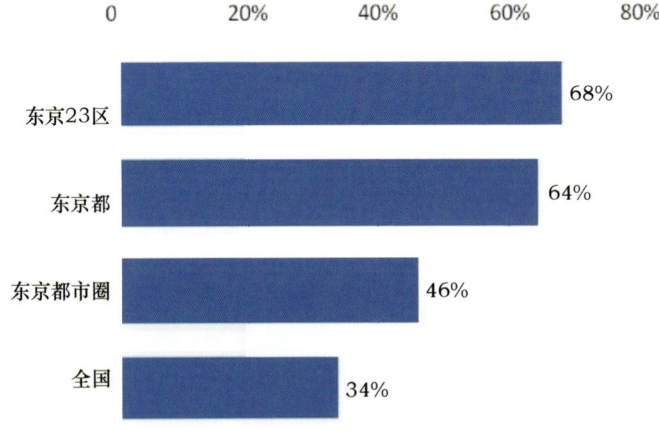

图6-6　拥车家庭中未使用私家车的比例（调查日为平日）
资料来源：国土交通省，《今後の首都の交通戦略》，2010

车分担率达到60%以上。东京湾区通勤出行的私家车分担率分布如图6-7所示。

　　从出行距离看，虽然各区域差异较大，但也大致呈现出随着与中心区距离增加而逐步增加的特征，与私家车分担率的地域分布特征较为类似。在半径30公里范围内，私家车出行距离为0～5公里；在半径30～60公里范围，出行距离为5～10公里；在半径60公里以外地区，出行距离普遍达到10～15公里，部分地区达到15～20公里。东京湾区私家车通勤出行距离分布如图6-8所示，私家车分担率×通勤出行距离与都心距离的关系分布如图6-9所示。

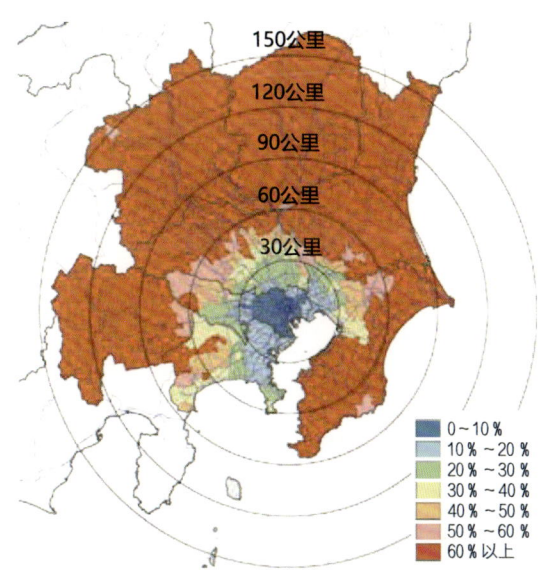

图6-7　东京湾区通勤出行的私家车分担率分布图

资料来源：国土交通省，《令和4年首都圏整備に関する年次報告要旨》，2023

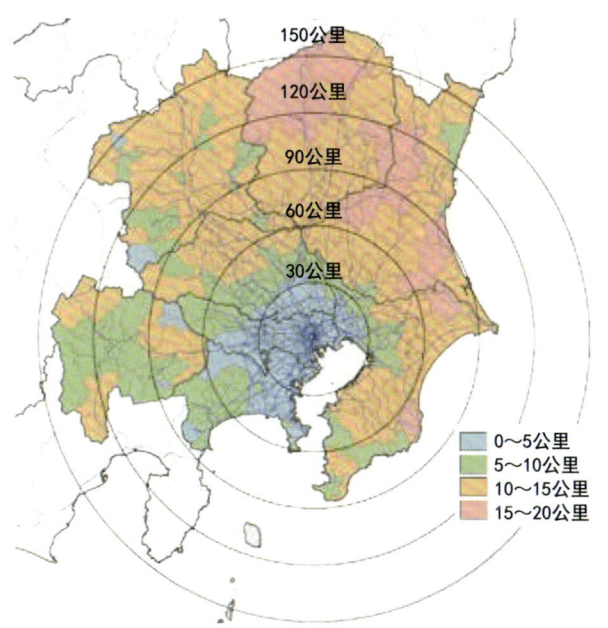

图6-8　东京湾区私家车通勤出行距离分布图

资料来源：国土交通省，《令和4年首都圏整備に関する年次报告要旨》，2023

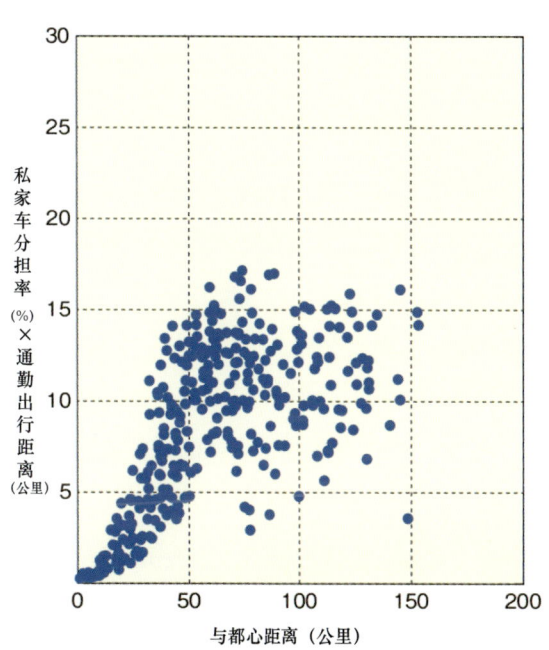

图6-9　私家车分担率×通勤出行距离与都心距离的关系分布图

资料来源：国土交通省，《令和4年首都圏整備に関する年次报告要旨》，2023

第二节　"窄马路、密路网"的道路体系

东京湾区核心在道路发展过程中形成了典型的"窄马路、密路网"的城市道路体系，主要体现在道路分类与级配、道路网密度、道路宽度、慢行交通等特征上，该路网模式具有可靠性好、可达性高、公共交通服务渗透力强、步行尺度适宜等特点。

一、道路级配

日本《公路法》将道路划分为四种类型：高速国道、一般国道、都道府县道、市町村道，如表6-3所示。

日本道路分类　　　　　　　　　　　　表6-3

道路类型		定义	道路管理者	费用负担
高速国道		构成全国汽车交通网的枢轴部分，并连通政治、经济、文化特别重要地区的道路和其他与国家利益关系特别重大的道路	国土交通大臣	高速公路公司（国家、都道府县（政令市））
一般国道	直辖国道（指定区间）	与高速国道共同构成全国性干线公路网，且符合一定法定要件的公路	国土交通大臣	国家、都道府县（政令市）
	辅助国道（指定区间外）		都府县（政令市）	国家、都府县（政令市）
都道府县道		构成地方性干线公路网并符合一定法定要件的公路	都道府县（政令市）	都道府县（政令市）
市町村道		市镇村区域内存在的道路	市町村	市町村

"高速国道"是国家机动车网络重要组成部分，连接具有特殊政治、经济、文化意义的地区，或者对国家利益有特别重要影响的高速机动车通行道路，是汽车专用道路，禁止自行车、行人、排量125立方厘米以下的小型摩托车、轻便摩托车等轻型车辆通行，类似于我国的高速公路。目前，日本已开通的高速国道绝大部分为收费公路，但也少部分开放了免费试行的路线。法定最低速度为50公里/小时，法定最高速度80~100公里/小时。

"一般国道"是指除了高速国道以外的国道，为国家直接管理或以法令规范的道路系统。一般国道不是汽车专用道路，可以通行自行车和行人，路边有商店、加油站等便民设施，基本上为免费通行，少部分路段收费，类似于我国的国道。一般国道与高速国道共同构成全国性干线公路网，分为直辖国道和辅助国道。直辖国道是由国家直接管理的特别重要路段，辅助国道是由各地市管理、国家给予补贴的国道。

"都道府县道"是都道府县建设管理并且构成地方性干线公路网的道路，类似于我国的省道。

"市町村道"则是市镇村区域内存在的道路。

目前，日本现状全国公路总里程约122.6万公里，其中，国道（含高速国道和一般国道）约6.5万公里，

占道路总里程的5.3%；都道府县道约12.98万公里，占10.6%；市町村道103.18万公里，约占84.1%，形成了较为合理的金字塔形级配结构。日本全国道路级配如图6-10所示。

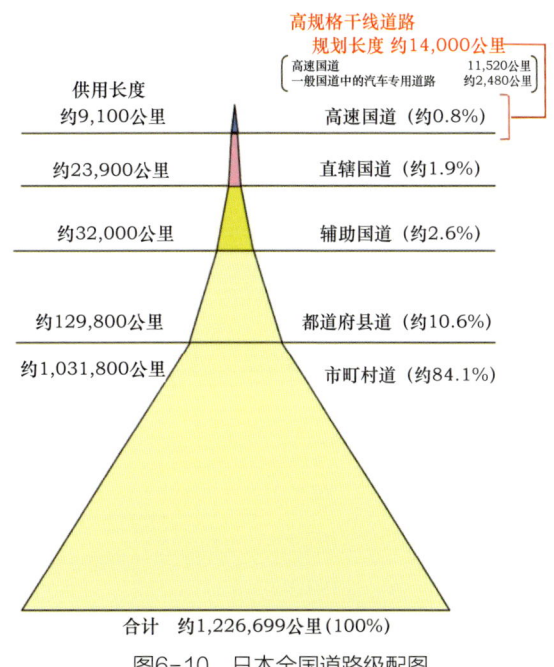

图6-10　日本全国道路级配图
资料来源：国土交通省，《道路の種類》，2023

二、路网密度

2021年，东京湾区各类道路总长约26.6万公里，其中高速国道约1,181公里，一般国道6,859公里，都道府县道1.9万公里，市町村道23.9万公里，如表6-4所示。

2021年东京湾区道路基本情况表（单位：公里）　　　　　　表6-4

区域	高速国道	一般国道	都道府县道	市町村道	合计
东京都	60.0	347.9	2,350.2	21,653.6	24,411.7
神奈川县	86.2	713.3	1,479.3	23,509.1	25,787.9
埼玉县	140.9	898.3	2,500.4	43,777.2	47,316.8
千叶县	139.6	1,274.2	2,634.4	37,016.1	41,064.3
茨城县	232.4	1,178.3	3,370.2	50,925.8	55,706.7
山梨县	173.0	599.7	1,441.7	9,092.3	11,306.7
栃木县	173.0	916.8	2,828.1	21,642.3	25,560.2
群马县	176.0	930.9	2,530.6	31,368.4	35,005.9
东京湾区（合计）	1,181.0	6,859.5	19,134.8	238,984.6	266,159.9

资料来源：根据日本国土交通省《路统计年报2021》整理而成

以面积计，东京湾区平均道路网络密度为7.2公里每平方公里，其中东京都路网密度达到11.1公里每平方公里，埼玉县达到12.5公里每平方公里，神奈川县和茨城县也均超过9.0公里每平方公里。以人口计，东京湾区平均道路网络密度为60公里每百万人，由于人口分布不均衡，各地区、各圈层路网密度差异较大，周边各县明显高于东京都。2021年东京湾区道路密度指标如表6-5所示。

2021年东京湾区道路密度指标一览表　　　　　　　　　表6-5

区域	面积 （平方公里）	人口 （万人）	密度 （公里每平方公里）	密度 （公里每百万人）
东京都	2,194	1,394.39	11.1	17.4
神奈川县	2,416	923.6	10.7	27.9
埼玉县	3,798	734.0	12.5	64.5
千叶县	5,158	627.5	8.0	65.4
茨城县	6,097	285.2	9.1	195.3
山梨县	4,465	80.5	2.5	140.5
栃木县	6,408	197.4	4.0	133.1
群马县	6,362	197.3	5.5	181.7
东京湾区 （合计）	36,898	4,439.8	7.2	60.0

资料来源：根据日本国土交通省《路统计年报2021》整理而成

与国际一流城市相比，东京路网密度处于较高水平，是深圳中心城区的1.16倍，是广州中心城区的1.56倍，是北京中心城区的1.95倍。较高的路网密度能够提高路网自身调节拥堵的能力，也为实施公交优先提供了基础。世界及我国大城市道路网密度对比如表6-6所示。

世界及我国大城市道路网密度对比　　　　　　　　　表6-6

城市	道路密度 （公里每平方公里）	城市	道路密度 （公里每平方公里）
东京（东京都）	11.1	深圳（中心城区）	9.6
纽约	8.2	广州（中心城区）	7.1
新加坡	4.9	北京（中心城区）	5.7

三、道路断面

东京虽然路网密度高，但其城市道路普遍较窄。在日本的道路断面中，4车道以下断面是主要构成形式。其中，在高速国道中，4车道以下占比约28%，4车道及以上占比约72%；在一般国道（直辖）中，4车道以下占比约74%，4车道及以上占比约26%；在一般国道（辅助）中，4车道以下占比约92.6%；在都道府县道中，4车道以下占比约95.4%。根据《日本道路统计年度报告》，全国道路宽度平均仅为5.90米，车道宽度在

13米以上的4车道道路只占日本道路总长度的1.51%。同时，这种路幅较窄、市町村道占主体的路网结构没有城乡差异，如在东京23个区中，有长达10,575公里的道路平均宽度仅为6.52米（含人行道）。日本4车道及以上、不足4车道道路长度如图6-11所示。

　　日本道路宽度相对较小，究其原因，是由于建设年代较为久远，而那个时期日本的车行交通仍以人力车、马车、牛车、自行车为主，道路建设标准相对偏低。根据日本《道路结构条例（1919年）》，国道标准宽度为7.3米以上，县道和主要城市道路为5.5米以上，主要城镇道路为3.6米以上。日本《道路结构条例（1919年）》固定的道路宽度标准如表6-7所示，高速国道、一般国道、都道府县道或市町村道典型断面分别如图6-12～图6-14所示。

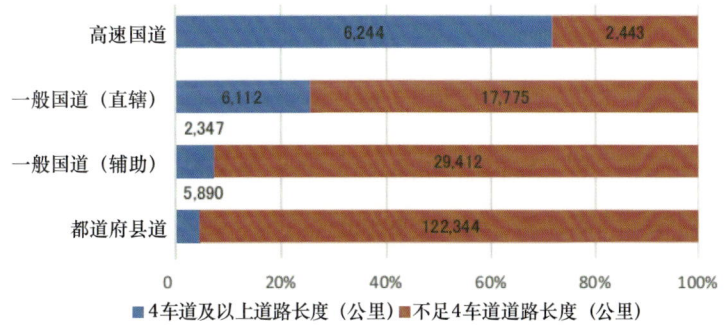

图6-11　日本4车道及以上、不足4车道道路长度
资料来源：国土交通省，《広域道路ネットワークの経緯と現状》，2021

图6-12　高速国道典型断面
资料来源：国土交通省，《広域道路ネットワークの経緯と現状》，2021

图6-13　一般国道（干线道路）
典型断面
资料来源：国土交通省，《広域道路ネットワークの経緯と現状》，2021

图6-14　都道府县道或市町村道
典型断面
资料来源：国土交通省，《広域道路ネットワークの経緯と現状》，2021

日本道路结构条例（1919年）固定的道路宽度标准　　　　　　　表6-7

类型	标准值（米）	最小值（米）
国道	7.3以上	5.5以上
县道	5.5以上	4.5以上
主要城市道路	5.5以上	3.6以上
主要城镇/乡村道路	3.6以上	2.7以上

注：在山区和其他特殊地方可以采用最小值。

随着机动化快速发展，交通拥堵日益严重，但日本各界仍反对扩宽道路、增加机动车道。主要原因为：一是车行道增加后，道路交通功能进一步增强，通过性交通量进一步增长，加剧地区特别是市区道路的机动车噪声、排气及拥堵；二是机动车交通对步行者的安全威胁较大，如穿行于住宅区小路的机动车不但破坏了居住环境的安静，而且给沿街的居民带来交通安全上的威胁，因此在日本经常听到"把机动车夺走的道路重新夺回来"的呼声。

同时，日本一直以来高度关注道路交通中的人性化要素，提高街道步行适宜性。1919年，日本制定了《街道构造令》，明确了多项规定来保障街道设计品质，如通过"街道左、右两侧人行道的宽度分别取整体宽度的1/6以上"等确保人行道宽度，通过"于交叉口或转角处设置街道广场""鼓励设置行道树、植被、花钵"等确保非机动交通氛围。

20世纪50—60年代，日本步入机动化高速发展阶段，这个时期更注重提高机动车通行能力。但日本政府仍高度关注慢行交通发展，如早些年基于《街道构造令》建设的街道，至今仍作为重要的城市遗产在提升街道品质、保障非机动交通环境方面发挥着巨大作用。2020年2月，日本国土交通省发布《街道设计导则》，提出了以"WEDO"（walkable，eyelevel，diversity，open）为口号的城市建设方向，在全国各地推广以"创造舒适且步行适宜的城市"为目标的城市空间改造措施。

第三节　高规格干线道路的发展

高规格干线道路是指专供汽车高速行驶的公路，包含高速国道和一般国道中的汽车专用道路，是日本全国高速道路交通网络的骨架。

一、规模

第二次世界大战后，随着机动化的快速发展，日本开始着手制定全国性公路网规划。1966年，日本出台《国土开发干线公路网规划》，确立了7,600公里全国性汽车交通网。此后，随着经济的发展和城市化进程的加速，日本政府不断修订和完善规划成果。1987年，日本第四次全国综合发展计划提出1.4万公里的高规格干线道路网络规划，这版规划是日本高等级道路建设的重要依据，至今发挥着蓝图指引作用，如图6-15所示。

东京湾区由于人口、产业高度集中，道路交通拥堵更严重，在全国性高规格干线道路规划编制之前，就已经着手制定适应自身发展的道路网规划。1963年，首都圈基本问题咨询小组的中期报告首次提出了城际高速公路发展构想，提出核心城区与周边郊区、城镇1小时可达的目标，并规划了"3环+9放射"的网络，作为首都圈道路网络的骨架，如图6-16所示。

此后，该规划经历了若干次修订，包括第二次首都圈基本规划（1968年）、第三次首都圈基本规划（1976年）、第四次首都圈基本规划（1986年），修订重点是结合当时社会经济发展状况，提出新增公路通

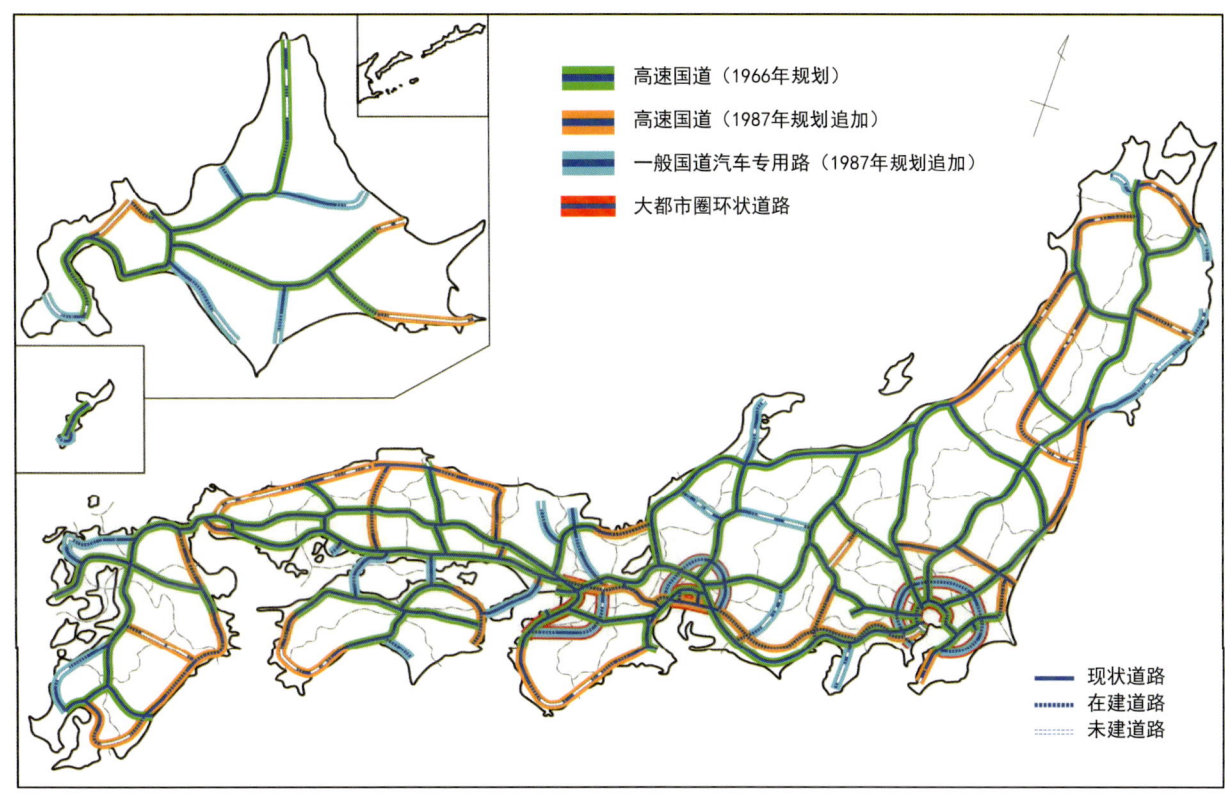

图6-15　日本高规格干线道路规划图

资料来源：国土交通省，《高規格幹線道路網計画の変遷》，2019

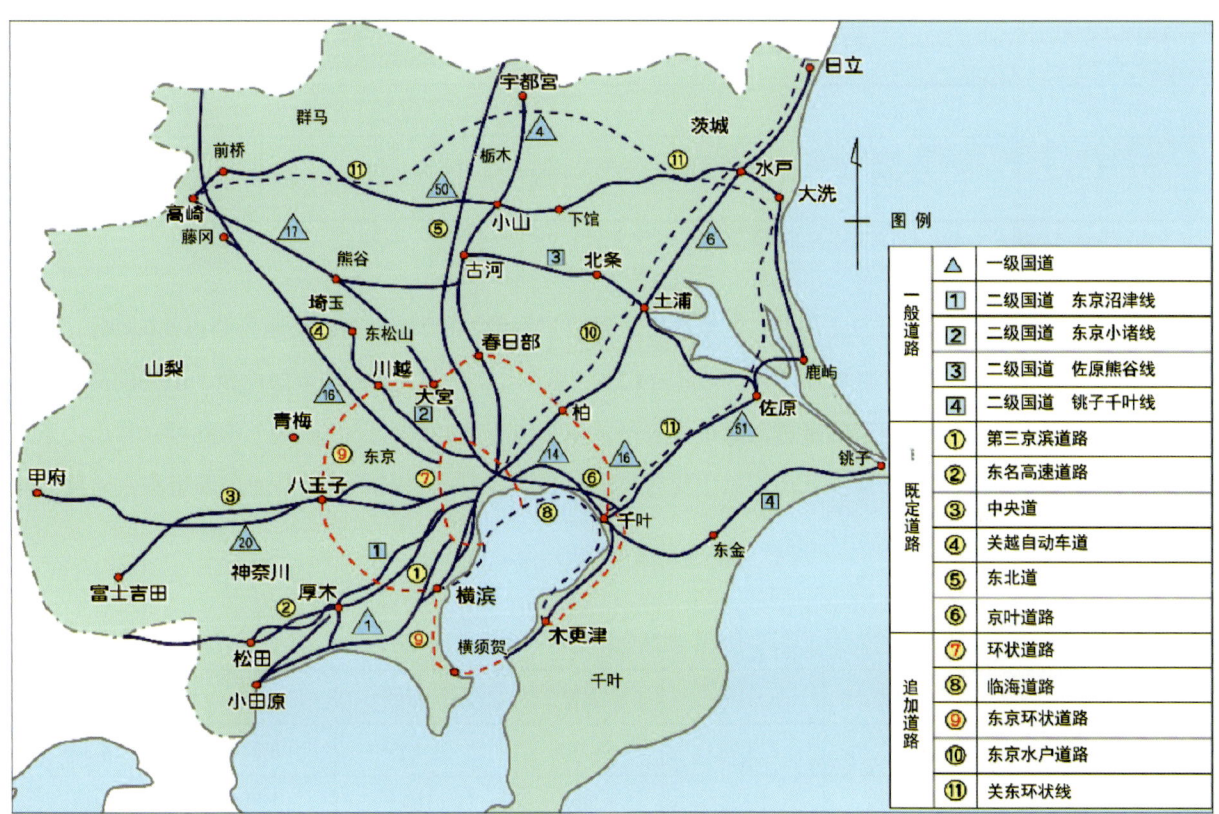

图6-16　城际高速公路发展规划（1963年）

资料来源：国土交通省，《3環状の計画と整備の変遷》，2020

道、提升道路等级、完善公路体系衔接、优化建设时序、调整局部线路走向及敷设方式等，但网络布局总体上均沿用了1963年版规划。根据第四次首都圈基本规划（1986年），东京湾区规划高规格干线道路规模约1,656公里，规划成果也被纳入第四次国家综合发展计划。

截至2008年，东京湾区已建成约1,145公里的高规格道路，建成率约69%。目前，按单位面积计，东京湾区高规格道路网平均密度为3.2公里每百平方公里，各都县高速公路网密度保持在2.7~3.9公里每百平方公里，高于日本全国2.39公里每百平方公里的平均水平；按人均里程计，东京湾区高规格道路网平均密度为26.6公里/百万人，低于日本全国72公里/百万人的平均水平，各都县则由于人口集聚程度不同，道路网密度差异较大。现状东京湾区高规格道路网密度指标如表6-8所示。

2021年东京湾区高规格道路网密度指标   表6-8

区域	面积（平方公里）	人口（万人）	密度（公里每百平方公里）	密度（公里每百万人）
东京都	2,194	1,394.39	2.7	4.3
神奈川县	2,416	923.6	3.6	9.3
埼玉县	3,798	734.0	3.7	19.2
千叶县	5,158	627.5	2.7	22.3
茨城县	6,097	285.2	3.8	81.5
山梨县	4,465	80.5	3.9	214.9
栃木县	6,408	197.4	2.7	90.0
群马县	6,362	197.3	2.8	91.3
东京湾区（合计）	36,898	4,439.8	3.2	26.6

资料来源：根据日本国土交通省《路统计年报2021》整理而成

从高速公路在道路总里程的比例看，东京湾区道路总里程约238,985公里，高速公路占比0.49%，明显低于亚洲其他主要城市（如新加坡为4.7%、北京为4.3%、首尔为2.1%）。欧洲城市如伦敦、巴黎的高速公路比例也较低，原因是大量高速道路未进入城市中心区，而是位于核心区外围。从这个角度可以看出，东京湾区高等级公路发展水平低于亚洲其他国家主要城市。东京湾区及主要国际城市高速公路里程占道路总里程比例如表6-9所示。

东京湾区及主要国际城市高速公路里程占道路总里程比例一览表   表6-9

类别	东京湾区	北京	新加坡	首尔	伦敦
道路总里程（公里）	238,985	6,295	3,495	8,214	14,843
高速公路里程（公里）	1,181	269	164	170.4	60.1
高速公路占道路总里程的比例（%）	0.49	4.3	4.7	2.1	0.4

从全球高速公路发展历程看，自20世纪中叶以后，随着技术的进步和经济的不断发展，发达国家高速公路建设进入一个高峰期。美国于1956年启动了全美洲际公路计划，通过高速公路系统连接各城市和州，2020年发展到108,575公里。在欧洲国家中，法国和德国高速公路发展最为领先。中国、日本、韩国等亚洲国家的高速公路一直稳步发展，特别是中国从20世纪90年代中后期开始，高速公路通车里程快速增长，2014年通车总里程超过美国稳居世界第一，2020年达到160,980公里，部分国家高速公路通车里程变化如图6-17所示。

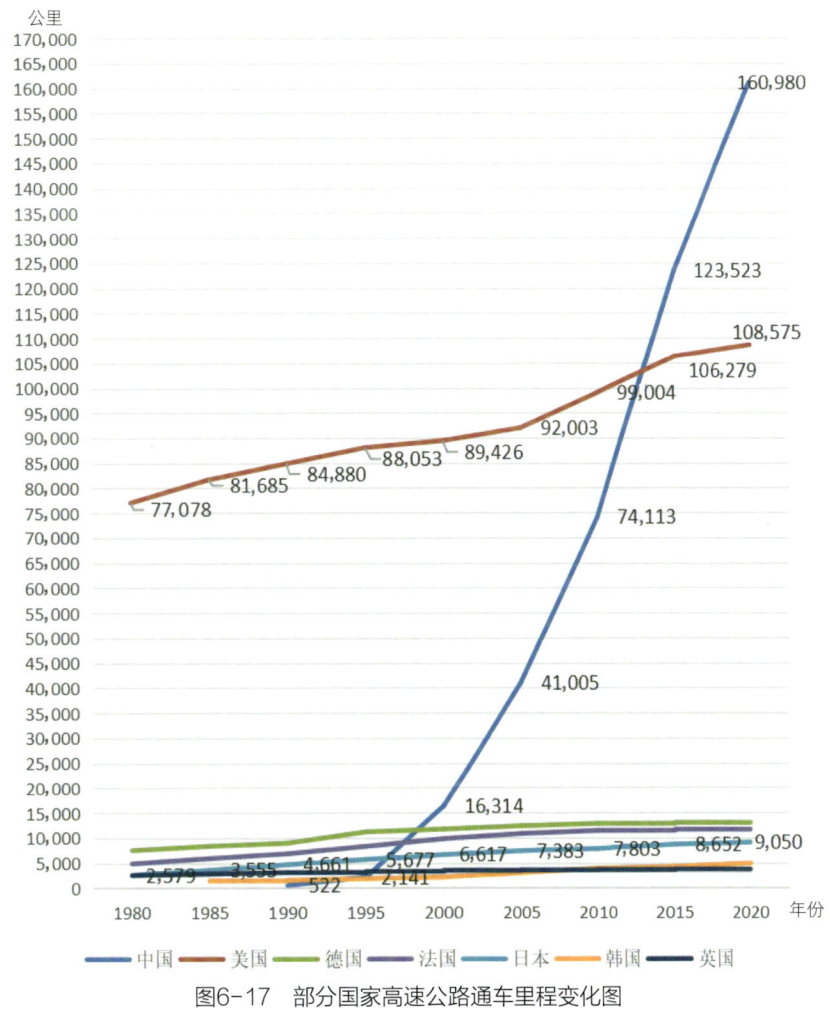

图6-17　部分国家高速公路通车里程变化图

资料来源：根据日本国土交通省《道路データブック2023》相关数据绘制

从高速公路网密度看，中国单位面积高速公路里程（高速公路总里程/总面积）是日本的0.7倍，人均通车里程（高速公路总里程/总人口数）是日本的1.56倍，车均通车里程（高速公路里程/机动车总保有量）是日本的5.1倍。粤港澳大湾区、东京湾区分别作为中国、日本经济发达地区的代表，高速公路网也高于所在国家的平均水平，截至2020年，粤港澳大湾区高速公路网密度为930公里每万平方公里，是东京湾区的2.9倍。由此可见，当前中国及粤港澳大湾区高速公路发达程度远胜于日本及其东京湾区。2020年部分高速公路网密度发展情况如表6-10所示。

2020年部分高速公路网发展密度一览表　　　　　　表6-10

国家	面积（万平方公里）	人口（万人）	机动车保有量（万辆）	高速公路里程（公里）	单位面积高速公路里程（公里每万平方公里）	人均通车里程（公里每万人）	车均通车里程（公里每万辆）
日本	38	12,615	7,867	9,050	239	0.72	1.15
中国	960	143,932	27,341	160,980	168	1.12	5.89
美国	983	33,100	26,759	108,575	110	3.28	4.06
德国	36	8,378	5,161	13,192	369	1.57	2.56
法国	55	6,527	4,368	11,660	211	1.79	2.67
英国	24	6,789	3,752	3,725	154	0.55	1.00
韩国	10	5,127	2,437	4,848	483	0.95	1.99

资料来源：根据日本国土交通省《道路データブック2023》相关数据整理

二、布局

为了支撑东京湾区内外畅通的人流和物流，日本政府谋求发展分散型网络结构，推进由放射方向和环状方向构成的道路网被作为基本方针。结合南面向海的地理形态，东京湾区高（快）速路网络呈扇形，为"3环+9放射"状。环路与射线的功能相辅相成，放射性道路主要承担东京中心城区与外围郊区城镇的快速交通联系，环路则用于逐层分散射线上的交通流，并承担外围城镇之间的直接交通联系和射线之间的转换交通联系。

东京湾区的三条环路包括：首都圈中央高速公路（圈央道）、东京外环线（外环道）和中央环线（中央环状线）。圈央道距离市中心约60公里，是最外环道路，连接外围主要城镇；外环道距离市中心约15公里，属于东京都外围，连接主要城市功能节点和工业区；中央环线距离市中心约8公里，是东京中心区内部环形道路，直接连接海湾地区的新宿、涩谷、池袋等副中心和羽田国际机场、东京港等国际客运物流设施。另外，日本学术界习惯将最里面的城市中心环路称作都心环状线，这是一条非正式的环路。东京湾区"3环+9放射"高规格干线道路网络结构如图6-18所示，道路网络布局如图6-19所示。

日本政府考虑环路的主要功能包括以下四个方面：抑制通过性交通进入市中心，避免不必要的交通给市中心带来拥堵；分散郊区到市中心的车流，使交通更加顺畅；保障环路沿线地区之间

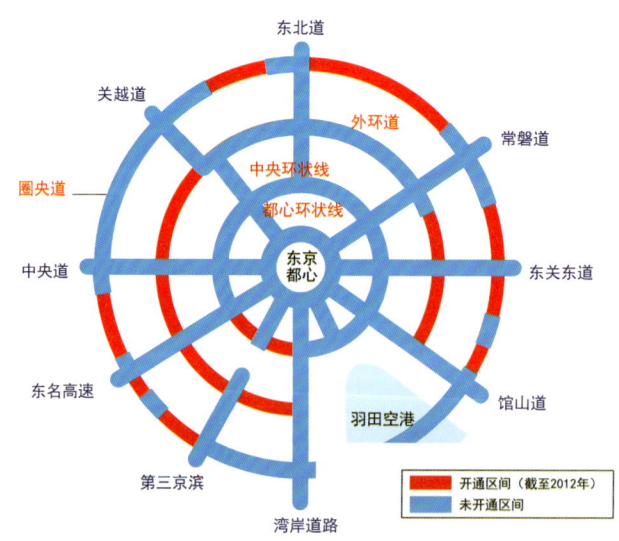

图6-18　东京湾区"3环+9放射"高规格干线道路网络结构图

资料来源：国土交通省，《首都圈3環状道路のストック効果》，2020

交通出行，避免不必要的绕行；即使因灾害或事故导致某些线路被切断，也能通过环线绕行，提升路网的可靠性。环路的建设减少了流入市中心的汽车流量，增强了外围城市节点之间的交流，促进城市结构重组。环线的主要功能如图6-20所示。

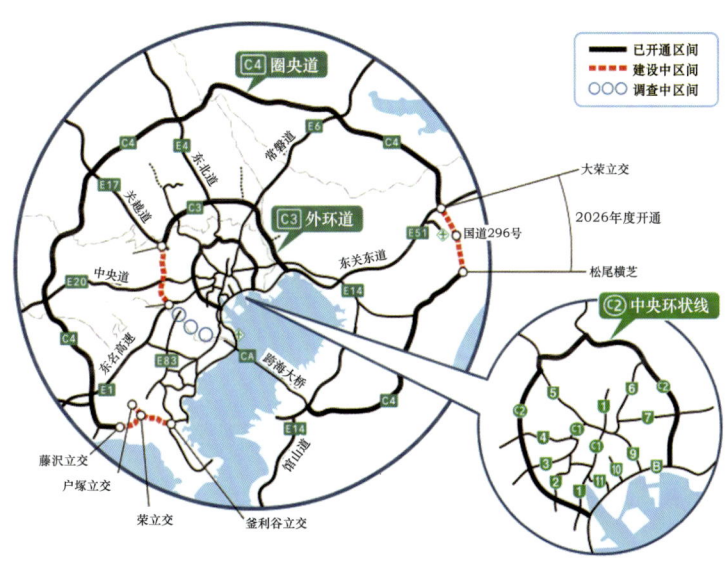

图6-19 东京湾区高规格干线道路网络布局示意图
资料来源：国土交通省，《首都圏3環状道路のストック効果》，2020

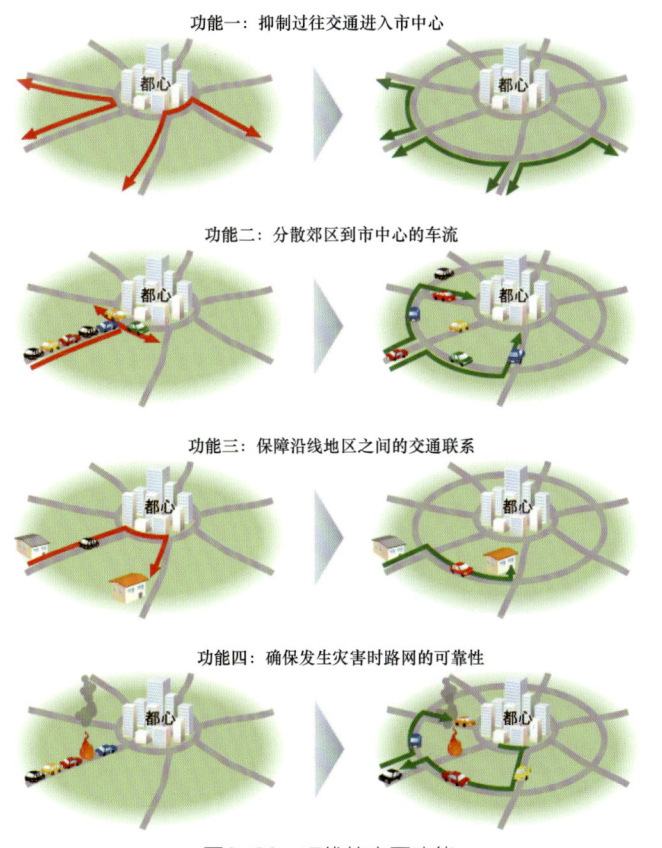

图6-20 环线的主要功能
资料来源：国土交通省，《環状道路の機能と効果》，2023

东京湾区"环+放射"式道路网是自然地形和大都市圈发展共同作用的结果，这种道路网络形态基本适应东京湾区城市发展的要求，但也存在以下问题。

首先是中心区交通拥堵问题。由于东京湾区大量岗位集中在市中心区，外围地区前往市中心区的交通需求量巨大，向心性交通特征显著，交通需求呈现由市中心向外围区域递减的趋势，靠近市中心的道路承担的流量比较大，越往外围区域射线的交通流量越小。为了支持外围地区发展和应对向心性交通需求，在东京湾区道路建设过程中，直连市中心的放射性高速公路均是优先建设项目，大量交通由外围直达市区中心，造成了市中心区的交通聚集。虽然东京湾区注重修建环线，避免通过性交通进入市中心区，但巨大的向心性交通需求仍然会导致中心区严重交通拥堵。从实际道路交通运行情况看，东京中心城区的主要道路、湾岸线、都心环线交通拥堵较为严重。东京湾区道路交通运行情况如图6-21所示。

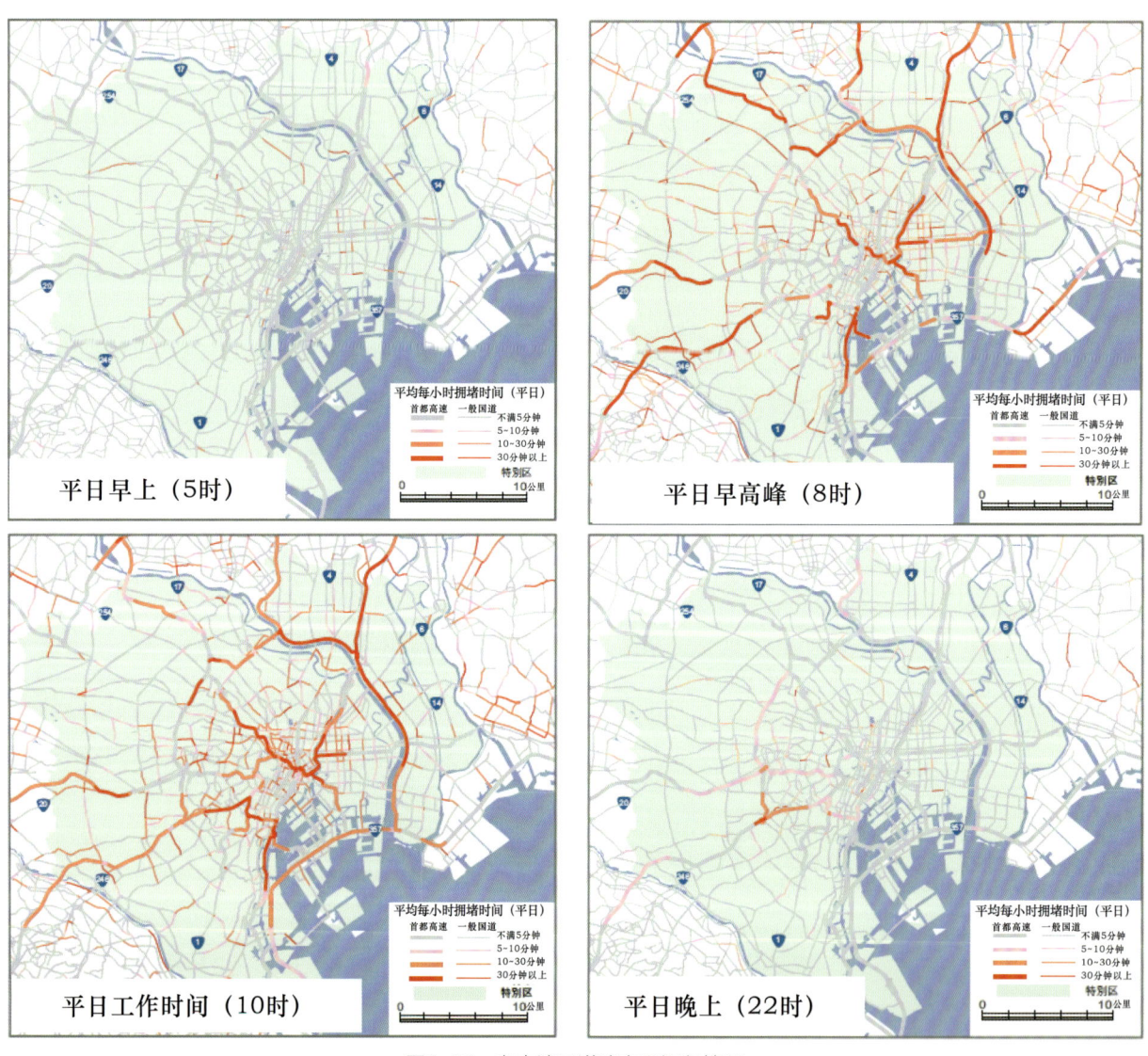

图6-21 东京湾区道路交通运行情况

资料来源：国土交通省，《今後の首都の交通戦略》，2010

其次是环状道路的交通拥堵问题。根据交通流起点和终点的不同，可将交通流分为三类：①起点和终点都在环外，此类为通过性交通；②起点和终点都在环内，此类为内部交通；③一个端点在环内，另一端点在环外，此类为内外交通。在以上三种交通流中，环状道路应重点服务内外交通，尽量避免过多的通过性交通涌入。

从东京湾区环线道路实际运行看，环线承担了过多的通过性交通，特别是都心环状线。目前，都心环线外部通过性交通约占62%，内外交通约占37%，都心内部交通约占1%。仅从比例上可以看出都心环线确实承担了较多过境交通。由于交通需求过于集中，都心路网出现了大幅的车速下降，导致环线拥堵，同时引起合流的放射线出现堵塞。整个路网的交通拥堵主要集中在内环上，并由内环向外环逐渐扩散。东京湾区都心环线周边路网交通运行情况如图6-22所示。

为了应对交通拥堵，东京湾区主要从两个方面入手：一是加强外环道、圈央道的建设，按照规划形成完整的环路，增强路网的弹性和韧性；二是拓宽过窄的高速公路，增加通行能力。

图6-22　东京湾区都心环线周边路网交通运行情况
资料来源：首都高速公路公司，《首都高速道路の課題》

　　日本有关部门乐观估计，若东京湾区环形道路按照规划形成，将有利于降低流入市中心的汽车交通量，提升市中心交通运行质量。例如，2018年6月外环道（三乡南—高谷段）开通后，大量车流从原中央环线向外环道转移，导致中央环线内侧高速公路（含中央环线）的拥堵时间减少了30%，较好地改善了市中心区的交通拥堵状况；另外，川口—高谷之间的车行时间也减少约20分钟，大大提高了通行效率。外环道开通后大量通过性交通从中央环线转移至该道路，如图6-23所示，开通前后中央环线内侧高速公路（含中央环线）的拥堵时间变化情况如图6-24所示，开通前后川口—高谷所需时间的变化情况如图6-25所示。

　　在道路拓宽上，由于日本全国已开通的高规格干线道路中有约40%为双向2车道，这是在全球极为少见的特殊断面结构。日本常见的是每条车道约3米宽，主要道路车道宽3.25米，高速公路车道宽3.5～3.75米。双车道高速公路不仅狭窄无法超车，交通流被低速行驶车辆支配，而且从行驶速度和舒适性等角度来看，交通服务质量较低。另外，双车道高速公路在事故、灾害、施工时禁止通行的情况持续时间较长，修复也需要较长时间，因此在异常时较为脆弱。日本对2车道和4车道的交通安全性进行了评价，如图6-26所示，双车道高速公路的交通事故死亡率是4车道的两倍。

图6-23　外环道开通后大量通过性交通从中央环线转移至该道路

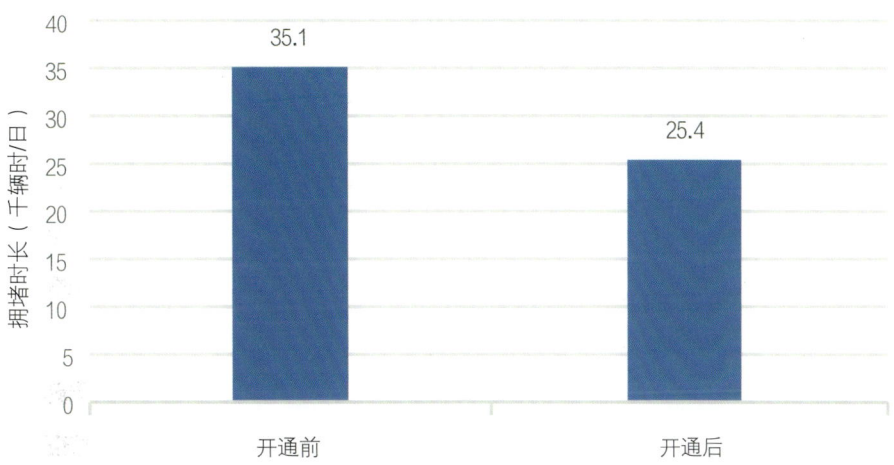

图6-24　开通前后中央环线内侧高速公路（含中央环线）的拥堵时间变化情况
注：开通前观测时间为2017年6月1日至2018年1月31日，开通后为2018年8月3日至2019年1月31日。
资料来源：国土交通省，《東京外環状道路（三郷南JCT—高谷JCT）開通後の整備効果》，2019

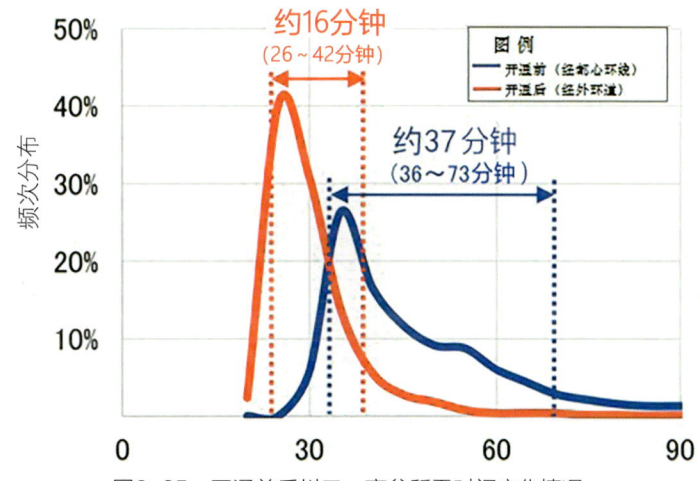

图6-25　开通前后川口—高谷所需时间变化情况
注：开通前观测时间为2017年6月—2018年5月；开通后为2018年8月—2019年5月
资料来源：国土交通省，《東京外環状道路（三郷南JCT—高谷JCT）開通後の整備効果》，2019

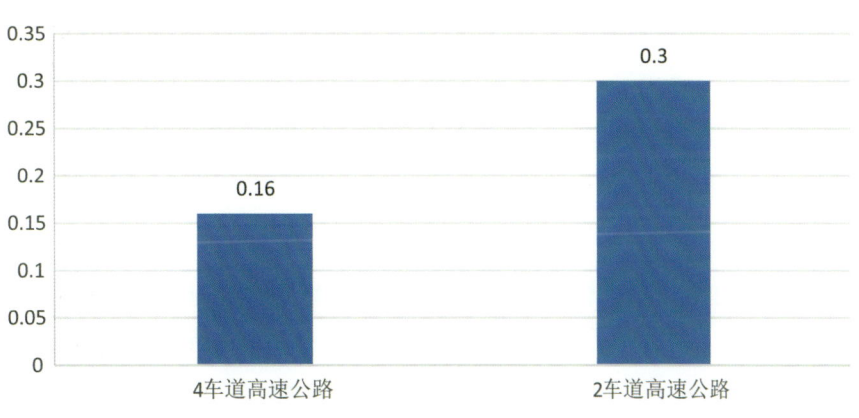

图6-26　东京湾区2车道和4车道高速公路交通事故死亡率对比
资料来源：根据日本国土交通省相关资料绘制而成

欧美高速公路多为4车道以上。韩国早年建设的高速公路较多也为2车道，从安全性的角度出发，韩国于2015年底全部改为4车道，这项工作完成后，韩国高速公路交通事故死亡率大幅降低。因此，日本计划将高规格干线道路改造为4车道，特别是对一些重要瓶颈地区的路段拓宽和增加车行道，对提高通行能力和交通安全性具有重要意义。日本及部分其他国家高速公路车道数如图6-27所示。

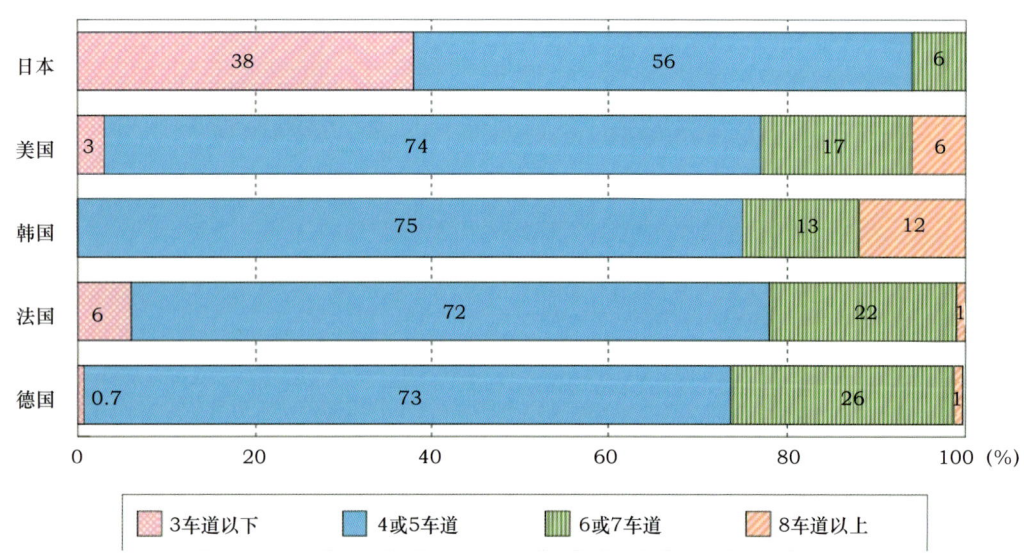

图6-27　日本及部分其他国家高速公路车道数
资料来源：国土交通省，《広域道路ネットワークの現状》，2021

三、建设时序

从建设时序看，东京湾区高速公路网总体遵循放射线优先、机场港口集疏运线优先的"双优先"原则。第二次世界大战期间，东京湾区的道路遭受严重损坏，在美国资金支持下，东京湾区开始重建，并从1955年开始逐步推进五年公路建设计划。1959年，日本东京获得1964年夏季奥林匹克运动会的举办权，为了支持奥运会的举办，东京湾区优先建设了连接羽田国际机场和奥运会相关场馆的高速公路。1963年以后，日本重点开展东名高速、中央道等放射性高速公路的建设，1990年放射性高速公路网络基本建成。东京湾区高速公路网络建设时序如图6-28所示。

得益于高规格干线道路与机场、港口、火车站的衔接，东京湾区约90%的高规格干线道路10分钟内可到达港口，约80%的高规格干线道路10分钟内可到达机场和新干线车站。高速公路联系主要机场、港口、火车站所需时间如图6-29所示。

相较于放射性道路，东京湾区中央环线、外环道和圈央道三条环状道路建设进展缓慢。中央环线已于2015年3月全线开通，圈央道已建成89%，而外环道仅建成58%。由于路网不够完善，东京湾区主要城市之间的联络速度还不够快，如东京—横滨速度仅为40～60公里/小时，东京—埼玉运行速度还不到40公里/小时，进一步加强城市之间的联络效率是一个亟待解决的问题。东京湾区环状道路建设进展如图6-30所示，主要节点之间公路联系速度如图6-31所示。

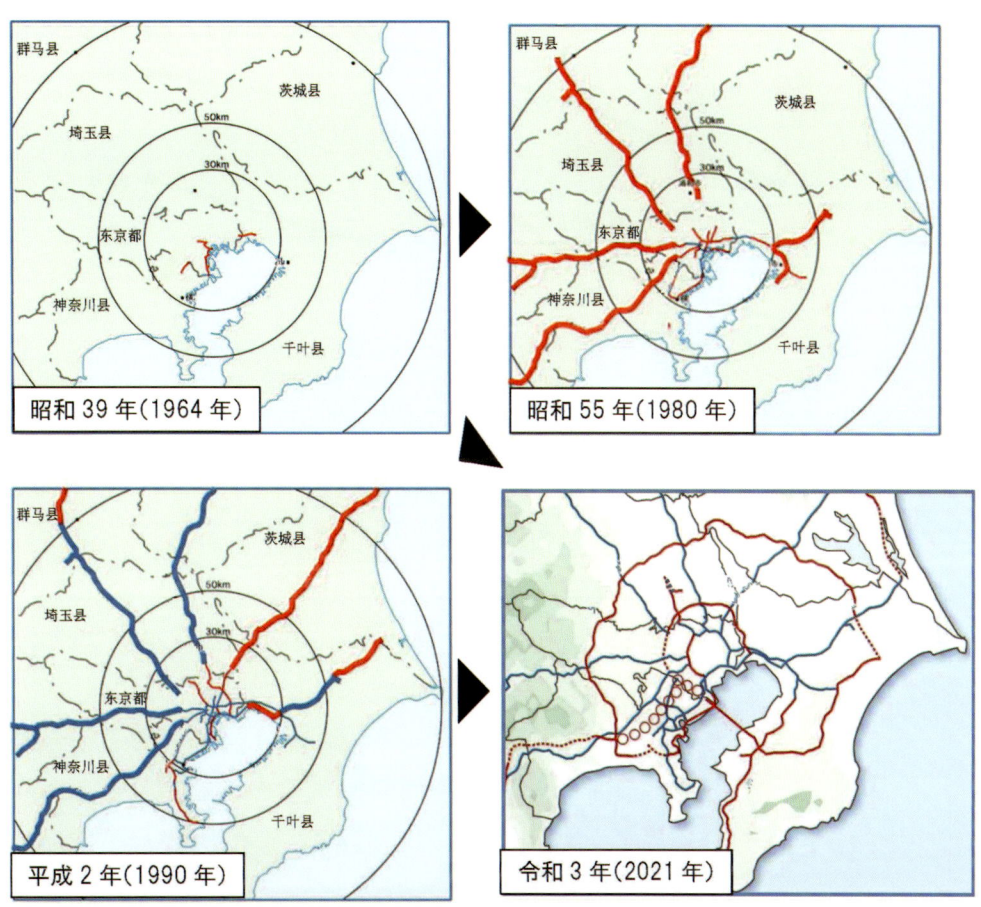

图6-28　东京湾区高速公路网络建设时序

资料来源：国土交通省,《関東ブロック新広域道路交通ビジョン》, 2021

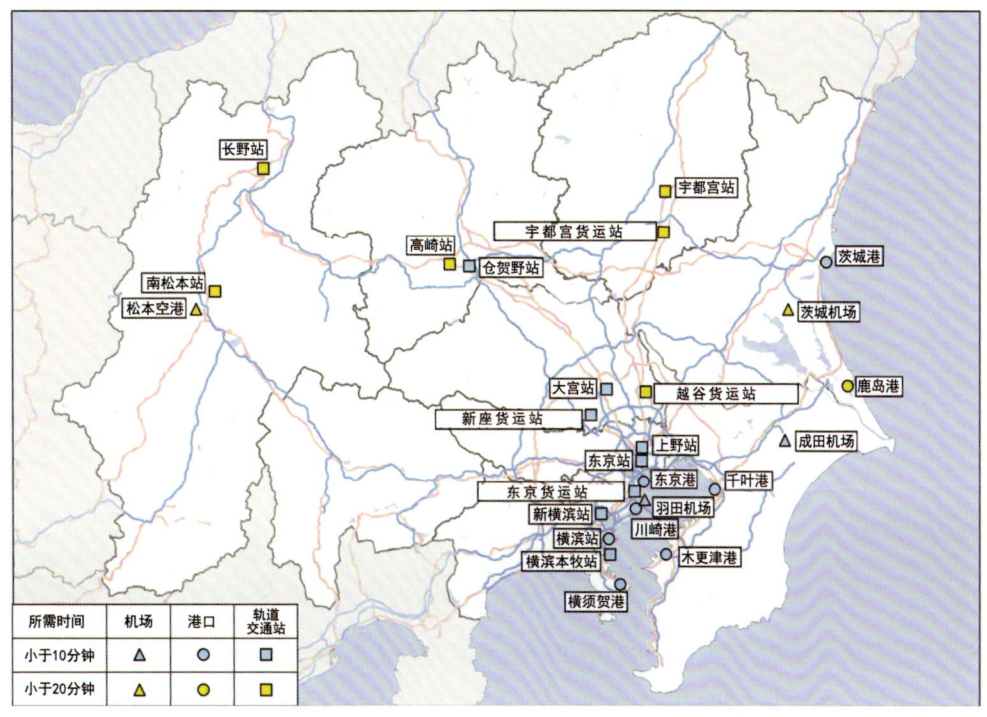

所需时间	机场	港口	轨道交通站
小于10分钟	△	○	▢
小于20分钟	▲	○	▢

图6-29　高速公路联系主要机场、港口、火车站所需时间（2015年）

资料来源：国土交通省,《関東ブロック新広域道路交通ビジョン》, 2021

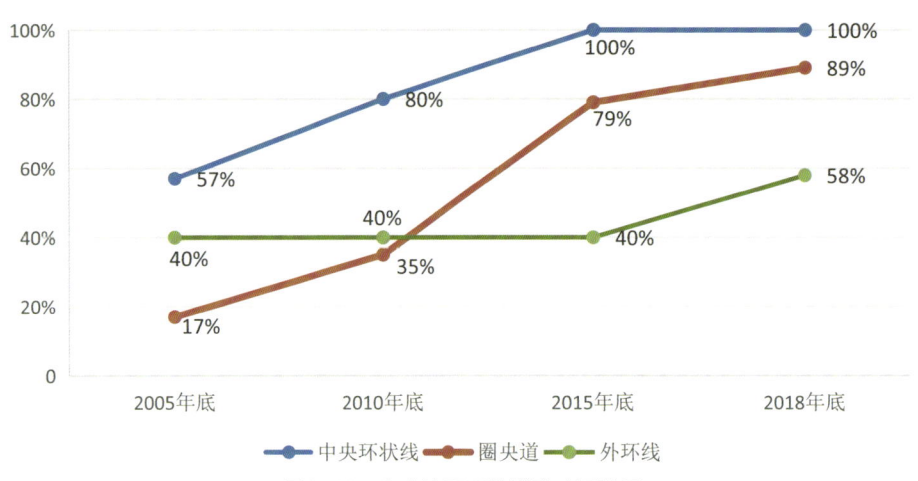

图6-30　东京湾区环状道路建设进展
资料来源：根据东日本高速公路有限公司相关资料绘制

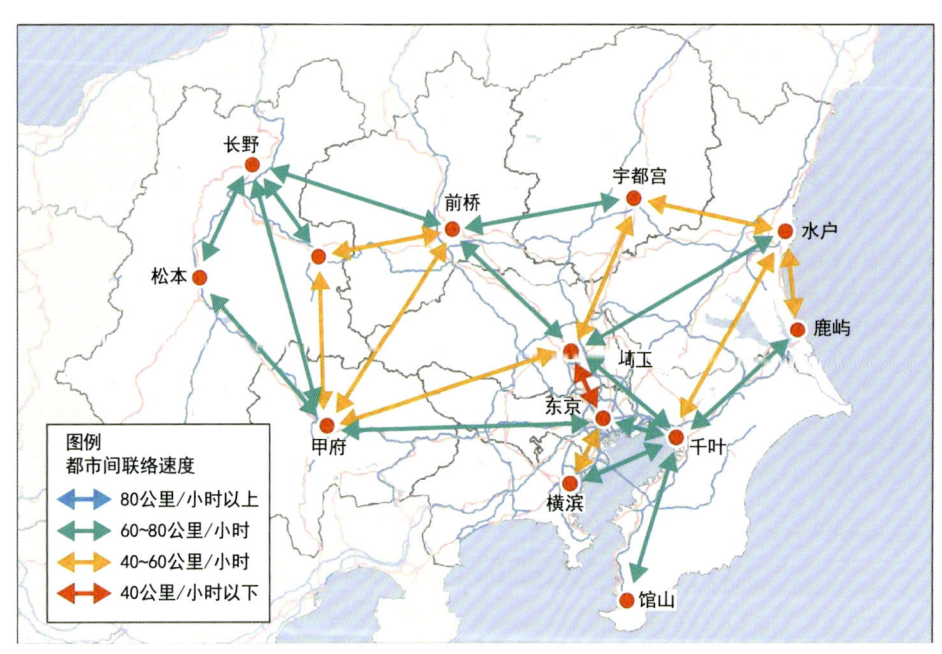

图6-31　东京湾区主要节点之间公路联系速度
资料来源：国土交通省，《関東ブロック新広域道路交通ビジョン》，2021

第四节　地下道路的规划建设

一、建设概况

20世纪90年代，东京湾区按照"3环+9放射"的高速道路网络实施时，部分位于城市建成区的路段面临征地拆迁、居民反对等一系列问题。例如，中央环状线新宿段沿线基本为高级住宅区，无论是高架还是地面方式修建高速公路，都会对沿线环境造成较大破坏，日本的土地私有化制度，也使征地、拆迁和协调难度极大；另外，随着东京市民环保意识的不断增强，市民认为高架式高速公路会给沿线地区居民带来强烈噪声和有害废气，也会影响城市形象，强烈反对在自己家门口修建高速公路。日本政府组织专家就上述矛盾进行了详细论证，认为随着地下空间利用技术的发展进步，修建地下高速公路不仅可以较大幅度降低建设费用、缩短建设工期，还有利于汽车尾气的处理，有利于环境保护。因此，东京湾区在城市核心区规划总长约53.5公里的地下道路，主要包括中央环状线和外环线的一部分区段，以连通、完善干线道路网络。

中央环状线在距离都心约8公里的交通圈上，全长47公里，其中18公里建设为地下道路，为双向4车道规模，单向车道布置为两条宽3.25米车道加一条1.5米停车带，设计车速为60公里/小时，埋深超过40米，包括中央环状新宿线和中央环状品川线两段。新宿段从东京的板桥区熊野町到目黑区青叶台四丁目，经过池袋、新宿和涩谷三个重要商业中心，线路位于山手路下方，全长11公里，中途设6个出入口，投资总额达1万亿日元（合90多亿美元）。开通之后从涩谷经新宿到池袋所需时间可以从50分钟缩短到20分钟，不仅可以大大缩短通行时间，而且还可以有效地缓解市中心地区的交通拥挤压力以及减轻市内环境污染。品川段全长9.4公里，其中地下段8.4公里，高架段0.6公里，路堑段0.4公里，全程设置1个出入口。

外环道在距离都心约15公里的交通圈上，全长约85公里。目前已建成29.5公里，未建55.5公里，其中准备建设16公里大深度地下道路、19.5公里浅挖地下道路，20公里道路形式未定。全线建设规模双向6车道，单向宽12米（宽3.50米车道×3+1.5米停车带），设计车速80公里/小时。

东京湾区地下道路区位如图6-32所示。

图6-32 东京湾区地下道路区位示意图
资料来源：根据相关材料绘制而成

日本成立首都高速公路日本桥地下化检讨会，研究日本桥地区的局部高速公路地下化改造，检讨会委员包括国土交通省、东京都、首都高速公路公司相关代表。日本桥位于东京中央区，距离东京站约500米，是东京市中心的重要商业和金融区之一，汇集了大量银行、证券公司、保险公司和其他金融机构，也是许多大型企业如三井集团、三越百货等公司的总部所在地。日本桥地区现状情况如图6-33所示。

图6-33   日本桥地区现状情况

资料来源：首都高日本桥地下化检讨会，《日本橋周辺の再開発の動き》，2018

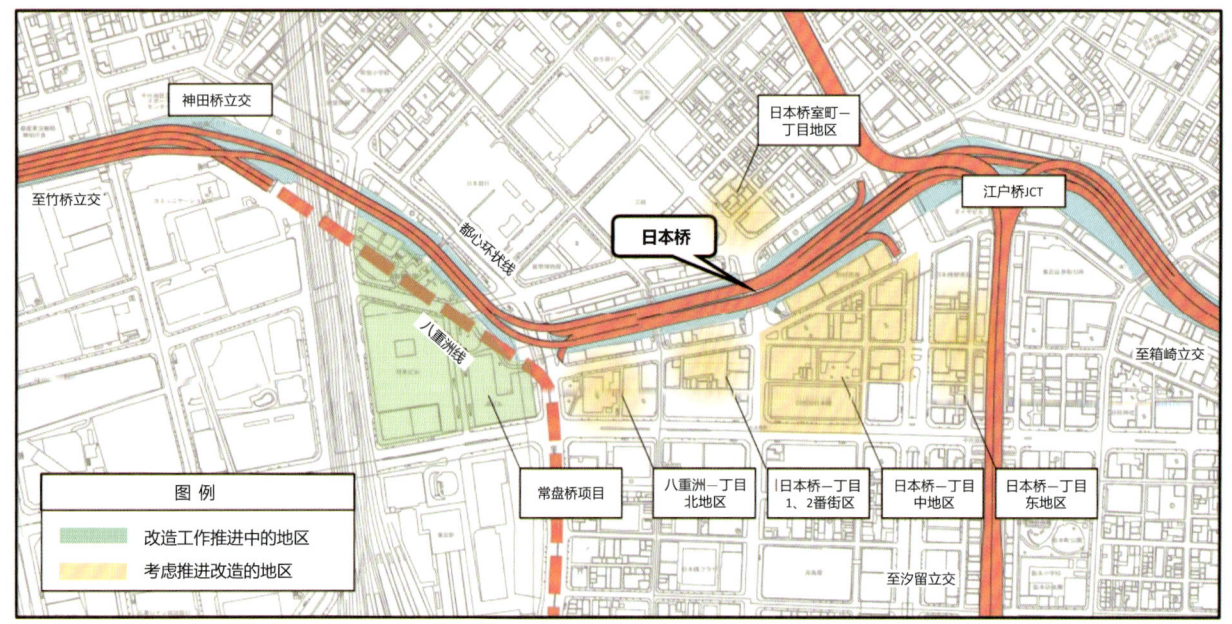

图6-34   首都高速公路日本桥地区地下化改造示意图

资料来源：首都高日本桥地下化检讨会，《日本橋周辺の再開発の動き》，2018

改造项目拟下沉段长度约2.4公里，地铁银座线、东西线、半藏门线等多条线路在此交会，地下管线也较为复杂。目前，项目周边已有五个片区成立了城市再开发准备协会，已经按照相关城市规划程序开展再开发研究。日本政府希望结合核心区周边城市更新改造探讨高速公路局部下沉的可能性。首都高速公路日本桥地区地下化改造如图6-34所示，拆除高架桥后的日本桥地区概念图如图6-35所示。

图6-35   拆除高架桥后的日本桥地区概念图

资料来源：首都高日本桥地下化检讨会，《日本橋周辺の再開発の動き》，2018

二、建设制度

日本城市地下空间开发利用主要包括两类：第一类是在私人土地上与地上建筑物统一设计建设的地下空间；第二类是在道路、公园或绿地等公共土地下，建设具有交通、商业等功能的地下空间。由于土地私有，早期日本政府主要利用具有公共性质的地下空间开展地下交通和市政设施建设。

随着东京湾区核心城市建筑逐步完善，地下埋设了越来越多的铁路、电力、煤气、电信、水道、河流、通道、地下街道、共同沟、停车场、步行专用通道等设施，布局越来越拥挤，管理难度越来越大，给后续其他设施建设也带来极大难度。例如，在东京都，地下13米以上空间一般为停车场，地铁的平均深度是26～27米，地铁站点如东新宿站深度达到35米；在市政道路上，每公里道路下埋设了总长约33公里的市政管道，新建的地铁等不得不避开这些管道进行建设，而且深度逐年增加，图6-36所示为东京地铁隧道埋设深度的变化情况。

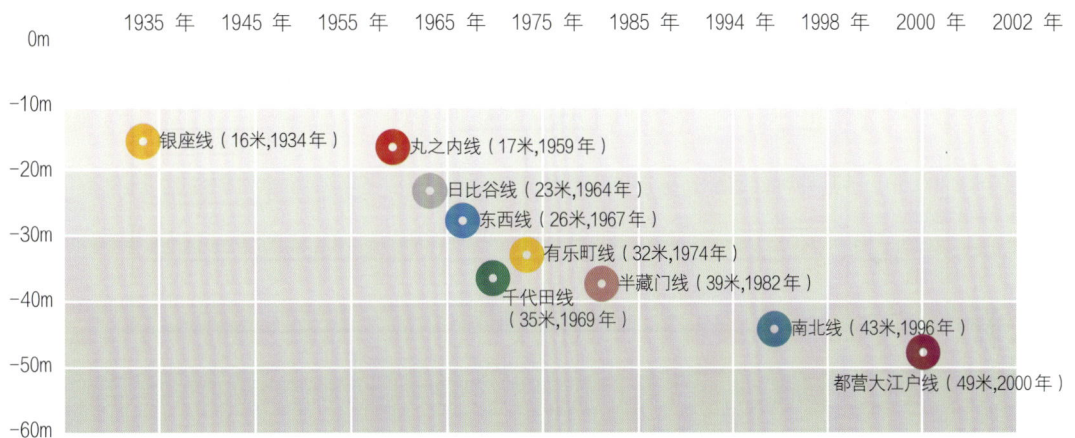

图6-36　东京地铁隧道埋设深度变化
资料来源：国土交通省，《新たな都市づくり空間大深度地下》，2021

为统筹地下空间开发利用，从长远角度和系统角度高效利用地下空间，日本逐步建立完善的地下空间利用制度。2003年通过的《大深度地下公共使用特别措施法》（简称《大深度地下法》）将地下空间分为浅层地下空间和大深度地下空间。浅层地下空间为地面以下、地下40米以上的空间，归属于土地权所有人，主要预留给商业开发、步行网络和其他为人服务的设施，或在公共土地下具有交通、商业等功能的地下街，与私人土地上的地上建筑物统一设计建设。大深度地下空间为距地面40米以下或距桩基10米以下的深层空间，可建设各种公共设施，而不需要向土地业主支付补偿费。如此一来，日本解决了土地私有制下地下空间难以建设公共设施的难题。图6-37所示为日本地下空间的分类及使用特征。

《大深度地下法》允许在地下大于40米及建筑桩基下大于10米的地下空间建设市政能源管线与设施、轨道、道路、地下水通道等公共市政设施。该法案的适用地区是人口集中、土地利用高度化和复杂化的三大都市圈，包括首都圈、近畿圈、中部圈，其中首都圈的范围实际比东京都市圈范围小，仅包括东京都、神奈川、埼玉、千叶、茨城的部分地区。

　　大深度地下空间利用有着严格的流程。首先，国土交通省代表国家制定深层地下资源公共利用的基本政策，主要明确地下空间开发的实施、安全保障、环境保护、项目协调等制度问题；其次，《大深度地下法》适用的首都圈、近畿圈、中部圈分别成立深层地下资源利用委员会，该委员会由国家机关和都道府县相关机构组成，相关大深度地下空间利用项目必须与该组织进行协商；再次，经项目协调后，大型地下空间项目须报国土交通大臣，并得到有关市镇及企业的同意；最后，由于大深度地下空间通常是不被利用的空间，为公益事业设定使用权通常不会造成应补偿的损失，如果有例外需要补偿，则按相关规则进行补偿。

　　大深度地下使用许可主要办理流程如图6-38所示。

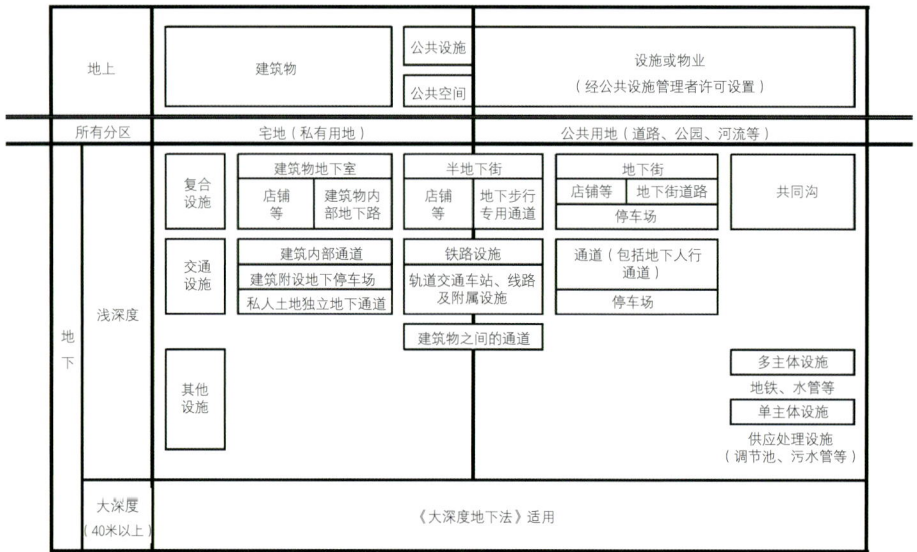

图6-37　日本地下空间分类及使用特征
资料来源：国土交通省，《新たな都市づくり空间大深度地下》，2021

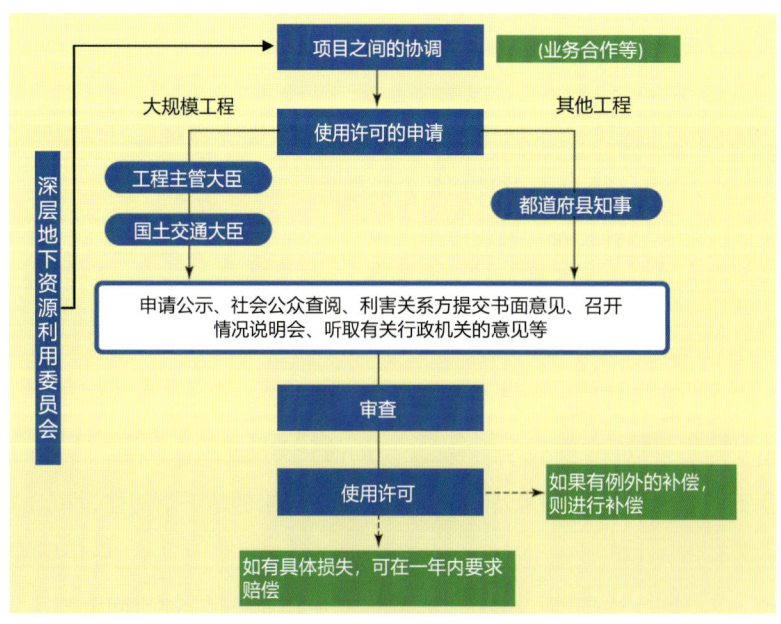

图6-38　大深度地下使用许可主要办理流程
资料来源：国土交通省，《新たな都市づくり空间大深度地下》，2021

三、发展特点

1．地下道路是骨干路网的重要组成部分，主要适用于天然屏障和拆迁难度大的地区

中央环线和外环线在东京中心区采用地下道路形式的原因主要有两点。一是中心区土地资源紧张、交通矛盾突出、环境要求严格，如果修建地面或高架的高速公路，不仅征地拆迁十分困难，而且会对沿线土地产生负面影响，影响地区经济活力和环境。二是中央环线和外环线是东京湾区"3环+9放射"高规格干线道路的重要组成部分，如果不按规划实现，无法缓解和改善目前的交通拥堵状况。从国内外案例来看，地下道路也主要应用于天然屏障和拆迁难度大的地区，如新加坡KPE地下高速路、香港中环—湾仔地下高速路，以地下建设的方式避开了建筑密集区域，避免了大量拆迁；南京玄武湖隧道、深圳坂银通道等则通过隧道形式穿越城市自然地形（山体、水体、景观保护区等），通过地下道路与地面路网连通，完善干线道路网络。

另外，在重要景观地区采用地下道路的案例越来越多，通过地下化分离过境交通，并缩小地面道路规模，提高城市品质。例如，波士顿中央大道原为高架6车道，1991年车流量已达19万辆/日，交通拥堵严重，穿越市中心区割裂了波士顿北部及滨水区与城市中心区。中央大道历时15年改造为地下双向8～10车道，并拆除高架桥，减少地面车道数。这一改造释放了大量地面空间，在中心区建设了40英亩的公园，大大改善了城市环境；带动了沿线的商业繁荣和港区发展；同时，地下道路提高了对外联系效率，拉动了城市周边城镇发展。西雅图滨海公路、悉尼Cross City地下道路、上海外滩干线道路改造、广州珠江新城东西向CBD隧道、深圳滨海大道超级总部段下沉等均属于该类型。

2．地下道路不独立构成系统，对大规模规划建设持审慎态度

日本政府和社会大众对大规模地下道路规划建设较为慎重，主要原因为：第一，日本为土地私有制国家，根据土地政策，房产业主拥有地表建筑及地下40米空间范围内的所有权，若为改善交通而在此空间建设地下道路，需要与土地业主协商并给予补偿，使用成本巨大。第二，东京湾区轨道交通建设起步于20世纪初期，在快速城市化之前已经形成了轨道交通出行习惯，同时中心区收费、地下道路收费等交通管理手段已有效地抑制了私家车的使用，因此较多学者认为不宜大规模建设地下高速路刺激私家车交通出行。第三，地下道路建设存在成本高昂、防灾困难（火灾、爆炸、进水等）等问题，日本各界对其安全性持审慎态度。

环顾国内外，绝大部分城市将地下道路与地面道路、高架道路并列，作为城市骨干道路建设的一种形式，在不同情形下使用，以构建完善的城市道路交通网络，各城市地下道路的发展规模也比较有限。截至2021年，东京湾区共计建成地下道路长度仅42.8公里，仅占高规格道路总里程的3.7%。东京湾区大深度地下空间利用情况如表6-11所示。

东京湾区大深度地下空间利用一览表（单位：米）　　　　　　　　表6-11

类别	东京都	千叶县	神奈川县	埼玉县	茨城县	合计
铁路	417,133	11,323	49,277	14,336	708	492,777
地下道路	37,554	—	2,425	2,810	—	42,789
通信	121,082	—	—	—	—	121,082

续表

类别	东京都	千叶县	神奈川县	埼玉县	茨城县	合计
电力	89,859	—	—	227	—	90,086
燃气管道	22,231	2,485	10,006	10,564	—	45,286
供水管	193,205	29,740	106,821	9,080	—	338,846
下水道	1,880,223	6,506	15,508	18,712	2,735	1,923,684
共同沟	24,302	7,953	4,548	—	—	36,803

资料来源：国土交通省，《新たな都市づくり空间大深度地下》，2021

3．建立完善的地下空间利用制度，统筹地下道路规划建设

日本是目前地下空间开发利用立法最为完善的国家。除了《大深度地下法》明确了大深度地下范围、实施者、适用区域、开发对象及安全与环境要求外，日本还构建了包括民事基本法、专项立法、配套立法在内的一系列地下空间开发利用法律体系。在民事法方面，日本《民法典》明确土地所有权人拥有土地上下空间的所有权；在专项立法方面，《道路法》《轨道法》《下水道法》等规定了地下道路、地铁及下水道的设计和管理标准；在配套立法方面，《道路整备紧急措施法》《道路开发资金贷付纲要》等规定了地下空间开发利用的建设费用辅助、融资制度等相关内容。

东京湾区完善的地下空间利用制度能防止"捷足先登"或"虫蛀"式利用造成的大深度地下无序开发，不仅保障了地下道路、地铁等公益事业的顺利开展，也保障了水道、电力、煤气、电信等与生活密切相关生命线的安全。

第五节　未来道路的发展趋势

一、面向2040年的发展愿景

2020年6月，日本国土交通省编制了《2040年道路风景将改变——通往人们幸福的道路》，将"实现人民的幸福"这一愿景作为制定道路规划建设政策的出发点和原点，为日本道路中长期发展提供了方向和指南。

1．道路交通的发展趋势

随着数字革命的发展、价值观和生活方式的多样化等，未来出行将发生巨大变化，日本预测了以下五个图景。

①上下班高峰消失。随着通信技术的发展，远程办公、全息投影将更加普及，虚拟通信可以实现对方就像在眼前一样，人与人的直接见面将在更高价值的场景使用。因此，从居住地到工作单位的距离限制将消失，就业者可以在自然风光优美的郊区居住，而不一定要住在离办公楼更近的市中心区；早晚高峰期，

郊区与市中心之间大量通勤交通将消失，交通出行模式从中心辐射型转向点对点型，轨道交通满员现象也将锐减。

②道路像公园一样。为了健康的步行和跑步等"令人享受的出行"的增加，即使是上下班，步行和自行车出行也会增加。除此之外，道路上出现可以停留和休息的街边公园、长椅、露天咖啡屋等，"令人享受的逗留"也将增加。与公园融为一体的道路也会出现，形成更吸引人的道路空间。

③客货流动自动化和无人化。随着自动驾驶汽车的普及，拥有私家车的生活方式将成为过去，交通事故也将大大减少。同时，电子商务的普及将减少以购物为目的的人员流动，而物流配送将增加。自动化的发展普及无人物流，小型自动机器人和无人机配送模式将广泛使用。

④移动式店铺服务广泛发展。随着全自动驾驶的实现，小型商店式服务如餐饮店、医院、洗衣店、超市、教育设施等，将根据顾客的要求在道路上移动，并在路边停车营业。

⑤"受灾的道路"变成"救援的道路"。道路网络的抗灾性能增强，灾害发生时，保障电力和通信不中断，避难、救援、物资运输等交通得到可靠监测和引导，最大限度地救助人员和灾后恢复重建。

2. 道路交通的发展目标和方向

基于未来出行模式的变化，日本提出道路规划建设所追求的"可持续社会"和"政策方向"。

（1）实现人的自由流动

提升全国干线道路网络的贯通性，在骨架干线道路上设置的自动驾驶汽车专用道，形成自动驾驶道路网络。广泛使用车联网技术，为驾驶人提供道路基础设施信息，包括停车场、休息区、最佳路径引导服务等，通过全国干线道路网络贯通和智能化交通管理，实现人们在各地自由居住、移动和活动。在干线道路上设置磁性标记的自动驾驶巴士试验如图6-39所示，东京港利用智能手机等的自动停车和出库系统如图6-40所示。

图6-39 在干线道路上设置磁性标记的自动驾驶巴士试验
资料来源：国土交通省，《2040年道路の景色が変わる人々の幸せにつながる道路》，2020

移动出行服务（MaaS）为所有人提供便利出行服务，建设移动出行服务枢纽，实现自动驾驶巴士和出租车、小型移动出行、共享单车等各种交通模式的无缝使用。无人自动驾驶合乘服务向用户提供车辆到达时间和剩余座位数等信息，为老年人和残障人士等提供门到门的出行服务，建设无私家车也能方便出行的道路交通环境。日本首次推出以道路车站为基地的自动驾驶服务，如图6-41所示。

限制汽车、骑行车等过境交通进入生活道路；消除防护栏、台阶等障碍物，设置缩短横穿距离的人行横道和休息长椅等，构建能够自由行走的空间；践行"以人为本"的道路建设理念，形成儿童可以玩耍、老年人可以散步、成年人可以社交的道路空间。将城市的主要街道从以车为中心转变为以人为中心的道路空间，如图6-42所示。

完善道路车站服务功能，如自动驾驶服务基地提供育儿服务等设施。引导过往车辆绕行环状道路，将城市中心道路改造为以人为中心的空间，创建一个有趣、安全、开放的道路空间，能够享受咖啡和举办活

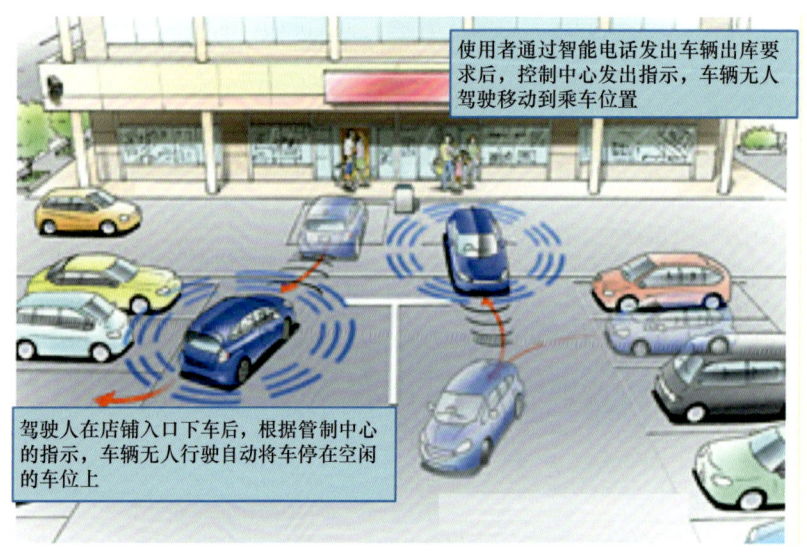

图6-40　东京港利用智能手机等的自动停车和出库系统
资料来源：国土交通省，《2040年道路の景色が変わる人々の幸せにつながる道路》，2020

图6-41　日本首次推出以道路车站为基地的自动驾驶服务
资料来源：国土交通省，《2040年道路の景色が変わる人々の幸せにつながる道路》，2020

图6-42　将城市的主要街道从以车为中心重建为以人为中心的道路空间
资料来源：国土交通省，《2040年道路の景色が変わる人々の幸せにつながる道路》，2020

动。创建"无电线杆"的道路，更新照明、标识、防护栏、铺装等设计，创造一条景观优美、与沿途建筑协调的道路。

（2）支撑与全球交流

提供出行便利和利于交流的道路空间，提高国际城市魅力。完善环状道路功能，减少城市的过境交通，并重新分配道路网络的空间，实现一个支持自动驾驶和MaaS的全新城市交通系统。创新道路空间管理方式，如增加自动驾驶汽车的上下车空间、移动商店空间、开放式咖啡馆等，创建全球最佳城市。

加强干线道路与港口的联系，优化国际物流网络；建设物流信息平台，实现干线道路和物流基地等货运大数据共享，支持物流运作协同化；建设能够实现机器人和无人机配送的道路空间，制定三维数据和使用规则，实现物流"最后一公里"自动化和省力化，建设可持续物流体系。利用快递机器人进行最后一公里运输的试验如图6-43所示，在公路车站和邮局之间实施无人机物流的实证试验如图6-44所示。

图6-43 利用快递机器人进行最后一公里运输的试验
资料来源：国土交通省，《2040年道路の景色が変わる人々の幸せにつながる道路》，2020

图6-44 在公路车站和邮局之间实施无人机物流的实证试验
资料来源：国土交通省，《2040年道路の景色が変わる人々の幸せにつながる道路》，2020

将街道、国家自行车道、路面车站等建设成为国内外游客的观光点，通过提供多国语言导游等服务，提高外国游客和外国定居者的便利性与满意度。为道路提供观光和休息设施，加强道路历史文化传播，使道路本身成为旅游资源。

（3）克服国土灾害脆弱性和基础设施老化

确保东京湾区环状线等重要通道上的隧道、桥梁、边坡等结构物的抗灾性能，即使灾害发生也不影响其安全性。采用AI摄像头等实时监测交通状况，在发生灾害或大流行时提供交通信息引导人流和物流。采用AI等道路检测新技术和道路维修新材料，减少道路检测和施工时间，实现区域公路精细化养护管理，延长路网使用寿命。

二、道路向街道转变

2021年5月，日本国土交通省发布了《街道设计导则：舒适且步行适宜的街道设计参考书（2.0版）》（简称《导则》），提出了一系列提升道路步行空间的新理念、新措施和新政策，并提供了实际案例供其他项目参考，成为一项重要的城市政策和举措。

1. 道路建设理念

《导则》指出："城市是人与人相遇、交流的场所，其中，街道是每个人都可以进入的最基础的公共空间。自中世纪以来，日本的街道便是大众文化蓬勃发展的地方；在近现代，街道成为新的街头文化的产生场所，因此，道路需要建设成为以人为本的可步行公共空间"。《导则》提出了以"WEDO"为口号的城市道路建设方向，具体包括步行适宜、向街道敞开首层视野、用途及使用人群多样化、开放的公共空间四个目标，实现道路向街道的转变。以"WEDO"为口号的道路改造理念如图6-45所示。

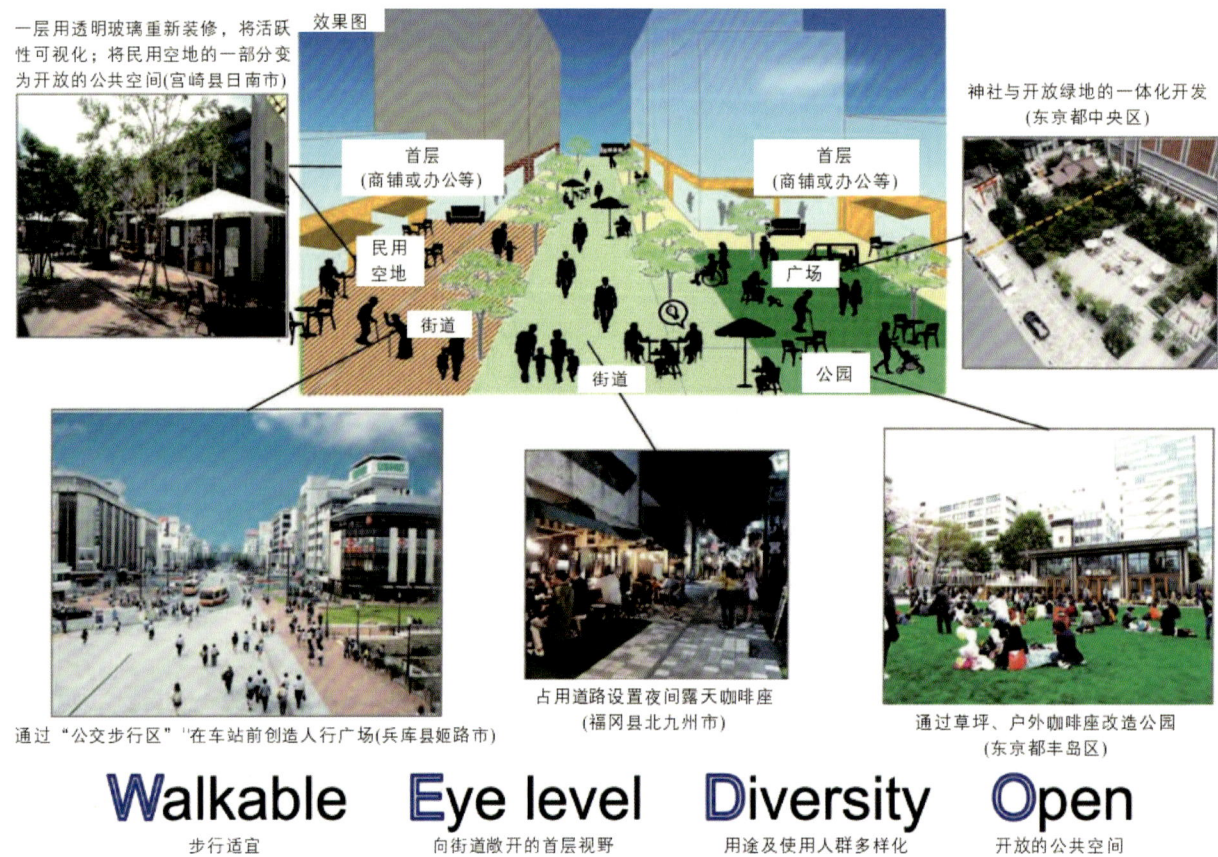

图6-45 以"WE DO"为口号的道路改造理念
资料来源：汪宇涛，《日本〈街道设计导则〉解读及对中国的启示》，2023

《导则》认为街道要体现作为交通设施的"链接（通行）"和作为城市活动的"场所（停留）"两个方面的功能，"链接（通行）"功能是指街道服务人和物，通过各种交通方式进行移动的功能；"场所（停留）"功能是指街道作为开展各种活动的场所，人们不仅可以作为"行人"通过，还可以作为"居民"在街道上开展各种活动。道路的通行和停留功能如图6-46所示。

在街道范围界定上，《导则》明确街道既包含作为公共设施的道路路面，又包含沿线的私人场地及建筑物。在街道改造工作中，要综合考虑机动车交通和慢行交通、公共空间和私人空间等要素，从交通工程和城市设计相结合的角度统筹街道、建筑和交通的关系，一体化开展街道空间设计；同时，街道改造需要加强组织领导，需要道路管理者、交通管理者和民间力量共同参与，一起致力于打造向步行者开放、能够舒适地行走的街道空间。与街道设计相关的因素如图6-47所示。

图6-46　道路的通行和停留功能

资料来源：国土交通省,《ストリートデザインガイドライン2.0（居心地が良く歩きたくなる街路
づくりの参考書）》, 2021

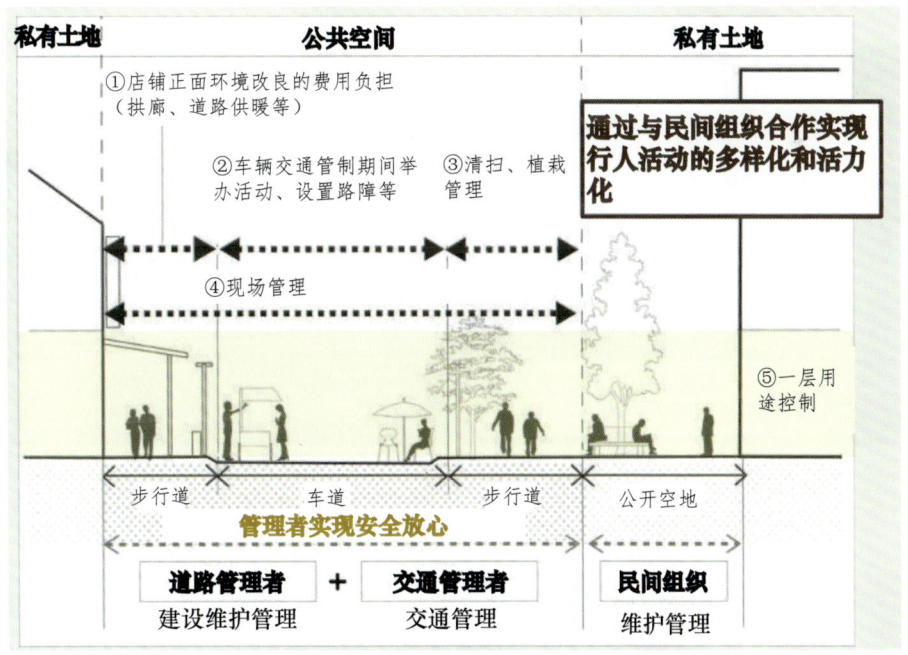

图6-47　与街道设计相关的因素

资料来源：国土交通省,《ストリートデザインガイドライン2.0（居心地が良く歩きたくなる街路
づくりの参考書）》, 2021

2．街道改造案例

　　《导则》提供建成区街道改造的案例，分为路幅较宽道路、一般宽度道路和街道小巷三类。花园町大街是一个路幅较宽的道路空间改造案例，该道路宽40米，是周边最宽阔的街道。改造前，由于郊区化等原因，市中心区正在加速衰退，花园町大街存在旅客减少、人行道随意停放大量自行车、连廊老化导致环境阴暗、

沿途空置店铺增加等问题。通过将6车道减少到2车道，当地政府拓宽了人行道，完善了广场、草坪、木栈道、长椅等活动场所，还设置了自行车停车位、货物装卸专用停车场等。改造后，花园町大街行人交通量增加了约2倍，当地相关团体每月在街道上举行一次活动，大大激发了街道活力。花园町大街改造前后对比如图6-48所示。

草合南54号线是一个普通路幅宽度的改造案例，该道路宽18米，两侧建筑密集，行人交通量较大，但两侧人行道宽度不足。考虑到实际交通功能和空间功能的平衡，日本将2车道改为单车道，同时道路采用曲线形态，以减小车辆行驶速度；另外，在增加的步行空间中设置了长椅等设施。问卷调查显示，九成居民对改造情况非常满意。草合南54号线改造前后对比如图6-49所示。

中尊寺大街是一个路幅较窄道路改造案例，该道路宽度约8米，衔接了地铁平泉站，以及作为旅游景点的无量光院遗址和中尊寺。日本政府的目标是提升该道路从车站到观光景点的步行环境品质，兼顾小汽车通行，实现从汽车通行为主的道路向生活性道路的转变。改造时，在标准允许的范围内，缩小车道宽度至双方向4米，道路中央部分采用石材铺装提升景观效果，路边部分采用沥青铺装以控制成本，同时对整体街道做无电线杆化处理，追求整体最优的布局和设计。中尊寺大街改造方案如图6-50所示，中尊寺大街改造前后对比如图6-51所示。

图6-48　花园町大街改造前后对比

资料来源：国土交通省，《ストリートデザインガイドライン2.0（居心地が良く歩きたくなる街路づくりの参考書）》，2021

图6-49　草合南54号线改造前后对比

资料来源：国土交通省，《ストリートデザインガイドライン2.0（居心地が良く歩きたくなる街路づくりの参考書）》，2021

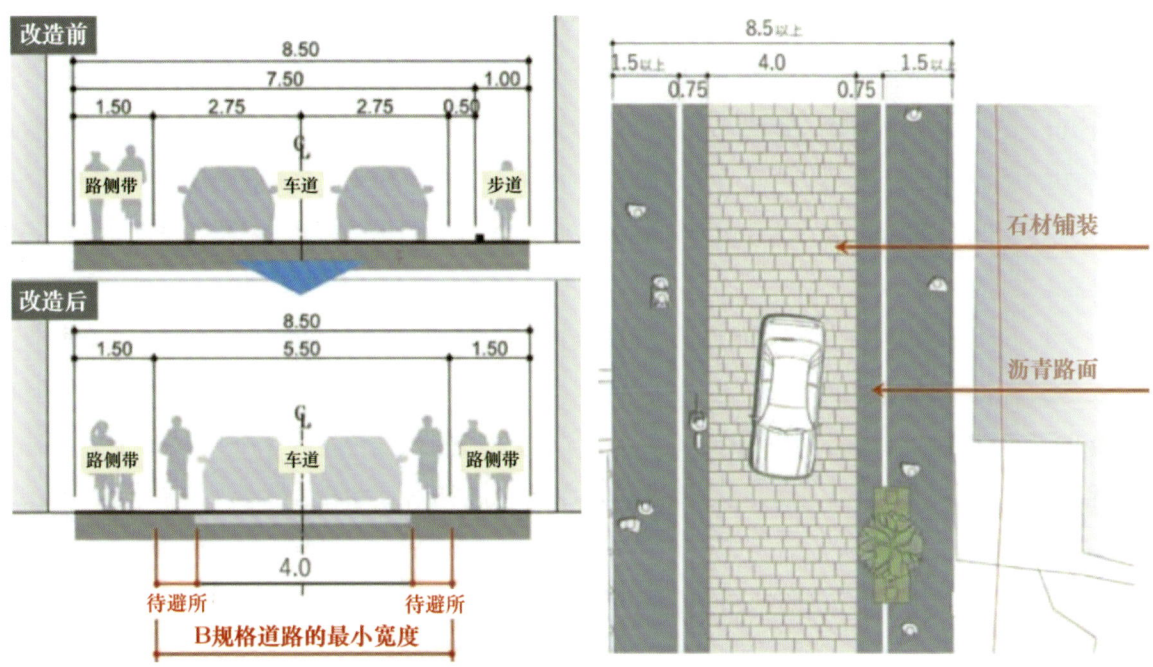

图6-50 中尊寺大街改造方案（单位：米）
资料来源：国土交通省，《ストリートデザインガイドライン2.0（居心地が良く歩きたくなる街路づくりの参考書）》，2021

图6-51 中尊寺大街改造前后对比
资料来源：国土交通省，《ストリートデザインガイドライン2.0（居心地が良く歩きたくなる街路づくりの参考書）》，2021

三、道路碳中和战略

近年来，环境可持续性的重要性日益凸显，全球范围内对如何保护地球生态环境的关注愈发增强。在这一背景下，"碳中和"与"碳达峰"的概念陆续被提出，成为国际社会普遍关注的议题。碳达峰意味着要控制二氧化碳排放量的增长，而碳中和则更进一步要求通过各种手段抵消人类活动产生的二氧化碳，实现相对"零排放"。这两个目标的提出标志着人类在应对气候变化、推动绿色低碳发展方面迈出了重要一步。

2021年10月，日本政府制定了《应对全球变暖计划》和《适应气候变化计划》，宣布2030年要实现温室气体排放量与2013年相比减少46%，并努力实现减少50%的更高目标，2050年实现碳中和，这比我国承诺2060年前实现碳中和目标早了10年。为了实现日本政府确立的碳排放目标，相关部门和企业也根据自身情况制定了本领域的减少碳排放计划。

2022年5月，日本首都高速公路公司制定了《首都高速公路碳中和战略》，提出到2030年，首都高速公路的汽车交通二氧化碳排放量减少约30%，企业活动带来的二氧化碳排放量减少约50%；2050年，二氧化碳排放量与吸收量达到平衡，即实现碳中和目标，并提出了提升高速公路运行效率、高速公路企业减少碳排放、与社会共创（与产业界合作）三大基本方针，以及12个主导项目及相关具体举措。日本首都高速公路碳中和战略主要举措见表6-12。

日本《首都高速公路碳中和战略》主要举措　　　　　　　　　　　表6-12

基本方针	主导项目	具体举措
提升高速公路运行效率：最大限度地有效利用首都高速公路基础设施，推进对现有网络的交通管理，进一步提高便利性和减少汽车交通的二氧化碳排放量	1. 推进交通管理，提高道路路网络运行效率	● 利用信号灯抑制速度下降； ● 通过广告牌和路面标线设置驾驶提醒； ● 强化附加车道的设置和分合流部分的加宽等功能； ● 有效利用交通数据引导合流部分的车道； ● 改善安全、舒适行驶的分区线的运用； ● 通过针对拥堵的机动车收费等实现交通畅通； ● 以降低交通影响为目的的工程的效率化及事故、故障车处理的迅速化
	2. 优化高速公路网络	● 新建通道增强网络功能； ● 消除瓶颈和缺失链路，以改进现有的网络功能； ● 在施工中仍能保持功能的网络
高速公路企业减少碳排放：彻底实现道路设施的节能化，最大限度地引进可再生能源，推进设施绿化，抑制自身的二氧化碳排放	3. 减少施工和维护期间的环境负荷	● 在投标时对执行碳中和策略企业予以加分； ● 工程中降低环境负荷的措施
	4. 道路照明等设施最大限度地节约能源	● 道路照明使用LED灯； ● 优先使用可再生能源； ● 提高隧道换气设备的使用效率，降低耗电量
	5. 引入新一代商用车车型	● 推动EV、PHV和燃料电池车等新一代小汽车的使用； ● 商用车辆更新（道路巡逻车辆、重型车、特种车辆）
	6. 减少企业活动中的二氧化碳和废弃物	● 无纸化办公； ● 推动废弃物的减少、再利用、再循环； ● 转型环保建筑

续表

基本方针	主导项目	具体举措
与社会共创（与产业界合作）：与当地社会共生，与各领域的企业、团体等产业界合作，积极推进新技术开发，支撑零排放电源的扩充	7. 数字化转型以提高运营效率	● 利用AI等新技术定期检查； ● 最新的数字技术应用
	8. 促进新技术开发	● 采用更新的设备和工程机械来促进节能； ● 建设加氢站应对燃料电池汽车的普及； ● 引进可再生能源发电设备
	9. 开发建设环保建筑	● 建设电动汽车充电站及使用电力等清洁能源； ● 公共场所改造时积极采用环保设计和材料、设备等； ● 推进高架桥及办公建筑墙面绿化
	10. 吸收二氧化碳	● 结合立交桥开展绿化建设； ● 实施排放权交易，规定气体排放限额
	11. 改善新一代汽车普及环境	● 在停车场配建电动车充电设施； ● 安装能够无线供电的设施
	12. 改善道路环境	● 建设隔声墙、吸声板等减少噪声和振动； ● 实施环保道路价格优惠制度

资料来源：首都高速道路会社，《首都高カーボンニュートラル戦略》，2020

　　不仅如此，《首都高速公路碳中和战略》还明确了减少碳排放的具体量化指标。2019年，首都高速公路的汽车碳排放为159万吨，企业活动碳排放为8万吨，同年二氧化碳吸收量为70吨，排放量远大于吸收量。通过实施碳中和战略，2030年，汽车碳排放量要减少约30%，控制在110万吨；企业活动碳排放量要减少约50%，控制在4万吨。2050年，通过增加绿化提升二氧化碳吸收量，并进一步减少汽车活动和高速公路企业活动的碳排放，实现二氧化碳排放量与吸收量平衡。日本首都高速公路碳排放目标如图6-52所示。

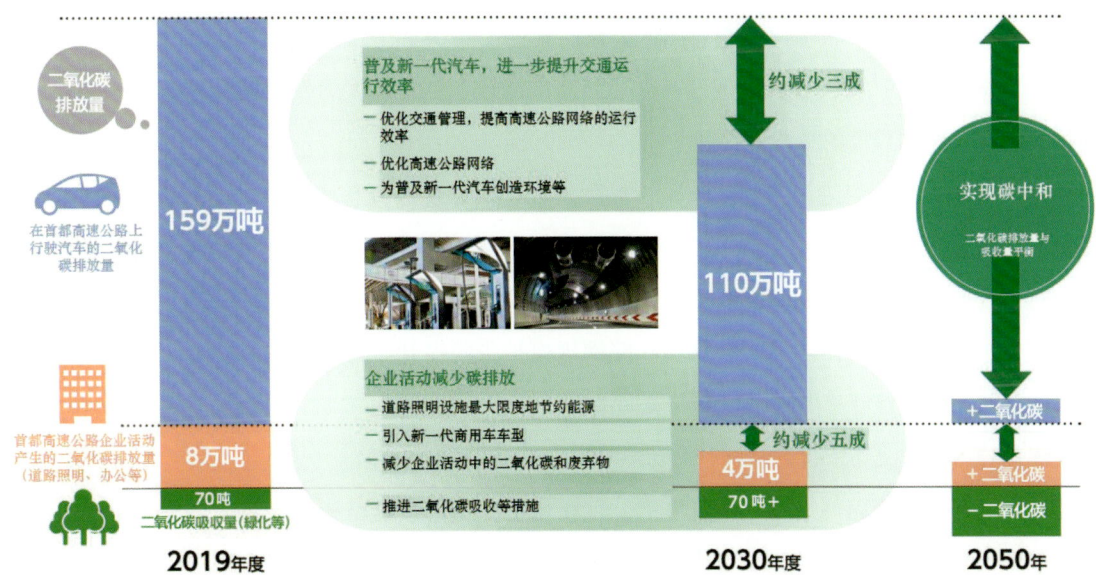

图6-52　日本首都高速公路碳排放目标

资料来源：首都高速道路会社，《首都高カーボンニュートラル戦略》，2020

第六节　对粤港澳大湾区的启示

目前粤港澳大湾区已经建成发达的高速公路网络，核心城市内部道路正在向提升品质转型。总结东京湾区道路交通发展经验，粤港澳大湾区道路交通发展应注意以下几点。

（1）大城市应出台限制私家车拥有和使用的相关政策

东京湾区人口密度高、机动车保有量大，即使如此，东京的道路交通运行依然保持畅通，绿色出行比例达到85%～90%。总结东京的成功经验，可归纳为两点：第一，轨道交通发展优先于机动化发展，构建了以轨道交通为主导的城市交通发展模式，对缓解交通拥堵起到了重要作用。第二，出台了限制私家车拥有和使用的政策。在机动化发展初期，东京就确立停车泊位证政策，居民想要购买私家车必须先有一个车位，否则车辆无法上牌。虽然其政策目标是为了缓解停车难，但在客观上也起到了抑制私家车增加的作用。20世纪90年代，东京又提出停车收费，主要通过不提供免费车位及高昂的停车费等措施抑制私家车的使用，这也是东京道路交通运行顺畅的主要原因之一。

粤港澳大湾区城市除了持续加强公共交通体系建设外，还要严格调控私家车增量，限制私家车总量增长；推动停车收费市场化，逐步提高非居住地停车收费，使小汽车使用者负担合理成本，减少私家车出行需求；中心城区部分道路拥挤区域实施道路收费，结合道路拥挤程度确定收费范围和征收费率，利用经济和智能手段调节车流量时空分布，改善拥挤区域的交通状况。

（2）可重点建设结构性和瓶颈高速公路，但应审视总体网络规模

20世纪90年代，中国开始实施"8+5"高速公路网规划，高速公路进入快速发展时期。截至2022年底，全国高速公路通车总里程达17.7万公里，路网规模世界第一。粤港澳大湾区作为改革开放的桥头堡，高速公路通车里程已达4,972公里，路网密度达到9.1公里每百平方公里，约为东京湾区的3倍，在国内外主要城市群中位居前列。即使如此，根据《广东省高速公路网规划（2020—2035年）》，粤港澳大湾区高速公路仍有加速发展的倾向。笔者认为，在大湾区现有高速公路网络较为密集及大力发展城际轨道交通的背景下，继续加快扩大高速公路网规模的必要性存疑。

根据相关规划，未来粤港澳大湾区铁路、城际轨道交通等线路将超过30条，运营里程超过5,000公里，将实现每年客流量超过1亿人次。从支持"轨道上的大湾区"建设角度，盲目扩大高速公路建设规模将刺激私家车出行，与鼓励城际轨道交通出行的意愿冲突，不利于形成合理的交通出行结构。从当前粤港澳大湾区高速公路发展水平和发展阶段看，应从追求路网规模扩张向提升运行服务质量转变，可重点建设结构性和瓶颈高速公路，但应控制总体网络规模和发展速度。

（3）优化城市主次支路系统的级配，践行"窄马路、密路网"理念

粤港澳大湾区在城市路网规划建设过程中，存在着重视城市快速路和主干路、忽视城市次干路和支路的问题，在城市道路网的密度上，城市快速路和主干路密度较高，而次干路与支路的密度偏低。根据《中国主要城市道路网密度与运行状态监测报告》，2021年粤港澳大湾区广州、佛山、深圳、东莞、惠州、珠海、江门、中山8座城市中心城区建成区总体平均道路网密度为7.4公里每平方公里，相较于全国其他主要城市，

城市群道路网密度指标处于较高水平，其中深圳市达到9.6公里每平方公里，为粤港澳大湾区城市群最高道路网密度水平。即使如此，其道路系统的级配并不合理，以深圳市南山区为例，其高（快）速路、主干路、次干路、支路的密度比值为1：1.26：1.41：2.75，而东京湾区高速国道、一般国道、都道府县道、市町村道的比值为1：5.8：16：202。虽然日本将村镇道路、小区道路、胡同小巷等纳入统计范围，但也不难看出，粤港澳大湾区相较于东京湾区而言，对次干路、支路建设显然不足。

如果把城市看作人体，城市道路网就是人体内的血管系统，城市快速路、主干路就相当于人体的主动脉，次干路、支路及街巷就相当于人体内大量的毛细血管。毛细血管具有面积大、长度长的特点，城市交通系统中的"毛细血管"也应该具有较大的覆盖率、足够的长度，充分发挥次干路、支路网对整体路网体系的疏解作用；反之，若支路密度不足，将导致路网稀疏，人与车过度集中于数量有限的大路，交通选择途径少。同时，次干路、支路也是城市慢行系统的重要承载体，构建完善的步行系统和连续的自行车通道系统需要有足够密度的次干路和支路，以确保慢行交通网络的连续性和服务品质。

"窄马路、密路网"模式具有道路运行稳定性好、车行和步行便捷、过街距离短、公共汽车服务覆盖广、接驳距离短、城市活力足等优点，在回归以人为本以及存量规划的时代背景下，粤港澳大湾区道路建设需朝着以人为本、倡导非机动交通优先的方向转变，树立"窄马路、密路网"的城市道路布局理念，加快次干路和支路建设，构建快速路、主干道、次干道和支路级配合理的城市道路网系统。

（4）防止地下道路建设模式的滥用

随着城市经济实力的提升和隧道工程技术的发展，粤港澳大湾区超大特大城市有大规模建设地下道路的倾向。特别是由于超大特大城市核心区地面空间利用趋于饱和，地面道路的扩建受到制约，但交通需求仍不断提升，导致交通供给与需求存在较大矛盾，部分经济实力较强、交通问题突出的核心城市试图规划大规模的地下道路系统，以缓解城市核心区交通矛盾。

从东京建设经验来看，无论是中央环线还是外环线，其在土地资源紧张、交通矛盾突出、环境要求严格的城市核心建成区才选择地下道路模式，以形成完整的路网结构。东京只是将地下道路作为城市骨干道路建设的一种建设方式，其与地面道路、高架道路共同构成城市立体交通网络，而自身并不独立构成系统。

与东京相比，粤港澳大湾区部分城市将地下道路作为解决交通拥堵的重要手段存在以下问题：第一，交通工程学术界已证实"面对城市交通拥堵的难题，交通设施的容量永远赶不上交通需求的增长"，道路也不可能无限制地拓宽和加长，因此盲目建设地下道路网络、扩大道路规模，往往只能暂时缓解交通压力，长期来看会导致更多私家车涌入，加剧城市交通问题。第二，大城市在发展过程中应致力于形成合理的交通出行结构，而非盲目地扩大道路规模。目前粤港澳大湾区机动车保有量仍持续增长，正处于交通模式发展博弈的关键时期，通过优化交通网络布局、提升公共交通服务质量、鼓励绿色出行等方式，实现以公共交通为主的出行结构，对缓解交通拥堵、减少环境污染、促进城市的可持续发展更具战略意义，现阶段仍需谨慎推进规划和建设地下道路，尤其是扩容型地下道路。第三，建设地下道路的土建成本是地面道路的3～5倍，建成后需要全天候通风、照明，对消防、逃生等防灾和安全的要求严格，运营成本高，将有限的资金投入到公共交通中将更有利于城市交通可持续发展。

（5）密切关注新技术下道路空间的发展趋势

东京湾区一直高度关注数字革命的发展给人类生活方式和交通出行带来的变化，并切实提出道路向街道转变和道路碳中和战略。回顾交通工具的发展历史，从马车、汽车、火车到地铁、高速铁路，每一次技术变革都给交通规划建设带来深刻影响。随着自动驾驶、低空飞行等新一代技术的发展与普及，未来交通空间发展势必将产生新的变革，粤港澳大湾区作为全国经济创新发展新引擎与全球创新高地，要在道路交通相关领域走在全国前列，努力构建与新技术发展相适应的道路空间系统，并实现道路减碳目标。

以自动驾驶为例，其将给基础设施和道路空间带来系统性变化。从道路基础设施来看，自动驾驶将大规模改变城市交通基础设施。用于向驾驶人传递信息的传统信号灯、交通标志、车道护栏、车道分隔线逐步将会被路侧的摄像头、雷达等车路协同设备取代，交通信息可以通过无线网络实时传输到自动驾驶车辆，并指导车辆通过交叉路口。共享交通工具因便捷性和低成本得以全面推广，出现共享车辆停车位、充电站、车路协同基础设施、无人驾驶试点区域等新的交通空间需求。自动驾驶全面普及后，由于自动驾驶车辆具备灵敏的环境感知模块和精细的路径规划模块，可大幅提升道路通行效率及安全性，促使车道宽度、数量减少，城市道路交通空间占城市用地比例将下降，街道空间设计将回归以人为本的初衷，为增加休闲娱乐、公园绿地等公共空间提供了机会，提升城市街道的体验感与舒适度。

参考文献

［1］刘龙胜，杜建华，张道海. 轨道上的世界：东京都市圈城市和交通研究［M］. 北京：人民交通出版社，2013.

［2］郭继孚，王婷. 揭秘大都市交通：东京篇［M］. 北京：中国建筑工业出版社，2024.

［3］矢岛隆，家田仁. 轨道创造的世界都市：东京［M］. 陆化普，译. 北京：中国建筑工业出版社，2016.

［4］安德烈·索伦森. 城市日本的形成：从江户时代到二十一世纪的城市与规划［M］. 韩昊英，译. 北京：中国建筑工业出版社，2023.

［5］刘艳霞. 国内外湾区经济发展研究与启示［J］. 城市观察，2014（3）：155-163.

［6］汪彬，杨露. 世界一流湾区经验与粤港澳大湾区协同发展［J］. 理论视野，2020（5）：68-73.

［7］冼雪琳. 世界湾区与深圳湾区经济发展战略［M］. 北京：北京理工大学出版社，2017.

［8］孙焕丽. 滨海湾区城市空间发展研究［D］. 天津：天津大学，2009.

［9］牟盛辰. 湾区演进逻辑与浙江大湾区发展策略［J］. 科学发展，2019（12）：59-67.

［10］王旭阳，黄征学. 湾区发展：全球经验及对我国的建议［J］. 经济研究参考，2017（24）：5-10，36.

［11］赵孟千，郭萌萌. 基于增长极理论的"湾区城市"发展现象研究［C］//中国城市规划学会. 规划60年：成就与挑战——2016中国城市规划年会论文集. 北京：中国建筑工业出版社，2016.

［12］张燕. 粤港澳大湾区与纽约、旧金山及东京国际一流湾区影响力比较［J］. 全球化，2021（4）：57-70，135.

［13］覃艳华，曹细玉. 世界三大湾区发展演进路径对粤港澳大湾区建设的启示［J］. 统计与咨询，2018（5）：40-42.

［14］周叶，于善初. 一体化背景下国际湾区综合交通发展的经验启示——以旧金山湾区为例［C］//中国城市规划学会. 活力城乡 美好人居——2019中国城市规划年会论文集. 北京：中国建筑工业出版社，2019.

［15］田栋，王福强. 国际湾区发展比较分析与经验借鉴［J］. 全球化，2017（11）：100-113，135.

［16］欧阳杰. 世界城市背景下的北京国际交通体系建构［J］. 城市问题，2010（8）：37-41.

［17］夏梦妮. 粤港澳大湾区客运机场可达性研究［D］. 武汉：武汉大学，2018.

［18］陈朝萌. 粤港澳大湾区港口群定位格局实证分析［J］. 深圳大学学报（人文社会科学版），2016，33（4）：32-35，41.

［19］杨长青，殷姿. 环杭州湾大湾区系列专题报告（二）：旧金山湾区经济案例分析［EB/OL］.［2017-08-18］. https://www.nanhuafunds.com/contents/2017/11/13-f47eba6655834ee6a9db01d07b044671.html.

［20］刘启达，陈冰. 东京湾区：为产业流通提供无限可能［N］. 深圳特区报，2019-04-19（A5）.

［21］杨东亮，李春凤. 东京大湾区的创新格局与日本创新政策研究［J］. 现代日本经济，2019（6）：80-92.

［22］周姝天，翟国方. 日本首都圈规划发展的经验及启示［C］//中国城市规划学会. 活力城乡 美好人居——2019中国城市规划年会论文集. 北京：中国建筑工业出版社，2019.

［23］平力群. 日本经济变迁与首都圈规划更迭——以影响资源配置为视角［J］. 现代日本经济，2019（2）：13-25.

［24］冯建超，朱显平．日本首都圈规划调整及对我国的启示［J］．东北亚论坛，2009，18（6）：76-83.

［25］张宇星，李培，李贵才．东京湾区和粤港澳大湾区规划体系比较研究——基于"发展"与"空间"的视角［J］．热带地理，2023，43（5）：837-858.

［26］王宪明．日本东京湾港口群的发展研究及启示［J］．国家行政学院学报，2008（1）：99-102.

［27］王杰．国际航运中心形成与发展的若干理论研究［D］．大连：大连海事大学，2007.

［28］田汝耕．从日本的经济成就看港湾建设的重大作用［J］．人文地理，1989（4）：1-6.

［29］郭大海．东京湾产业集约化的范本：六大港口从竞争到互补［EB/OL］．［2018-02-27］．https://baijiahao.baidu.com/s?id=1593488494719082033&wfr=spider&for=pc.

［30］陈淼．港口群内港口竞争与合作研究［D］．上海：上海海事大学，2007.

［31］王建红．日本东京湾港口群的主要港口职能分工及启示［J］．中国港湾建设，2008（1）：63-66，70.

［32］杨建勇．现代港口发展的理论与实践研究［D］．上海：上海海事大学，2005.

［33］张晓兰，朱秋．东京都市圈演化与发展机制研究［J］．现代日本经济，2013（2）：66-72.

［34］沈振江，张雅敬．日本国际贸易港口与区域产业发展的考察［J］．城乡规划，2019（1）：106-116.

［35］廖一帆．浅析日本的港口开发制度（下）［J］．水运管理，2001（7）：25-27.

［36］罗芳．长三角港口群协调发展研究［D］．长春：吉林大学，2012.

［37］樊明捷．区域协同：旧金山、纽约与东京湾区借鉴［J］．城市开发，2019（22）：39-41.

［38］陈朝萌．粤港澳大湾区港口群定位格局实证分析［J］．深圳大学学报（人文社会科学版），2016，33（4）：32-35，41.

［39］冯正霖．实现世界级城市群和机场群联动发展［N］．人民日报，2017-07-24（007）.

［40］刘荣．国内外大城市交通与城市空间发展、土地利用关系研究［J］．城市，2009（4）：69-73.

［41］中国民航高质量发展研究中心．中外民航数据统计与比较研究报告（2019）［EB/OL］．［2019-12-02］．https://www.sgpjbg.com/baogao/63865.html.

［42］波音公司．民用航空市场展望［R］．波音公司，2024.

［43］丁晨滋，宋程，陈先龙．基于腹地理论的机场群旅客吞吐量预测［J］．城市交通，2022，20（3）：111-118.

［44］何少辰，黄肖丞蔚．日本首都圈多机场体系演变历程［EB/OL］．［2021-02-01］．http://www.sutpc.com/news/jishufenxiang/692.html.

［45］周可．东京机场群观察——羽田机场．民航资源网［EB/OL］．［2018-03-20］．https://news.carnoc.com/list/440/440113.html.

［46］李前喜，冈本真一，王耀球，等．东京都市圈物流现状及发展趋势［J］．交通运输系统工程与信息，2007（1）：132-136.

［47］澎湃新闻．大湾区机场群"一超一强"格局下，澳门机场如何差异化发展［EB/OL］．［2022-12-22］．https://www.thepaper.cn/newsDetail_forward_21269255.

［48］宿百岩. 建设国际航空枢纽的五个着力点［EB/OL］.［2019-04-07］. https://mp.weixin.qq.com/s/WG15KUbtcOtFhHpxXOFdtw.

［49］林思奇, 吴薇薇, 刘雪妮. 基于Dendrinos-Sonis模型的机场群内机场间竞合关系研究［J］. 武汉理工大学学报（交通科学与工程版）, 2020, 44（5）: 859-864.

［50］赵巍. 全球航空枢纽的分布、发展与潜力分析［EB/OL］.［2017-08-15］. https://www.ccaonline.cn/news/top/355351.html.

［51］欧阳杰, 张倩丽. 大湾区机场群布局规划和发展特征研究［EB/OL］.［2018-04-18］. http://news.carnoc.com/list/443/443263.html.

［52］丛玮, 蒋迪, 仲锋惟. 全球机场群同质化评估分析［J］. 民航管理, 2023（4）: 40-44.

［53］罗雅涵. 世界级机场群综合交通体系的经验借鉴及启示［EB/OL］.［2021-10-31］. http://att.caacnews.com.cn/zsfw/jcgl/202110/t20211031_59669.html.

［54］华智, 李朝阳. 东京都市圈轨道交通发展对上海大都市圈的启示［J］. 上海城市管理, 2018（5）: 63-68.

［55］春燕. 都市圈机场: 东京双机场一体化运营案例分析［M］//屠启宇. 国际城市发展报告（2012）. 北京: 社会科学文献出版社, 2012.

［56］苟明中. 日本TOD模式的站城一体综合开发经验与启示［J］. 城市轨道交通研究, 2021, 24（7）: 15-18.

［57］彭其渊. 区域轨道交通协同运输组织理论创新与发展［M］. 北京: 科学出版社, 2021.

［58］朱丹, 刘李红, 荣朝和, 等. 轨道交通TOD推进城市更新的机制保障与实现路径——以东京二子玉川站再开发为例［J］. 都市快轨交通, 2023, 36（6）: 129-136.

［59］睿途旅创. 旧车站变城市新中心! 看南町田如何玩转车站+商业+公园的社区运营模式［EB/OL］.［2021-02-22］. https://www.sohu.com/a/451931302_802361.

［60］刘冰, 程文毅, 诸葛恒英. 日本铁路货运发展现状分析［J］. 铁道货运, 2013, 31（12）: 36-39.

［61］张宇, 郑猛, 王耀卿, 等. 日本JR货运铁路公司经验借鉴［EB/OL］.［2022-05-06］. https://www.sohu.com/a/544307474_121123713.

［62］王巍. 关于美国货运铁路发展的历程［EB/OL］.［2023-05-29］. https://www.logclub.com/articleInfo/NjMyNDE=.

［63］沈子明. 粤港澳大湾区轨道交通一体化发展研究［C］//中国城市规划学会城市交通规划学术委员会. 创新驱动与智慧发展——2018年中国城市交通规划年会论文集. 北京: 中国建筑工业出版社, 2018.

［64］李春利, 张钟允. 汽车社会成本中的交通拥堵机理分析与"东京模式"［J］. 汽车安全与节能学报, 2015, 6（2）: 103-118.

［65］周玲娟, 孔倩. 日本城市立体开发政策及相应实践［J］. 国际城市规划, 2024, 39（3）: 154-159.

［66］张正军, 邓琪. 超大城市地下道路高品质发展策略探索［C］//中国城市规划学会城市交通规划学术委员会. 品质交通与协同共治——2019年中国城市交通规划年会论文集. 北京: 中国建筑工业出版社, 2019.

［67］沈海洲. 城市地下道路发展及对上海的启示［J］. 交通与运输（学术版）, 2014（1）: 117-120.

［68］汪宇涛. 日本《街道设计导则》解读及对中国的启示［J］. 城市交通, 2023, 21（2）: 38-49.

［69］金善雄，张男钟. 图示世界大都市建设情况比较［R］. 首尔研究院，2022.

［70］翁亚妮，绳彤. 交通空间：未来城市空间的趋势研究与规划响应［J］. 北京规划建设，2024（3）：33-38.

［71］黄平，周锡芳，关博. 日本东京都地下道路规划与建设［J］. 交通与运输，2009，25（5）：24-25.

［72］中国民航高质量发展研究中心. 中外民航数据统计与比较研究［R］. 中国民航高质量发展研究中心，2020.

［73］東京都. 2021年東京都統計年鑑［R］. 東京都，2021.

［74］総務省統計局. 第71回日本統計年鑑［R］. 総務省統計局，2022.

［75］内閣府. 国民経済計算［R］. 内閣府，2018.

［76］国土交通省. 令和3年度首都圏整備に関する年次報告［R］. 国土交通省，2022.

［77］総務省統計局. 令和2年国勢調査人口等基本集計結果［R］. 総務省統計局，2021.

［78］総務省統計局. 平成29年国勢調査［R］. 総務省統計局，2017.

［79］総務省統計局. 令和2年国勢調査［R］. 総務省統計局，2021.

［80］日本国立社会保障和人口問題研究所. 人口統計資料集（2022）——都道府県別人口および増加率の将来推計：2015～45年［R］. 日本国立社会保障和人口問題研究所，2022.

［81］東京都総務局. 東京都就業者数の予測［R］. 東京都総務局，2015.

［82］国土交通省. 首都圏広域地方計画——対流がもたらす活力社会の再構築［R］. 国土交通省，2016.

［83］栃木県. 栃木県の都市計画［R］. 栃木県，2024.

［84］国土交通省，関東地方整備局. 東京湾中央航路は日本経済を支える大動脈［R］. 国土交通省，関東地方整備局，2016.

［85］国土交通省，関東地方整備局. 関東ブロック新広域道路交通ビジョン［R］. 国土交通省，関東地方整備局，2021.

［86］国土交通省. 世界の港湾別コンテナ取扱個数ランキング［R］. 国土交通省，2023.

［87］東京港埠頭株式会社. 東京港の優位性と利便性［R］. 東京港埠頭株式会社，2021.

［88］東京都港湾局. 東京港の整備について［R］. 東京都港湾局，2018.

［89］国土交通省. 国際海上コンテナ貨物の流動を考慮した首都圏道路ネットワークの検討［R］. 国土交通省，2019.

［90］横浜市港湾局. 横浜港港湾計画［R］. 横浜市港湾局，2014.

［91］横浜港港务局. 港口统计速报［R］. 横浜市港湾局，2021.

［92］川崎港港湾局. 川崎港港湾計画［R］. 川崎港港湾局，2014.

［93］川崎市港湾局. 令和2年川崎港の港勢［R］. 川崎港港湾局，2020.

［94］千葉港港湾局. 千葉港の公共ふ頭［EB/OL］.［2022-07-29］. https://www.pref.chiba.lg.jp/kouwan/toukeidata/chibakou/r3.html.

［95］横須賀市. 横須賀港便覧［R］. 横須賀市，2022.

［96］木更津市. 木更津港便覧［R］. 木更津市，2021.

［97］京浜港連携協議会. 京浜港の総合的な計画［R］. 京浜港連携協議会，2011.

［98］横浜市，川崎市，東京都．京浜港国際コンテナ戦略港湾計画書概要［R］．横浜市，川崎市，東京都，2010.

［99］横浜市．山下ふ頭再開発トップページ［R］．横浜市，2024.

［100］川崎市港湾局．川崎港長期構想の検討について［R］．川崎市港湾局，2021.

［101］国土交通省．2015年の我が国港湾へのルーズ船の寄港回数及び訪日クルーズ旅客数について［R］．国土交通省，2021.

［102］東京都港湾局．东京都岛屿振兴计划（2023-2032）［R］．東京都港湾局，2023.

［103］総務省統計局．統計で見る日本［EB/OL］．［2023-12-16］．https://www.e-stat.go.jp.

［104］国土交通省港湾局．国際バルク戦略港湾政策及び港湾の中長期政策について［R］．国土交通省港湾局，2018.

［105］国土交通省．空港一覧［EB/OL］．［2023-12-16］．http://www.mlit.go.jp/koku/15_bf_000310.html.

［106］国土交通省航空局．数字でみる航空［R］．国土交通省航空局，2020.

［107］国土交通省．平成29年国土交通白書［R］．国土交通省，2018.

［108］日本政府観光局．訪日外国人旅行者統計［R］．日本政府観光局，2023.

［109］国土交通省．昭和39年度运输白书［R］．国土交通省，1964.

［110］成田国際空港株式会社．成田空港～その役割と現状［R］．成田国際空港株式会社，2019.

［111］国土交通省．令和5年空港管理状況調書［R］．国土交通省，2023.

［112］国土交通省．令和5年国土交通白書［R］．国土交通省，2023.

［113］成田国際空港株式会社．成田空港の更なる機能強化［R］．成田国際空港株式会社，2019.

［114］国土交通省．交通政策審議会航空分科会基本政策部会とりまとめ［R］．国土交通省，2014.

［115］国土交通省．茨城空港概要［R］．国土交通省，2023.

［116］国土交通省．2019年航空輸送統計報告書［R］．国土交通省，2020.

［117］国土交通省．平成29年度大都市交通センサス分析調査報告書［R］．国土交通省，2018.

［118］国土交通省．鉄道行政の現状と課題について［R］．国土交通省，2013.

［119］栃木県．栃木県の都市計画（2024）［R］．栃木県，2024.

［120］国土交通省都市局．鉄道沿線まちづくりガイドライン（第一版）［R］．国土交通省都市局，2015.

［121］横浜市，東急電鉄．次世代郊外まちづくり基本構想─東急田園都市線沿線モデル地区におけるまちづくりビジョン─［EB/OL］．［2013-06-19］．http://jisedaikogai.jp/.

［122］国土交通省．街と一体となっただれもが利用しやすい利便性・快適性の高い駅等の交通ターミナルの整備方策［R］．国土交通省，2022.

［123］国土交通省．鉄道に関する技術上の基準を定める省令［R］．国土交通省，2001.

［124］国土交通省．貨物鉄道事業者の概況［R］．国土交通省，2023.

［125］国土交通省．貨物鉄道輸送の特性と国内貨物輸送における鉄道の役割［R］．国土交通省，2023.

［126］国土交通省．交通関係統計資料［R］．国土交通省，2023.

［127］JR貨物グループ．JR貨物グループレポート2021［R］．JR貨物グループ，2022.

[128] 国土交通省. 都道府県別・車種別自動車保有台数［R］. 国土交通省，2023.

[129] 国土交通省. 今後の首都の交通戦略［R］. 国土交通省，2010.

[130] 国土交通省. 道路の種類［R］. 国土交通省，2023.

[131] 国土交通省. 道路統計年報2021［R］. 国土交通省，2022.

[132] 国土交通省. 道路データブック2023［R］. 国土交通省，2024.

[133] 国土交通省. 日本橋周辺の再開発の動き［R］. 国土交通省，2018.

[134] 首都高グループ.首都高カーボンニュートラル戦略［R］. 首都高グループ，2020.

[135] 横須賀市. 横須賀港長期構想［R］. 横須賀市，2022.

[136] 東京都港湾審議会. 東京港第9次改訂港湾計画に向けた長期構想［R］. 東京都港湾審議会，2021.

[137] 国土交通省. 令和2年航空輸送統計年報［R］. 国土交通省，2020.

[138] 国土交通省，平成21年度国際拠点空港における貨物搬出入の円滑化に関する調査報告書［R］. 国土交通省，2000.

[139] 国土交通省. 全国の新幹線鉄道網の現状［R］. 国土交通省，2023.

[140] 山梨県. 山梨県都市計画マスタープラン［R］. 山梨県，2021.

[141] 国土交通省. 駅まち再構築事例集［R］. 国土交通省，2020.

[142] 国土交通省. 令和4年首都圏整備に関する年次報告要旨［R］. 国土交通省，2023.

[143] 首都高日本橋地下化検討会. 日本橋周辺の再開発の動き［R］. 首都高日本橋地下化検討会，2018.

[144] 国土交通省. 2040年道路の景色が変わる人々の幸せにつながる道路［R］. 国土交通省，2020.

[145] 国土交通省. ストリートデザインガイドライン2.0（居心地が良く歩きたくなる街路づくりの参考書）［R］. 国土交通省，2021.

[146] 神田正美. グローバル・サプライチェーン時代の国際競争力強化と日本経済復活に向けた我が国ハブ港湾と海陸一貫輸送ネットワーク構築［D］. 城西国際大学大学院経営情報学研究科，2021.

[147] 泉正史. 観光と航空輸送［J］. 国際交通安全学会誌. 2006, 31（3）: 46-55.

[148] 花岡伸也，有村幹治. 旅客のアクセス利便性からみた複数空港の機能分担の評価［J］. 土木計画学研究論文集，2001: 675-680.

[149] 佐々木淳，萩原崇之，磯部雅彦. 東京湾における諸空港構想に伴う物理環境変化の予測［J］. 海岸工学論文集，2002, 49: 981-985.

[150] 大沢昌玄. 地下空間利用の実態と計画的位置づけ［R］. 2023.

[151] 山田明. 公共事業改革と空港［J］. 人間文化研究. 2010, 13: 1-10.

[152] United States Department of Transportation.Transportation statistics annual report 2023[R]. United States Department of Transportation, 2023.